大连理工大学管理论丛

不确定条件下政府和社会资本合作项目的弹性决策机制

宋金波　靳璐璐　赵云鹏　冯　卓　著

科　学　出　版　社
北　京

内 容 简 介

本书以PPP项目运作中的关键问题为切入点，系统分析了不确定条件下PPP项目的弹性决策机制，包括五篇，共十六章，内容包括PPP项目风险的识别与分担、特许期与收费价格联动调整机制、超额收入分配与补贴决策机制、政府保证机制及提前终止补偿机制。本书注重理论分析与实际案例应用的结合，不仅拓展和完善了PPP项目决策理论，也可以为政府和社会资本开展项目谈判提供指导。相关研究成果应用于多个省份的城镇综合开发、交通、能源等领域的PPP项目实施方案及合同设计中，提高了项目决策的科学性与运作效率，并取得了显著的经济和社会效益。

本书既可供PPP项目投融资决策领域的学者和研究生参考，也可为从事PPP相关工作的政府、金融机构、法律、项目管理和咨询等实务人员提供理论和方法借鉴。

图书在版编目（CIP）数据

不确定条件下政府和社会资本合作项目的弹性决策机制 / 宋金波等著. —北京：科学出版社，2022.5

（大连理工大学管理论丛）

ISBN 978-7-03-072085-6

Ⅰ. ①不… Ⅱ. ①宋… Ⅲ. ①政府投资-合作-社会资本-研究-中国 Ⅳ. ①F832.48 ②F124.7

中国版本图书馆 CIP 数据核字（2022）第 061251 号

责任编辑：陶 璇 / 责任校对：张亚丹
责任印制：张 伟 / 封面设计：无极书装

科学出版社 出版
北京东黄城根北街 16 号
邮政编码：100717
http://www.sciencep.com
北京虎彩文化传播有限公司 印刷
科学出版社发行 各地新华书店经销

*

2022 年 5 月第 一 版 开本：720 × 1000 B5
2022 年 5 月第一次印刷 印张：16 1/2
字数：330 000

定价：188.00 元

（如有印装质量问题，我社负责调换）

丛书编委会

总　　序

编写一批能够反映大连理工大学经济管理学科科学研究成果的专著，是近些年一直在推动的事情。这是因为大连理工大学作为国内最早开展现代管理教育的高校，早在 1980 年就在国内率先开展了引进西方现代管理教育的工作，被学界誉为"中国现代管理教育的摇篮，中国 MBA 教育的发祥地，中国管理案例教学法的先锋"。

大连理工大学管理教育不仅在人才培养方面取得了丰硕的成果，在科学研究方面同样也取得了令同行瞩目的成绩。在教育部第二轮学科评估中，大连理工大学的管理科学与工程一级学科获得全国第三名的成绩；在教育部第三轮学科评估中，大连理工大学的工商管理一级学科获得全国第八名的成绩；在教育部第四轮学科评估中，大连理工大学工商管理学科和管理科学与工程学科均获得 A-的成绩，是中国国内拥有两个 A 级管理学科的 6 所商学院之一。

2020 年经济管理学院获得的科研经费已达到 4345 万元，2015 年至 2020 年期间获得的国家级重点重大项目达到 27 项，同时发表在国家自然科学基金委员会管理科学部认定核心期刊的论文达到 1 000 篇以上，国际 SCI、SSCI 论文发表超 800 篇。近年来，虽然学院的科研成果产出量在国内高校中处于领先地位，但是在学科领域内具有广泛性影响力的学术专著仍然不多。

在许多的管理学家看来，论文才是科学研究成果最直接、最有显示度的体现，而且论文时效性更强、含金量也更高，因此出现了不重视专著也不重视获奖的现象。无疑，论文是科学研究成果的重要载体，甚至是最主要的载体，但是，管理作为自然科学与社会科学的交叉成果，其成果载体存在的方式一定会呈现出多元化的特点，其自然科学部分更多地会以论文等成果形态出现，而社会科学部分则既可以以论文的形态呈现，也可以以专著、获奖、咨政建议等形态出现，并且同样会呈现出生机和活力。

2010 年，大连理工大学决定组建管理与经济学部，将原管理学院、经济系合并，重组后的管理与经济学部以学科群的方式组建下属单位，设立了管理科学与工程学院、工商管理学院、经济学院以及 MBA/EMBA 教育中心。2019 年，大连理工大学管理与经济学部更名为大连理工大学经济管理学院。目前，学院拥有 10 个研究所、5 个教育教学实验中心和 9 个行政办公室，建设有两个国家级工程研究中心和实验室，六个省部级工程研究中心和实验室，以及国内最大的管理案例共享平台。

经济管理学院秉承“笃行厚学”的理念，以“扎根实践培养卓越管理人才、凝练商学新知、推动社会进步”为使命，努力建设成扎根中国的世界一流商学院，并为中国的经济管理教育做出新的、更大的贡献。因此，全面体现学院研究成果的重要载体形式——专著的出版就变得更加必要和紧迫。本套论丛就是在这个背景下产生的。

本套论丛的出版主要考虑了以下几个因素：第一是先进性。要将经济管理学院教师的最新科学研究成果反映在专著中，目的是更好地传播教师最新的科学研究成果，为推进经济管理学科的学术繁荣做贡献。第二是广泛性。经济管理学院下设的 10 个研究所分布在与国际主流接轨的各个领域，所以专著的选题具有广泛性。第三是选题的自由探索性。我们认为，经济管理学科在中国得到了迅速的发展，各种具有中国情境的理论与现实问题众多，可以研究和解决的现实问题也非常多，在这个方面，重要的是发扬科学家进行自由探索的精神，自己寻找选题，自己开展科学研究进而形成科学研究的成果，这样一种机制会使得广大教师遵循科学探索精神，撰写出一批对于推动中国经济社会发展起到积极促进作用的专著。第四是将其纳入学术成果考评之中。我们认为，既然学术专著是科研成果的展示，本身就具有很强的学术性，属于科学研究成果，那么就有必要将其纳入科学研究成果的考评之中，而这本身也必然会调动广大教师的积极性。

本套论丛的出版得到了科学出版社的大力支持和帮助。马跃社长作为论丛的负责人，在选题的确定和出版发行等方面给予了极大的支持，帮助经济管理学院解决出版过程中遇到的困难和问题。同时特别感谢经济管理学院的同行在论丛出版过程中表现出的极大热情，没有大家的支持，这套论丛的出版不可能如此顺利。

大连理工大学经济管理学院

2021 年 12 月

前　　言

自2014年以来，国务院办公厅、财政部、发改委在《关于在公共服务领域推广政府和社会资本合作模式的指导意见》等一系列文件中明确提出，作为公共服务供给机制的重大创新，"政府和社会资本合作（PPP）模式"与"大众创业、万众创新"共同成为我国经济增长的"双引擎"。推行PPP模式有助于完善我国的公共建设项目投融资体制、规范政府投资行为、减轻政府资金压力、提高供给质量和效率，对于做好我国稳增长、调结构、促改革、惠民生与防风险工作具有战略意义。

PPP项目通常投资大、风险高、运营周期长，由于需求量、价格、期限、收益、保证水平等多个决策参数均不确定且相互关联，导致事前合同设计难度增大。当项目面临再谈判或提前终止时，政府和社会资本的关系被"双边锁定（locked-in）"，由于缺乏有效的制约条件使得双方的博弈难以达到均衡，陷入双输困境。本书针对上述理论难点和实践中的重大需求，围绕风险分担、特许期与收费价格联动调整机制、超额收入分配及补贴决策机制、政府保证机制、提前终止补偿机制五个关键决策问题进行了阐述，主要内容如下：

（1）以垃圾焚烧发电项目为例，选取我国东、中、西部15座城市具有代表性的18个垃圾焚烧发电项目开展研究，识别、归纳出我国垃圾焚烧发电项目的关键风险，分析关键风险的内在关联和产生原因。通过对风险分担的研究，得出政府和项目公司各自应该承担的风险，以及双方应该共同分担的风险，并进一步分析提出关键风险的防范策略。

（2）总结提炼出具有代表性的弹性特许期决策模式，包括单一收益约束模式、多重收益约束模式和中间谈判模式三种，从决策依据、特许期长度、激励约束作用、监管难度和风险分担能力五个方面对特许期决策模式进行对比分析。基于风险分担视角，提出特许期延长和缩短两种调整模式，以及在需求量变动时特许期、收费价格的单一调整机制以及单一调整失效情况下的联动调整机制。

（3）针对PPP项目决策中最难解决的需求不确定性问题，设计超额收入分配决策方法，以及收入不足时补贴的测算方法。在政府和社会资本分配超额收入时，为了避免采用阶梯分配方式或平均分配方式导致的投机行为，设计出超额收入分配比例随着收入值变化而调整的动态调节机制。针对 PPP 项目收入不足的情形，分析了价格补贴与需求量补贴两种条件下政府和社会资本的最佳决策。在此基础上，考虑社会资本的努力水平，设计了带有激励机制的补贴决策方法。

（4）提出 PPP 项目最小需求量保证与排他性保证的设计依据。通过探讨最小需求量与排他性双重保证下的帕累托最优决策，得出两种保证的适用条件，可以指导政府在 PPP 项目谈判中进行科学决策、避免盲目承诺。

（5）通过对 13 个提前终止 PPP 项目案例研究，识别出公众反对、政府部门履约不力、政府征用、项目公司违规/违法行为、政策法规变动、同类项目竞争以及建设工期延误 7 项导致项目提前终止的关键影响因素，分析关键影响因素的特点和形成原因，并提出应对策略。在项目提前终止补偿决策中，将项目负荷程度和政府新建类似项目的可能性引入决策中，设计了项目提前终止补偿金额的测算方法。

本书的研究成果得到多项国家自然科学基金的资助，包括“新型城镇化发展中的项目治理研究（课题编号：71734001）”“PPP 项目中的政府保证设计研究（课题编号：71672018）”“损失厌恶行为下考虑再谈判的 PPP 项目初始合约设计研究（课题编号：71702020）”“BOT 项目超额收入分配及补贴决策模型研究（课题编号：71472022）”“BOT 项目提前终止补偿决策模型与应用研究（课题编号：71272091）”等。此外，还得到辽宁省百千万人才工程（百层次）、中央高校基本科研业务费（DUT20RW601）、大连市 202 路轨道延伸线及快轨 3 号线特许经营咨询服务、大连湾跨海交通隧-岛-桥集群工程建设运营管理关键技术研究等多项省市咨询课题的资助。相关研究成果应用于多个省市的城镇综合开发、市政、交通、能源、环保等项目中，并获得了省部级领导的批示，以及教育部和辽宁省多项省部级政府奖励。

本书是团队分工合作的智慧结晶，多位教师、博士生和硕士生作为课题组的成员参与了相关研究工作，需要特别感谢的是宋丹荣、苑贺辉、刘红艳、钱琛、岳媛媛、张紫薇、李迎辉、付亚楠、于雁竹、郭然、王醒帝等所做的工作。正是他们的努力，才使得研究工作得以顺利完成并按时出版这部专著。

囿于作者的学术视野和研究能力，书中难免存在疏漏和不当之处，恳请读者批评指正。

著　者

2021 年 12 月

目　　录

第三篇　PPP 项目的超额收入分配与补贴决策机制

第四篇　PPP 项目的政府保证机制

第五篇　PPP 项目的提前终止补偿机制

绪 论

0.1 研究背景

在基础设施和公共服务领域推广政府和社会资本合作模式（public-private partnership，PPP），不仅有利于缓解政府财政资金的不足，而且可以提高公共产品和服务的供给效率。在 PPP 模式中，政府负责公共产品和服务的监管，保证公共利益最大化；社会资本负责公共产品和服务的设计、建设、运营与维护等工作，通过“使用者付费”及必要的“政府付费”获得合理投资回报。

在《国务院办公厅转发财政部发展改革委人民银行关于在公共服务领域推广政府和社会资本合作模式指导意见的通知》（国办发〔2015〕42 号）、《财政部关于印发政府和社会资本合作模式操作指南（试行）的通知》（财金〔2014〕113 号）和《国家发展改革委关于开展政府和社会资本合作的指导意见》（发改投资〔2014〕2724 号）等文件的推动下，我国 PPP 项目运作进入了快速增长阶段。据 2021 年 1 月末全国 PPP 综合信息平台数据披露（图 0.1），项目管理库累计入库项目数达 10 034 个，总投资额高达 15.5 万亿元；此外，储备清单项目累计 3 362 个，总投资额为 3.9 万亿元。

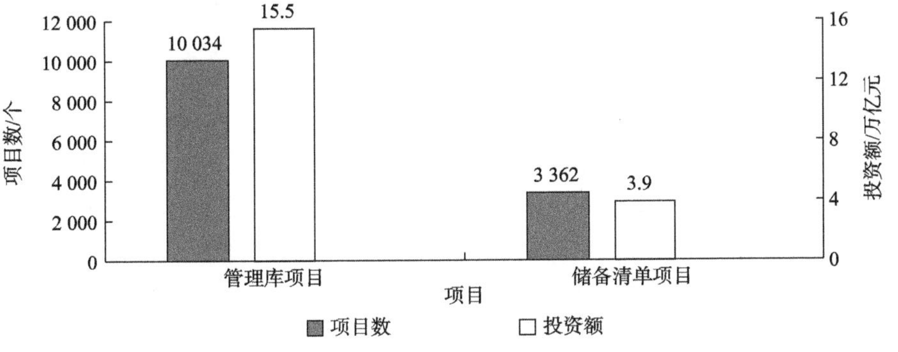

图 0.1　2021 年 1 月末全国 PPP 综合信息平台数据披露

尽管PPP项目在我国发展迅猛，但在实践中也存在一些运作失败的项目，如杭州湾跨海大桥、深圳梧桐山隧道、长春汇津污水处理厂等。PPP项目周期长、投资大、利益相关者多，容易诱发多种风险因素，并且风险因素之间的关系复杂，可能导致项目成本超支、进度延误、预期收益不足等问题。在前期决策面临不确定性的条件下，如果没有建立科学的风险分担及应对措施，可能会激发合作各方的矛盾甚至导致项目提前终止，使政府和社会资本蒙受巨大损失，降低社会公众的福利。这些失败PPP项目不仅引发了实务界的关注，也引发了学术界深入的思考，其中的关键问题包括：

（1）如何准确识别PPP项目的关键风险，并在政府与社会资本之间实现合理的风险分担？

（2）在PPP项目合同谈判阶段，如何设计特许价格与特许期、超额收入分配与补贴、政府保证机制，使项目既能满足社会资本的收益要求，又能防止其获得暴利，保证社会福利？

（3）在PPP项目的执行阶段，如何通过合理的再谈判与提前终止补偿机制设计，使PPP项目减少争议与纠纷？

本书在多项国家自然科学基金及省、市咨询课题的资助下，通过大量理论研究和案例调研，取得了一系列科研成果，包括PPP项目风险分担、特许价格与特许期联动调整机制、超额收入分配及补贴机制、提前终止补偿机制和政府保证机制等。这些成果不仅丰富了PPP项目的理论基础，对于PPP项目实践也具有重要的指导意义。目前，部分研究成果已经应用到多个地区PPP项目的实施方案及合同设计上，提高了项目决策的科学性与运作效率，并取得了显著的经济效益和社会效益。

0.2 PPP模式的概念界定

早在1984年我国就运作了广东沙角B电厂等一批试点BOT（build-operate-transfer，建造–营运–移交）项目，而PPP则是近些年被广泛应用的新模式。发达国家PPP模式的开展时间较早，中国在2014年之后才开始大力推行PPP，但近几年一直处于高速发展阶段，在投资规模、投资数量上已经处于领先地位。对于PPP模式的概念界定，部分国际机构给出了定义，如表0.1所示。

表0.1　国际机构对PPP模式的定义

机构名称	年份	概念内容
加拿大 PPP 国家委员会	1999	公共部门与私人部门是相互合作、共同经营的关系，通过有效的资源分配、风险分担和利益共享机制，达到满足公共需求的目标
美国 PPP 国家委员会	2002	合理有效地利用私人资源进行基础设施的设计、建设、投资、运营和维护工作，并提供相关产品和服务满足公共需求
欧盟委员会	2003	公共部门和私人部门建立的一种合作关系，其目的是为公众提供公共产品和服务
世界银行	2007	为提供公共产品和服务，公共部门和私人部门签订长期合同，私人部门承担实质的风险和管理责任

由表 0.1 可知，不同机构对 PPP 模式的界定虽有不同，但也有许多相通之处。根据国际经验，对 PPP 的界定首先要明确公共部门与私人部门的合作关系和权责分配，其次是判断资产的性质（新建或存量资产），最后确定私人部门如何得到回报。根据《国家发展改革委关于开展政府和社会资本合作的指导意见》（发改投资〔2014〕2724 号），PPP 被定义为“政府和社会资本合作模式”，并被解释为“政府为增强公共产品和服务供给能力、提高供给效率，通过特许经营、购买服务、股权合作等方式，与社会资本建立的利益共享、风险分担及长期合作关系”。根据《国务院办公厅转发财政部发展改革委人民银行关于在公共服务领域推广政府和社会资本合作模式指导意见的通知》（国办发〔2015〕42 号），政府和社会资本合作模式被解释为“政府采取竞争性方式择优选择具有投资、运营管理能力的社会资本，双方按照平等协商原则订立合同，明确责权利关系，由社会资本提供公共服务，政府依据公共服务绩效评价结果向社会资本支付相应对价，保证社会资本获得合理收益”。

0.3　PPP 模式的应用领域

按照全国 PPP 综合信息平台项目库的分类方法，PPP 项目涵盖 19 类行业，包括能源、交通运输、水利建设、生态建设和环境保护、市政工程、城镇综合开发、农业、林业、科技、保障性安居工程、旅游、医疗卫生、养老、教育、文化、体育、社会保障、政府基础设施和其他。在实践中，市政工程和交通运输行业 PPP 项目的入库数量与规模都远高于其他行业。截至 2021 年 1 月末，全国 PPP 综合信息平台项目管理库的项目分布情况如图 0.2 所示。

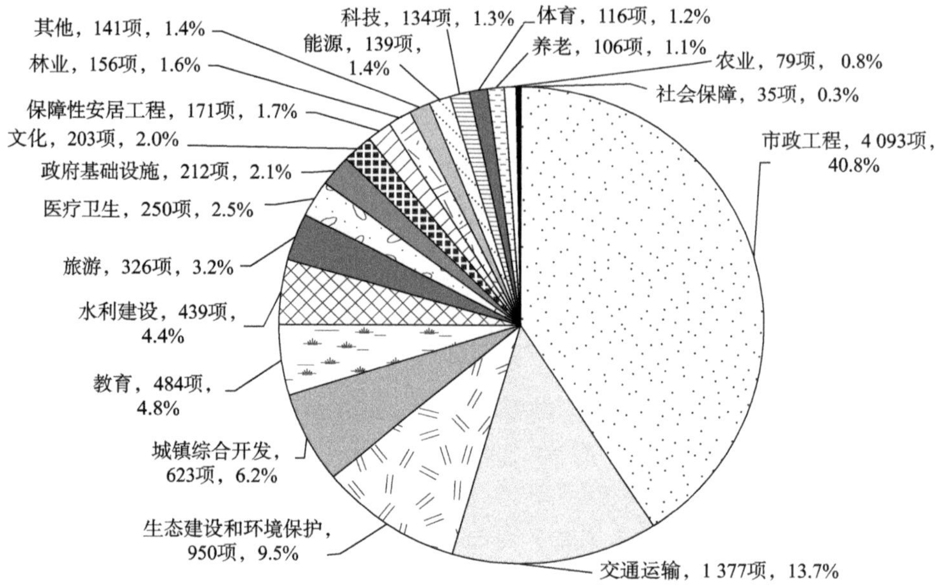

图 0.2　2021 年 1 月末全国 PPP 综合信息平台项目管理库的项目分布情况

0.4　PPP 模式的付费机制

1）使用者付费

由最终消费用户直接付费购买公共产品和服务，通过“使用者付费”实现投资回报，如高速公路、桥梁、供水、供热等。

2）政府付费

由政府直接付费购买公共产品和服务，如免费道路、场馆、环境整治等。通常包括三类：①可用性付费，政府依据项目公司所提供的项目设施或服务是否符合合同约定的标准和要求来付费；②使用量付费，政府依据项目公司所提供的项目设施或服务的实际使用量来付费，需求风险通常由项目公司和政府共同承担；③绩效付费，政府依据项目公司所提供的公共产品或服务的质量付费，与前两者搭配使用。

3）可行性缺口补助

使用者付费不足以满足项目公司成本回收和合理回报时，由政府给予项目公司一定的补助，以弥补使用者付费之外的缺口部分，如污水处理、垃圾焚烧、轨道交通等。

第一篇　PPP 项目风险的识别与分担

第 1 章　PPP 项目风险识别

1.1　背景介绍与研究进展

本章以垃圾焚烧发电项目为例，分析 PPP 项目的风险分担问题。自 20 世纪 80 年代以来，随着全球经济的发展和生活垃圾数量的不断增加，能源与土地资源日趋紧张，垃圾处理也成为当前世界各国面临的一个紧迫而突出的环境问题。截至 2008 年底，我国城市生活垃圾年产生量达到了 1.5 亿吨，垃圾堆存量已经高达 70 亿吨并侵占了 80 多万亩①土地，若将其加以综合利用则可以创造 2 500 亿元以上的效益。采用填埋和堆肥的方式处理垃圾，不仅占用了有限的土地资源，而且使环境遭受了严重的二次污染。相比之下，焚烧处理可使垃圾重量减轻 80%、体积减小 90%以上[1]，还可以用于发电和供暖。在此背景下，日本、美国、德国、比利时等发达国家的垃圾焚烧技术发展迅速，垃圾焚烧处理量也达到了垃圾总量的 30%~75%，而我国仅为 15%左右[2]。自 2006 年《中华人民共和国可再生能源法》实施以来，我国在《节能减排综合性工作方案的通知》《中国应对气候变化国家方案》《关于加强生活垃圾处理和污染综合治理工作的意见》等条文中明确提出"鼓励垃圾焚烧发电和供热""大力研究开发和推广利用先进的垃圾焚烧技术""鼓励在经济发达与土地资源稀缺地区建设垃圾焚烧发电厂" 等相关的条款[3]。在可再生能源政策的激励下，北京、上海、深圳、广州和大连等许多地区都在筹建和运作垃圾焚烧发电厂。

目前，我国垃圾焚烧发电项目已广泛采用 PPP 这一融资模式，即在特许经营协议的约束下，政府部门授权由私人资本组建项目公司负责垃圾焚烧发电厂的投融资、建设、运营和维护，并通过生活垃圾的焚烧处理获得垃圾处理补贴费和上网发电，以回收投资和获取利润，特许期满后将项目移交给政府[4, 5]。这种做法不仅有助于缓解政府的财政压力，而且有利于引入先进的垃圾处理技术和促进生

① 1 亩≈666.67 平方米。

活垃圾的有效管理。然而，决策失误、法律不完善、政府与项目公司缺乏操作经验等，导致出现广州番禺、北京六里屯等不少失败的项目。如何准确识别项目风险并使风险在利益相关者之间进行合理的分担就成为垃圾焚烧发电 PPP 项目运作中亟待解决的关键问题。

近年来，许多学者在 PPP 项目风险识别、评估与风险分担等方面开展了研究。项目运营阶段对周边环境与居民生活安全的影响引起了学者们的重点关注。Denison 和 Silbergeid[6]通过对垃圾焚烧的污染物、直接吸入路径、对健康的影响等方面的研究，讨论了开展垃圾焚烧项目风险评估工作的重要性。Ostry 等[7]提出了风险认知的社区模式，采用实证研究方法探讨了公众对城市生活垃圾焚烧风险认知的差异，得出“将焚烧技术向社区公众公开有助于增加项目可接受性”的结论。Petts[8]研究了英国公众对垃圾焚烧担忧的来源和影响，对项目选址决策的重要性、风险的可接受性等方面加以分析，提出了应加强风险沟通与教育的建议。Schuhmacher 等[9]运用蒙特卡罗模拟方法，比较了食物摄取和接触垃圾焚烧排放物两种途径对周边居民寿命产生影响的风险程度，并对垃圾焚烧给周边居民带来的非致癌风险和致癌风险等不确定因素进行了量化分析。陈海滨等[10]则相对较为全面地将垃圾处理项目的风险划分为技术、工程、经济、信誉、配套和外部环境六类。Wang 等[11, 12]研究指出，火力发电 BOT 项目的风险包括政府可靠性信用风险、电力调度约束风险、土地征用风险、税率调整风险、法律变更风险、汇率风险、不可抗力、政府官员腐败和审批延误等。后又通过对深圳沙角 B 电厂和广西来宾 B 电厂等案例的研究，总结出政治、施工、运营、市场、金融和法律六类风险。徐晓霞和李宝发[13]侧重对大连市垃圾焚烧发电 BOT 项目案例的分析，提出政府方应承担招标风险、固定资产投资总额真实性风险、技术风险、行政审批风险、生活垃圾供应风险和法律变更风险，投资方应承担技术风险、建设期延误风险、运营及维护风险和支付不及时风险。Tiong[14]认为 BOT 项目风险可以按照建设和运营两阶段来进行划分，建设阶段的风险包括工期延误、成本超支、不可抗力、政治风险和基础设施配套风险；运营阶段的风险包括原材料供应风险、市场风险、技术风险、运营/维护风险、汇率风险和费用风险。Grimsey 和 Lewis[15]将 BOT 项目风险分为全过程风险和局部风险，其中，全过程风险包括政治风险、法律风险、商业风险、环境风险和不可抗力风险；局部风险包括建造风险、运营风险、金融风险、技术风险和收入风险。Ng 和 Loosemore[16]针对 PPP 项目提出选址风险、技术风险、建设风险、运营风险、收益风险、融资风险、法律/政策风险、违约风险和资产风险共九个一级风险和 16 个二级风险，并总结出政府部门与私人部门的风险分担表。

从已有文献中可以看出，垃圾焚烧发电项目的风险作为学者和实践参与者关注的重要内容，对项目运作的成败有着重要影响。然而，在我国实际运作的垃圾焚烧发电项目中究竟存在哪些关键风险、分别如何加以应对，目前仍缺乏深入的研究。为此，本章对我国垃圾焚烧发电项目的典型案例进行了系统的调研与总结，运用多案例研究结合实证研究两种方法分析归纳出项目的关键风险。

1.2　多案例研究

本节可以用“垃圾焚烧发电项目的风险是怎样的”这样一个研究问题来表示，而案例研究最适合“怎么样”和“为什么”两类研究问题[17, 18]。与其他研究方法相比，案例研究能够对案例中凸显的风险进行详尽的描述和系统的解释[19, 20]，多案例研究则能够进一步深层次地描述在诸多情境下潜在风险的影响程度和影响结果[21~23]。因此，本节拟采用多案例研究方法分析已有的实践结果，探讨我国垃圾焚烧发电项目的关键风险。

1.2.1　研究设计

1. 案例选择

本节的目的是探讨我国垃圾焚烧发电项目的关键风险，因此选择的案例必须符合如下标准：①属于垃圾焚烧发电领域，已建设或已运营项目，并且具有显著的代表性和可借鉴性；②项目案例取自于我国多个省市或地区；③项目案例所呈现的风险因素复杂且对项目的运作具有重要影响，并且应该满足如下条件：部分案例具备相似的背景因素使得项目发生相同的风险，部分案例背景因素完全不同使得项目发生不同的风险，部分案例介于二者之间。

为了保证推导得出的结论具有说服力和全面性，本节对满足上述标准的案例进行了归纳与整理，最终选取了北京六里屯、天津双港、山东菏泽、山东枣庄、江苏吴江、宁波枫林、深圳平湖、深圳南山、深圳盐田、广州番禺、广州李坑、中山中心组团、郑州荥锦、许昌天健、武汉汉口北、安徽芜湖、重庆同兴及昆明五华共 18 个垃圾焚烧发电厂进行案例研究[24~31]。

2. 数据收集

为了保证案例资料的可靠性，采用了一手资料采集和二手资料收集两种方法。一手资料采集的方法包括：①与垃圾焚烧发电厂的领导层和项目所在地的政府部门（投资主管部门、建设主管部门和财政主管部门）负责人进行半结构化访谈，并记录访谈内容；②研究团队成员到样本垃圾焚烧发电厂进行实地考察与调研，并记录下直接观察到的现象和事件，如垃圾焚烧的运作台数、运行状况、尾气处理过程等；③对垃圾焚烧发电厂周边的居民区进行实际考察和走访，并记录下相关信息，如居民的态度、居民区的环境状况等。

二手资料收集的方法包括：①直接从垃圾焚烧发电厂获得的材料，特别是撰写的内部文章或书籍，以及发表过的相关演说和内部刊物等；②在运作垃圾焚烧发电厂的整个过程中，公开的有关垃圾焚烧发电项目的文章、新闻报道和多媒体资料等；③正式出版的有关该行业、该项目的论文或书籍；④行业参考资料，如年度报告、行业分析报告等。

1.2.2 风险识别与定义

首先，在二手数据整理的基础上，对项目参与者展开半结构化访谈，以及对垃圾焚烧发电厂和周边居民区展开实地调研；其次，将所有信息进行整合和相互印证；最后，对上述 18 个案例资料进行整理分析，列出每一个案例中出现的问题、描述对应的风险事件并进行风险归类，关键风险的提取过程如表 1.1 所示。

表1.1 关键风险的提取过程

案例序号	垃圾焚烧发电项目名称	出现的问题	风险事件描述	风险分类
1	北京六里屯	选址靠近京密引水渠和居民区上风口；散发的臭气影响周边环境，遭到居民的强烈反对；2007 年，国家环保总局下令予以缓建，项目处于停滞状态	①政府决策失误； ②污染物排放影响周边环境	①政府决策风险 ②运营风险
2	天津双港	天津市政府承诺，如果项目发生双方约定的问题导致收益不足，将向项目公司提供补贴，但并未明确提出补贴的数额	政策不完善	政策法规风险
3	山东菏泽	技术不成熟、论证不充分，运营 4 年内累计亏损达 1 500 多万元；政府承诺的补贴方案未能落实；掺入煤量超过国家规定，变为小火电厂；投资方退出该项目[29]	①技术不成熟； ②政府承诺的政策发生变化； ③项目范围发生变化；项目合同中的投资方发生变化	①技术风险 ②政策法规风险 ③变更风险
4	山东枣庄	将煤焚炉改造为垃圾炉；由于垃圾热值低，每 1 吨垃圾需添加 1 吨优质煤助燃，垃圾焚烧成本过高；企业一直未烧垃圾，成了烧煤的小火电厂	①技术方案与生活垃圾特性不相符； ②项目成本增加； ③项目范围发生变化	①技术风险 ②收益变化风险 ③变更风险

续表

案例序号	垃圾焚烧发电项目名称	出现的问题	风险事件描述	风险分类
5	江苏吴江	临近太湖，建于长江上游，距离平望镇 1 千米左右，遭遇当地群众抗议；项目已投资 3.2 亿元，其中银行贷款超过 2 亿元，因可能污染太湖流域的生态环境，现已停止建设	①政府决策失误； ②污染物排放影响周边环境	①政府决策风险 ②运营风险
6	宁波枫林	积存在池中的废水不能及时输送至污水处理厂，臭气影响周围环境；垃圾运输车在运输过程中存在滴、漏现象，导致路面受到污染，沿路臭气严重；生活垃圾水分较高，需堆放三天后才能焚烧	①污染物排放影响周边环境； ②生活垃圾的质量未达到规定要求	①运营风险 ②垃圾供应风险
7	深圳平湖	附近社区臭气弥漫，噪音较大，排出的废水、废气、粉尘等污染附近水库；项目公司的实际投入与前期设计相差较大，部分工程未达到设计标准	①污染物排放影响周边环境； ②项目总投资与质量发生变化	①运营风险 ②变更风险
8	深圳南山	因南山电网电压不稳定，使得进口的烟气处理系统无法正常运转，垃圾焚烧产生的大量有毒废气未经处理直接排放到空气中；投产后，垃圾处理费和上网销售电价仍迟迟未能与有关政府部门达成协议；垃圾处理费和上网电费支付延误[32]	①发生重大环境污染物事故； ②政策不完善； ③未按时、足额支付垃圾处理补贴费和上网电费	①运营风险 ②政策法规风险 ③费用支付风险
9	深圳盐田	项目设计处理能力为 450 吨/天，但盐田区每天的垃圾收集量仅为 200 吨/天，垃圾焚烧发电厂处于“半开半停”的生产状况，正常生产经营受到严重影响；投产后，垃圾处理费和上网销售电价仍迟迟未能与有关政府部门达成协议；垃圾处理费和上网电费支付延误[32]	①生活垃圾的数量未达到规定要求； ②政策不完善； ③未按时、足额支付垃圾处理补贴费和上网电费	①垃圾供应风险 ②政策法规风险 ③费用支付风险
10	广州番禺	项目选址后，周边小区陆续建成，因垃圾处理与居民生活安全产生矛盾使得周边居民强烈反对，项目现已停止，选址和建设将推迟到 2011 年；散发较浓烈的刺激性气味和臭味，并且堆积的炉渣和垃圾的灰尘严重影响周边环境	①政府决策失误； ②污染物排放影响周边环境	①政府决策风险 ②运营风险
11	广州李坑	垃圾焚烧设备受塑料袋等垃圾燃烧后的酸性物质腐蚀，多次出现焚烧炉水冷壁管道破裂现象，水蒸气和锅炉水从炉渣通道喷出，造成工人烫伤事故	运营中发生安全生产事故	运营风险
12	中山中心组团	大块建筑废弃物及体积较大的树枝、铁片等经常卡住焚烧炉；垃圾中含有使其焚烧时产生的热值降低的灰土、建筑垃圾等无机物杂质，导致垃圾焚烧时产生的热值只有设计标准的五分之四左右	生活垃圾的数量和热值未达到规定要求	垃圾供应风险

续表

案例序号	垃圾焚烧发电项目名称	出现的问题	风险事件描述	风险分类
13	郑州荥锦	郑州市垃圾清运处理工作由各区环卫部门下属的清运公司负责，其运输人员、车辆有限，无法满足运送生活垃圾的需要，导致项目部分机组停运；垃圾运输途中增加了收费站，虽然政府出资新建一条垃圾绿色通道，但因绕行增加了运输费用	①生活垃圾的数量未达到规定要求； ②项目成本增加	①垃圾供应风险 ②收益变化风险
14	许昌天健	掺烧煤的价格大幅上涨而电价却没有相应调整；垃圾成分不稳定和易腐蚀性导致设备寿命缩短、运营费用增加	①煤炭价格上涨； ②垃圾焚烧设备无法满足要求	①收益变化风险 ②技术风险
15	武汉汉口北	项目选址在盘龙城中心地带，与道贯河、盘龙湖及湿地湖泊相邻，并位于居民区的上风口处；臭气飘散，垃圾渗滤液等污染附近水源，周边居民强烈反对	①政府决策失误； ②污染物排放影响周边环境	①政府决策风险 ②运营风险
16	安徽芜湖	未能落实垃圾焚烧发电电价的优惠政策，上网电价比同城常规发电企业还要低，设备启动、检修和维护时，消耗的电量却需要按工业用电付费；项目用煤无法享受常规大发电企业的重点合同优惠，经营 3 年内已亏损近 3 000 万元	①政策不完善； ②项目成本增加	①政策法规风险 ②收益变化风险
17	重庆同兴	项目缺少垃圾中转站、大型密闭运输车等配套设施与设备，因运费、油费、过路费较高的原因，市政管理委员会、环境卫生局供应的垃圾量明显不足，两台焚烧炉只能运行一台，产生的电量连厂内自用都不够	生活垃圾的数量未达到规定要求	垃圾供应风险
18	昆明五华	项目引进的美国技术与当地生活垃圾的构成特点不匹配；项目运营后，垃圾处理费收缴困难；政府和项目公司一直没有就垃圾处理费调整、收缴及电力上网等事宜达成一致；美方撤资	①垃圾焚烧技术与生活垃圾特性不相符； ②未按时、足额支付垃圾处理补贴费； ③政策不完善； ④项目合同中的投资方发生变化	①技术风险 ②费用支付风险 ③政策法规风险 ④变更风险

在此基础上，汇总出 18 个案例中出现的风险并加以聚类，归纳出政府决策风险、技术风险、运营风险、垃圾供应风险、费用支付风险、收益变化风险、变更风险和政策法规风险共八个我国垃圾焚烧发电项目的关键风险，对得出的关键风险进行逐项定义，并对各个风险出现的频次加以统计，结果如表 1.2 所示。

表1.2　垃圾焚烧发电项目案例中的关键风险统计

风险类别	案例1	案例2	案例3	案例4	案例5	案例6	案例7	案例8	案例9	案例10	案例11	案例12	案例13	案例14	案例15	案例16	案例17	案例18	出现频次
政府决策风险	√				√					√					√				4
技术风险			√	√										√				√	4
运营风险	√				√	√	√	√		√	√				√				8
垃圾供应风险						√			√			√	√				√		5
费用支付风险								√	√									√	3
收益变化风险				√									√	√		√			4
变更风险			√	√			√											√	4
政策法规风险		√	√					√	√							√		√	6

对八个关键风险进行详细的介绍和说明。

1. 政府决策风险

政府决策风险是指由于政府缺乏项目运作经验、产生官僚作风或腐败行为等而造成的项目决策失误。在整理案例的过程中发现，政府缺乏科学的统筹规划和运作经验，很多垃圾焚烧发电项目都出现了前期规划不合理、选址不当、技术论证不到位和投资回报不合理等决策问题，直接导致项目运营受阻等情况的发生。例如，武汉汉口北垃圾焚烧发电厂的选址问题，武汉市城市规划管理局明确要求该厂应建在主城区外围即三环线以外，以避免对人口密集地区的环境及经济发展产生不利影响。在此要求下，2005 年 7 月武汉市国家发展和改革委员会（简称发改委）批准该项目选址在比较偏僻的盘龙城刘店村，周边均为工业用地、距离居民区较远。然而，项目经过两年时间才相继通过规划、环保、水利等部门审批，最后在 2008 年底才正式动工。在此期间盘龙城城市化进程发展迅速，在项目选址周边已经建成了部分居民区，由此导致该项目在开工建设时，遭到了周边居民的强烈反对[27]。北京六里屯垃圾焚烧发电厂的建设也存在这一问题，1994 年海淀区政府向北京市政府上报“关于将六里屯砖瓦厂取土坑开辟为垃圾消纳场的紧急请示”，文件叙述该区域两千米范围内无村庄，是较为理想的垃圾消纳场，但 1995 年北京市环保局批复的环境影响评价报告书阐述该场周围存在较多敏感点、两千米范围内约有居民 1 万多人。2007 年国家环保总局下令缓建，项目处于停滞状态[33]。广州番禺和江苏吴江等垃圾焚烧发电项目也都因政府规划失误，使得项目遭到周边居民的强烈反对，影响到项目的建设与运营[24, 34]。

2. 技术风险

技术风险是指项目技术方案不成熟、垃圾焚烧设备无法满足预期要求或者与生活垃圾特性不相符而导致项目运营困难甚至失败的风险。例如，在昆明五华垃圾焚烧发电项目中，美国再生资源公司（投资方）的技术设备只能处理经分类收集后的垃圾，而当地居民根本无法做到对生活垃圾的分类投放，因此项目设备面临“水土不服”的问题，导致项目在 2005 年奠基后迟迟没有开工，2006 年美方不得已撤资。山东菏泽垃圾焚烧发电项目采用国产技术和设备投资建设，但国产锅炉技术不成熟，无法消化当地成分混乱的生活垃圾，导致项目投产运营后一直处于干干停停、修修补补的状态，运营的四年内累计亏损达 1 500 多万元，作为项目主要投资方的杭州锦江集团无奈退出该项目。在许昌天健、山东枣庄等垃圾焚烧发电项目中也存在垃圾焚烧技术与垃圾特性不相符等情况，导致高额投资的项目陷入困境。

3. 运营风险

运营风险是指项目在运营过程中发生设备故障、安全生产事故、污染物排放超标或重大环境污染事故等情况，给项目或社会环境带来危害的风险。例如，在广州李坑垃圾焚烧发电厂，塑料袋等垃圾燃烧后产生的酸性物质腐蚀垃圾焚烧设备，导致多次发生焚烧炉水冷壁管道破裂现象，从炉渣通道喷出的水蒸气和锅炉水造成工人受伤。深圳南山垃圾焚烧发电厂因南山电网电压不稳定，使得进口的烟气处理系统无法正常运转，如果强行运行该系统可能会烧坏设备内价值数百万元的进口配件，不得已将垃圾焚烧产生的有毒废气未经处理直接排放到空气中。宁波枫林垃圾焚烧发电厂排污管道管径较小，不能及时将废水输送至污水处理厂，导致臭气严重影响周围环境，而且垃圾运输车在运输过程中存在滴、漏现象，致使路面受到污染，沿路臭气严重。

与其他公共基础设施行业的项目显著不同，垃圾焚烧发电项目在运营过程中必须严格控制臭气和二噁英等有毒有害物质的排放，如何使其达到环保要求、不影响周边居民的正常生活、不受周边居民反对是此类项目在运营中应重点关注的问题。北京六里屯、广州番禺、江苏吴江和深圳平湖等垃圾焚烧发电厂都因周边居民对项目的环境影响产生强烈质疑和抗议，而不得不缓建或终止项目。

4. 垃圾供应风险

垃圾供应风险是指政府供应的生活垃圾未能达到规定数量、质量或所供应生活垃圾的年度总热值未达到基准值，造成发电量下降或运营成本增加等情况的风险。例如，中山市中心组团垃圾焚烧发电厂经常发生建筑废弃物、铁片等非生活垃圾卡住焚烧炉的状况，必须要由工人钻进焚烧炉中清理卡在焚烧炉内的杂物，这一过程通常要消耗半天甚至两三天时间，在投产运营的四个月时间里，电厂非技术性停机达 10 余次，严重影响到项目的正常运营；此外，垃圾中含有灰土、建筑垃圾等无机物杂质，导致项目焚烧时产生的热值只有设计标准的五分之四左右，焚烧垃圾产生的渣土也超出了设计标准。重庆同兴垃圾焚烧发电厂采用了德国马丁公司的逆推式炉排焚烧技术，日处理垃圾量 1 200 吨，需要具备垃圾中转站、大型密闭运输车等配套设施与设备，但在项目的实际运营过程中，由装载能力只有 5 吨左右的普通卡车，甚至是拖拉机运送垃圾；因运费、油费、过路费较高的原因，市政管理委员会、市环境卫生局所供应的垃圾量明显不足，高额投资引进的两台焚烧炉只能运行一台，产生的电量连厂内自用都不足。在郑州荥锦、宁波枫林等垃圾焚烧发电项目中，也出现了垃圾供应的数量或质量未达到预定标准导致项目运营出现困难的情况。

5. 费用支付风险

费用支付风险是指政府有关部门未按时、足额向项目公司支付垃圾处理补贴费或上网电费，从而给项目运营带来的风险。垃圾焚烧发电项目的收益主要来源于垃圾处理补贴费和上网电费两部分，如果不能落实政府补贴和其他优惠政策，项目将面临较大的资金缺口，甚至导致项目的终止或失败。例如，昆明五华垃圾焚烧发电项目出现的费用支付问题，按照规划，该项目建成后主要处理昆明市五华区和建成区居民产生的生活垃圾，但是五华区垃圾处理费的收缴率不足五成，而且政府和项目公司之间一直未就垃圾处理费调整、收缴及电力上网等事宜达成一致[35]。在深圳南山、深圳盐田等垃圾焚烧发电项目中也遇到了政府有关部门的补贴未能落实而使得项目公司面临费用支付风险的问题[32]。

6. 收益变化风险

收益变化风险是指 CPI（consumer price index，消费者价格指数）、垃圾处理补贴费、运输费、上网电价及电量、煤炭价格和项目运营标准等因素的变化导致项目收益或成本发生变化的风险，使政府和社会公众的利益受损或者使项目公司的利益受损。例如，建在荥阳市的荥锦垃圾焚烧发电厂距离郑州市中心仅有 20 多千米，建设该项目的主要目的就是处理郑州市产生的大量生活垃圾，然而项目投入运营后，郑州市与荥阳市之间增设了一个收费站，运输垃圾的车辆过往收费口需缴纳 70~80 元的费用，荥锦垃圾焚烧发电厂和有关部门进行多次协调仍未能解决该问题，荥阳市政府为此出资 700 多万元修建了一条垃圾绿色通道，但由于绕行增加了运输费用。许昌天健垃圾焚烧发电项目在建设过程中，煤价在一年内由 180 元/吨上涨到 350 元/吨，而电价却未做出任何相应的调整；在实际运营过程中，垃圾成分不稳定和易腐蚀性导致设备寿命缩短、运营费用增加，由于项目公司经营困难及银行控制贷款等因素的影响，项目出现了资金困境。山东枣庄等地区的垃圾焚烧发电项目直接将煤焚炉改造为垃圾焚烧炉，垃圾热值低、掺烧煤的成本过高，导致项目运营艰难。

7. 变更风险

变更风险是指前期设计不到位、标准规范变化、合同变化、政府或项目公司的需求变化等引发的变更，导致实际项目总投资、项目范围与质量等发生变化的风险。例如，在深圳平湖垃圾焚烧发电项目中，设计烟囱高度要达到 120 米，实际建成高度仅为 80 米，该厂建设时承诺技术标准与澳门垃圾焚烧处理厂一致，但实际投资并未达到预期标准，造成刺鼻的臭气在社区上空弥漫、噪音影响周边居民睡眠、排出的废水及粉尘等有害物质污染附近水库的情况。

此外，山东枣庄、菏泽等垃圾焚烧发电项目以煤充当垃圾，将垃圾焚烧发电厂违规变成国家明令禁止的小火电厂，既获得了垃圾处理补贴费，又同时享受上网电价优惠的政策。

8. 政策法规风险

政策法规风险是指现有垃圾焚烧发电项目的相关政策及法律法规不完善、可操作性不强，或者原先承诺的优惠政策和法律法规在项目运营期间发生变化而带来的风险。例如，在安徽芜湖垃圾焚烧发电项目中，上网电价为每千瓦时 0.393 元，远低于周边省份的上网电价，比同城常规发电企业的上网电价还要低，而在进行设备启动、检修和维护时从电网消耗电量却需要按照工业用电价格支付电费，不能利用自身的并网发电量来抵扣；此外，项目用煤无法享受常规大发电企业的重点合同优惠，掺烧的煤每吨要多支出 150 元左右，虽然政府将垃圾处理补偿标准由 8 元/吨提高到 16 元/吨，但依然无法弥补项目公司的运营亏损。

1.2.3 关键风险分析

通过对上述案例的综合分析，总结出我国垃圾焚烧发电项目关键风险发生的内在规律和产生原因如下。

（1）垃圾焚烧发电项目的风险因素虽然复杂多样，但是却相对集中地凸显出政府决策风险等八个关键风险，并且关键风险之间具有一定的关联性。例如，政府决策失误可能会导致项目选址不当，从而引发周边居民反对、环境污染等问题，使项目公司面临着运营风险；当发生垃圾供应风险、费用支付风险和技术风险时，政策法规不完善导致项目发生收益与成本变化风险，项目公司出现亏损却无从追责，部分垃圾焚烧发电项目变更原有的技术方案，产生变更风险。

此外，根据表 1.2 的统计结果可以看出，运营风险出现的频次最高。在调研与访谈的过程中发现，其原因包括主观和客观两方面。主观原因是，政府本应负有垃圾焚烧发电项目投资、建设、运营、服务等全过程的监管责任，然而在实践操作中，政府过多地关注项目的投资和建设这两个环节，往往忽视了对项目运营过程、服务质量和绩效的监管，社会公众也缺乏对项目实际运营情况进行监督的有效手段，在项目运营过程中存在监管主体缺位、监管失效的潜在漏洞。客观原因是，在垃圾焚烧处理过程中会产生二氧化硫、一氧化氮、硫化氢、氯化氢、重金属、飞灰及有机氯（如氯化二苯并二噁英、氯化二苯并呋喃等）等污染物，其中的铅、汞、镉等重金属及二噁英、呋喃等均为剧毒化合物，对净化系统的技术水平、效率和运行管理的要求很高，处理成本也相对较高，因此，这是垃圾焚烧发电项目运营中的一项关键技术问题。受上述两方面原因的影响，运营风险发生的频次最高。

（2）在八个关键风险中，技术风险、运营风险、垃圾供应风险、收益变化风险、变更风险均与我国生活垃圾构成复杂、水分高、热值低这一客观条件有关。我国在垃圾焚烧发电技术的研发和应用方面起步较晚，对生活垃圾的特性与规律缺乏长期跟踪研究，目前主要引进国外的焚烧技术与设备。为了保证垃圾焚烧余热具有良好的发电效益，大多数国外设备都要求垃圾必须满足可燃成分比重大、热值高的要求。然而，受经济发展水平所限，加之居民对生活垃圾分类意识薄弱，致使我国生活垃圾的低位热值普遍位于 4 000 千焦/千克以下，不利于进行焚烧发电。盲目上马垃圾焚烧发电项目，很容易导致政府在垃圾供应质量上难以达到预期标准，项目不得已要添加大量的辅助燃料才能使垃圾稳定燃烧，因此使得项目运营成本增加，并由此进一步导致发生上述多种风险。

（3）我国垃圾焚烧发电项目的专业技术和管理人才匮乏，导致运作此类项目时容易发生政府决策风险、政策法规风险、费用支付风险和运营风险。现有人员大多是从热电和管理专业转岗而来，由于缺乏运作经验、缺少专业技术，许多项目出现了选址决策不当、项目审批不合理、政策法规存在漏洞、政府拖欠垃圾处理费、项目运营失控等问题，这也是导致项目发生多种风险的一个重要原因。

1.3 实证研究

1.3.1 研究设计

在运用多案例研究得到关键风险的基础上，进一步采用访谈和问卷调查方法对垃圾焚烧发电 PPP 项目的风险及相应的风险承担主体进行验证。研究团队对北京、上海、大连和成都等地的政府投资主管部门（发改委）、建设主管部门（建设局、城乡建设委员会、环境卫生管理局、市政公用管理局等）、财政主管部门（财政局）和项目公司的相关人员进行了访谈，搜集关于垃圾焚烧发电 PPP 项目关键风险因素的建议。在此基础上，综合文献调查和访谈的结果，对各类风险因素进行了归纳与提炼，建立了垃圾焚烧发电 PPP 项目的风险因素集，共识别出 8 类 16 个具体的风险因素，如表 1.3 所示。

表1.3 垃圾焚烧发电PPP项目的风险因素集

风险类别	风险因素	风险因素的含义
政治风险	政府决策风险	政府官员的腐败行为、官僚主义及缺乏垃圾焚烧发电 PPP 项目的运作经验等造成的决策失误
	政府信用风险	政府干预项目、单方面更改合同约定或者不履行合同义务
法律风险	法律风险	现有法律法规不完善、可操作性不强；在特许经营期间，发生法律法规变更而给项目造成损失
金融风险	汇率变动	汇率波动给政府或项目公司造成损失
	利率变动	利率波动给政府或项目公司造成损失
	通货膨胀	通货膨胀使焚烧发电项目的建设成本和运营成本增加
技术风险	技术风险	技术方案不成熟、垃圾焚烧设备难以满足预期的要求或者与我国现阶段的垃圾特点不相符
	变更风险	前期设计不到位、规范标准变化、合同变化、政府或项目公司需求变化等引发的变更，导致实际项目总投资、项目范围等发生变化
市场风险	垃圾供应风险	政府提供的垃圾未能达到规定数量或所供应垃圾的年度总热量未达到规定值，造成发电量下降
	招投标风险	招标文件存在漏洞、招标细节不明确导致产生投机行为

续表

风险类别	风险因素	风险因素的含义
运营风险	生产与维护风险	未能按规定进行生产与维护，导致设备故障、发生安全生产事故、污染物排放超标，或者发生重大环境污染事故
	费用支付风险	政府不能按时向项目公司支付垃圾处理补贴费；电力公司不能按时向项目公司支付上网电费
	项目移交风险	项目移交前设施、设备已存在的全部或部分损失/损坏风险；项目移交后的一定时期内，项目设施、设备（自然老化和正常磨损除外）不能达到运行标准要求
	收益变化风险	垃圾处理补贴费、运营成本、电价收入等因素的变化导致项目的收益过高或者过低
不可抗力风险	不可抗力风险	地震、火山爆发、战争等原因导致产生的无法预防、无法回避的风险
完工风险	完工风险	工期拖延、成本超支、项目投产后达不到设计时预定的技术经济指标，从而导致不能按时偿还贷款、回收投资等

根据表 1.3 中的风险因素编制了初始问卷，在经过预试调查确认问卷的合理性与易懂性后，邀请相关行业的专家对问卷进行了修正与校核，最终形成了正式的调查问卷。整个研究过程保证了问卷的可靠性和有效性。

正式问卷包括两部分：第一部分是对垃圾焚烧发电 PPP 项目风险重要程度的调查，该部分问卷采用 Likert 5 点法，邀请被调查者对表 1.3 中的 16 个风险因素进行重要程度评分，1 表示重要程度低，5 表示重要程度高；第二部分是对风险分担主体的调查，为了能够对政府承担、项目公司承担、双方共同分担三类数据加以有效区分，采用 Likert 7 点法设计该部分问卷，1 表示完全由政府承担，7 表示完全由项目公司承担。如果风险分担的均值显著小于 3，则该风险应由政府承担；如果风险分担的均值显著大于 5，则该风险应由项目公司来承担；如果风险分担的均值介于 3~5，则该风险应由双方共同分担。该部分内容将在第 2 章中予以呈现。

1.3.2　实证检验

1. 研究数据搜集

研究团队对北京、上海、大连、深圳、太原和成都等城市的垃圾焚烧发电项目公司和政府部门进行了问卷调查，并应用 SPSS 17.0 和 STATA 10.0 进行问卷数据统计分析。对项目公司的选取标准包括：①属于垃圾焚烧发电领域、采用 PPP

模式进行运作；②取自我国东部、中部、西部多个省区市，并且其运作的垃圾焚烧发电 PPP 项目具有一定的代表性和可借鉴性；③在建设和运营过程中遇到问题或存在风险。选取的政府部门包括政府投资主管部门、建设主管部门和财政主管部门三个直接负责垃圾焚烧发电 PPP 项目论证、审批和监管的部门。从 2009 年 4 月至 10 月，共发放问卷 70 份，回收问卷 51 份。剔除信息缺失和无效问卷 4 份后，剩余有效问卷为 47 份，有效回收率为 67.14%，其中包括政府部门 22 份，项目公司 25 份，问卷数据的描述性统计如表 1.4 所示。

表1.4 问卷数据的描述性统计

受访项目公司情况					
项目处理量规模	数量/家	比重	投资规模	数量/家	比重
≤500 吨/日	2	8%	≤2 亿元	4	16%
500~1 000 吨/日	14	56%	2 亿~5 亿元	17	68%
1 000~1 500 吨/日	6	24%	5 亿~10 亿元	3	12%
＞1 500 吨/日	3	12%	＞10 亿元	1	4%
装机容量			技术引进状况		
≤10 000 千瓦	3	12%	日本技术	10	40%
10 000~20 000 千瓦	12	48%	美国技术	2	8%
20 000~30 000 千瓦	7	28%	比利时技术	3	12%
＞30 000 千瓦	3	12%	其他国技术	4	16%
所在区域			国产技术	6	24%
东部	21	84%			
中部	2	8%			
西部	2	8%			
受访政府部门情况					
政府受访部门	数量/个	比重	受访人职务	数量/个	比重
投资主管部门	6	27%	处级及以上	3	14%
建设主管部门	12	55%	科级	15	68%
财政主管部门	4	18%	科员	4	18%
所在区域			文化程度		
东部	16	73%	高中或大专	3	14%
中部	2	9%	本科	12	55%
西部	4	18%	研究生	7	32%

2. 关键风险分析

首先，判断政府部门和项目公司对 16 个风险因素的重要程度评价是否存在显著差异。将政府部门和项目公司的问卷数据作为两个独立的样本，零假设为两个样本对各项风险因素重要程度的评价不存在显著差异。由于样本数小于 50，采用 Mann-Whitney U 检验进行数据分析，结果如表 1.5 所示。

表1.5　风险因素重要程度评价的U检验结果

风险	U	Wilcoxon W	Exact Sig.
政府决策风险	264.5	589.5	0.817
政府信用风险	196	449	0.169
法律风险	255	508	0.662
汇率变动	267.5	592.5	0.858
利率变动	258	511	0.719
通货膨胀	260	513	0.751
技术风险	269	594	0.902
变更风险	248.5	501.5	0.566
垃圾供应风险	274.5	599.5	1.000
招投标风险	207.5	532.5	0.144
生产与维护风险	270	523	0.926
费用支付风险	228	481	0.311
项目移交风险	257	510	0.688
收益变化风险	267	592	0.877
不可抗力风险	235	488	0.358
完工风险	259	512	0.737

由表 1.5 的统计结果可以看出，16 个风险的 U 统计量的精确概率（Exact Sig.）都大于 0.05，因此应该接受零假设，即政府部门和项目公司对于垃圾焚烧发电 PPP 项目的各项风险因素重要程度的评价不存在显著差异。进而，将政府部门和项目公司两个独立样本数据合并成一个总体样本进行后续的统计分析。

其次，判断哪些风险因素属于垃圾焚烧发电 PPP 项目的关键风险因素。对总体样本数据进行独立样本的 t 检验，零假设为各项风险因素的重要程度平均值都大于等于 3。t 检验的结果如表 1.6 所示。

表1.6　风险重要程度的t检验结果

风险	t	p	95%的置信区间	
			下限	上限
政府决策风险	0.973	0.832	2.863	3.392
政府信用风险	−9.028	0	1.647	2.140
法律风险	4.721	1	3.403	4.002
汇率变动	−6.861	0	1.652	2.263
利率变动	−6.260	0	1.875	2.423
通货膨胀	−7.467	0	1.622	2.207
技术风险	5.807	1	3.598	4.232
变更风险	3.597	0.996	3.262	3.929
垃圾供应风险	6.231	1	3.634	4.239
招投标风险	4.535	1	3.390	4.014
收益变化风险	8.532	1	3.780	4.262
生产与维护风险	6.374	1	3.669	4.289
费用支付风险	1.829	0.963	2.972	3.581
项目移交风险	−6.639	0	1.725	2.318
不可抗力风险	−11.812	0	1.331	1.817
完工风险	3.454	0.999	3.195	3.740

分析表1.6中的数据可知，政府信用风险、汇率变动、利率变动、通货膨胀、项目移交风险和不可抗力风险的t统计量的概率值都小于显著性水平（α=0.05），因此拒绝零假设，这六项风险均不属于关键风险。而政府决策风险、法律风险等其余十项风险则是垃圾焚烧发电PPP项目的关键风险，应该在特许经营协议谈判的过程中予以特别注意，并制定合理的风险分担及防范措施。

第 2 章　PPP 项目风险分担策略

第 1 章利用多案例研究、访谈和问卷调查方法对风险进行了识别，如何使这些项目风险在利益相关者之间进行合理分担是 PPP 项目运作中亟待解决的关键问题[36，37]。本章同样以垃圾焚烧发电 PPP 项目为背景，对案例研究和实证研究中识别的风险作进一步的分析并提出分担策略。

2.1　风险分担主体差异性验证

针对实证研究识别出的 10 类关键风险，采用前述的 Mann-Whitney U 检验方法，判断政府部门和项目公司对于垃圾焚烧发电 PPP 项目的 10 项关键风险因素的分担评价是否存在显著差异，零假设为两个独立样本对各项风险因素的重要程度评价不存在显著差异。检验结果如表 2.1 所示。

表2.1　风险分担评价的U检验结果

序号	关键风险因素	U	Wilcoxon W	Exact Sig.	均值	标准差
1	政府决策风险	250	503	0.609	1.62	0.71
2	法律风险	248.5	501.5	0.571	1.89	0.73
3	技术风险	254.5	507.5	0.663	5.94	1.05
4	变更风险	213.5	466.5	0.177	5.98	0.99
5	垃圾供应风险	245.5	570.5	0.505	2.23	0.67
6	招投标风险	237	562	0.388	3.13	1.01
7	收益变化风险	265.5	590.5	0.825	4.17	0.94
8	生产与维护风险	267	520	0.871	6.19	0.74
9	费用支付风险	235.5	488.5	0.317	1.96	0.62
10	完工风险	237	562	0.404	4.91	1.10

根据表中的 U 检验结果可以看出，10 项关键风险因素的 U 统计量精确概率都大于 0.05。因此，可以认为政府部门和项目公司对于风险分担的评价不存在显著差异。

基于以上的结论，进一步采用独立样本的 t 检验方法分析各项关键风险因素的承担主体（表 2.2），过程如下：

（1）分析第 1、2、5、9 项风险分担评价的均值是否显著小于 3，判断此风险是否应由政府来承担，零假设是风险分担评价的均值大于等于 3。

（2）分析第 6、7、10 项风险分担评价的均值是否显著大于等于 3 且小于等于 5，判断此风险是否应由政府和项目公司共同分担，零假设是风险分担评价的均值小于 3 或大于 5。

（3）分析第 3、4、8 项风险分担评价的均值是否显著大于 5，判断此风险是否应由项目公司来承担，零假设是风险分担评价的均值小于等于 5。

表2.2 风险分担评价的 t 检验结果

关键风险因素	零假设	p
政府决策风险	均值≥3	0
法律风险		0
垃圾供应风险		0
费用支付风险		0
招投标风险	均值<3 或均值>5	0.015
收益变化风险		0.005
完工风险		0
生产与维护风险	均值≤5	0
技术风险		0.000 1
变更风险		0

通过表 2.2 可以看出：

（1）政府决策风险、法律风险、垃圾供应风险、费用支付风险的分担评价均值的 t 检验概率都小于 0.05，拒绝零假设，可以认为这 4 项风险分担评价的均值显著小于 3，应由政府来承担。

（2）招投标风险、收益变化风险、完工风险的分担评价均值的 t 检验概率小于 0.05，拒绝零假设，可以认为这 3 项风险分担评价的均值显著大于等于 3 且小于等于 5，应由双方共同分担。

（3）技术风险、变更风险、生产与维护风险的分担评价均值的 t 检验概率小于 0.05，拒绝零假设，可以认为这 3 项风险分担评价的均值显著大于 5，应由项目公司来承担。

2.2　风险分担策略

根据风险分担主体差异性验证中的实证结果，从承担主体的角度对 10 项关键风险的分担及防范策略进行讨论。

2.2.1　政府承担的风险

1. 政府决策风险

从表 2.1、表 2.2 中可以看出，政府决策风险应由政府承担（Mean=1.62；$p<0.05$）。在调研与访谈的过程中发现，政府缺乏长期的统筹规划和 PPP 项目的操作经验，导致在前期决策过程中出现了垃圾焚烧厂选址不当、技术论证不到位、项目投资回报不合理等诸多问题，并进一步导致政府失信、变更特许经营协议等情况的发生。例如，广州番禺、北京六里屯、上海江桥、江苏吴江、石家庄其力等垃圾焚烧发电厂由于政府规划失误，项目受到周边居民的强烈反对，影响到项目的建设与运营。

为防范该风险，政府应当提高项目的前期决策能力。在发起垃圾焚烧发电 PPP 项目时，应多方面了解和掌握类似项目的运作特点及经验，加强项目选址、建设方案、技术、经济等方面的论证，通过走访调查、座谈会、听证会等方式征集公众的意见，避免发生群体性事件。同时，政府应重视项目收益与成本的测算工作，为项目提供合理的垃圾处理补贴、为周边居民提供适当的经济补偿，避免盲目给予承诺、政绩透支等情况的发生。

2. 法律风险

法律风险是阻碍我国私人资本投资社会公共事业的一个重要因素。法律法规不完善不仅会使项目在运作中出现各种漏洞，还有可能导致政府信用风险、费用支付风险、完工风险等情况发生。如果争议不能得到有效公正的解决，将会造成项目无法正常运营，如深圳南山、盐田两个垃圾焚烧发电厂投产后，垃圾处理费和上网销售电价仍迟迟未与有关政府部门达成协议，费用拖欠导致项目运营出现严重的危机[32]。

目前，美国、欧洲、日本等地均已出台了 PPP 项目的指导手册或白皮书，如

For the Good of the People：*Using Public-Private Partnerships to Meet America's Essential Needs—A White Paper on Partnerships Prepared by the National Council for Public-Private Partnerships*、*The Act on Promotion of Private Finance Initiative*、*Serving the Community by Using the Private Sector—A General Guide to Outsourcing* 等。在实务操作中，针对不同的行业建立了比较完善的特许经营协议文本，为政府及私人资本运作 PPP 项目提供了有效的指导。我国现阶段可参考的垃圾焚烧发电政策法规主要是《关于实行城市生活垃圾处理收费制度促进垃圾处理产业化的通知》（2002 年）、《国家发展改革委关于完善垃圾焚烧发电价格政策的通知》（2012 年）和《关于政府参与的污水、垃圾处理项目全面实施 PPP 模式的通知》（2017 年）。建设部虽然在 2004 年 9 月出台了《城市生活垃圾处理特许经营协议（示范文本）》，但示范文本中关于各利益相关者的风险分担条款仍需要进行详细的补充。政府具有制定、修改法律法规的权力，作为法律风险控制的主体，政府应当承担该风险（Mean=1.89；$p<0.05$）。

对于政府和社会公众而言，建立完善的法律法规体系可以防范私人资本利用法律法规的漏洞牟取暴利。同时，政府也应当构建相应的监督机制和保障措施，保证项目不会因法律法规变动而影响到正常的运营。对于项目公司而言，则需要全面考虑可能导致法律变更的因素，并在特许协议中加以约定以减少因法律不完善而带来的损失。

3. 垃圾供应风险

垃圾供应风险包括以下两种情况：①垃圾处理数量和质量均低于基准值；②垃圾处理数量超过基准值但总热值与基准值相等。其中，情况①导致项目公司无法达到预期收益，情况②导致项目公司运营成本增加，在这两种情况下政府均需要支付给项目公司经济补偿。郑州市荥锦垃圾焚烧发电厂因垃圾供应量不足导致运营成本过高，中山市中心组团垃圾焚烧发电厂经常发生建筑废弃物、铁片等非生活垃圾卡住焚烧炉的状况，造成机组停运。从控制风险来源的角度出发，该风险应当由政府来承担（Mean=2.23；$p<0.05$）。

政府在运作垃圾焚烧发电项目之前，应通过宣传教育、舆论引导、奖惩等方式加强全社会的生活垃圾管理，重点建立可满足焚烧、填埋、堆肥等不同要求的垃圾分拣体系。经分类处理的垃圾热值较高、焚烧过程安全且环境污染大幅减少，日本、德国、美国等发达国家正是实行了严格的垃圾分类及回收再利用，才使焚烧所产生的危害得到大幅降低。因此，建立有效的垃圾分拣体系是解决目前垃圾焚烧争议的一个关键途径。

此外，政府应对其提供的垃圾数量及热值特点进行准确的评估，保证所供应的垃圾能够满足发电要求，其低位热值应在 4 000 千焦/千克以上，最好高于 5 000

千焦/千克[36]。同时，在特许协议中明确约定垃圾数量和质量的基准值，确保垃圾焚烧发电厂的原料供应连续、稳定，不会对焚烧炉的正常运行和向电网稳定供电产生影响。如果项目公司发现运输单位将数量较大的不可处理垃圾运入焚烧处理场内，有权拒绝接受；如果已经卸入焚烧处理场内的生活垃圾中混入不可处理垃圾，项目公司将其筛选出来而产生的费用应由政府来承担。

4. 费用支付风险

在垃圾焚烧发电 PPP 项目中，垃圾处理补贴费用和上网电费是项目公司的主要收入来源。目前，美国的垃圾处理补贴费平均为 56 美元/吨（资料来源时间：2002 年）[38]，德国的垃圾处理补贴费平均为 200 马克/吨（资料来源时间：2008 年）[39]、瑞士每吨的垃圾处理补贴费在 165~510 瑞士法郎（资料来源时间：2007 年）[40]，比较而言，我国的垃圾处理补贴标准普遍较低，最高的上海浦东御桥垃圾焚烧发电厂为 243 元/吨，最低的山东菏泽垃圾焚烧发电厂仅为 10 元/吨[3]。如果政府拖欠项目公司的垃圾处理补贴费，将会直接影响到项目的正常运营。云南五华、天津双港等许多垃圾焚烧发电厂都存在政府部门拖欠垃圾处理补贴费的问题[35, 41]。对于费用支付风险而言，政府具有最佳管理和控制能力，实证分析的结果也表明，该风险应由政府承担（Mean=1.96；$p<0.05$）。

为避免政府部门不兑现费用支付承诺、减少“寻租”行为，应当从控制政府部门直接利益的角度出发，建立政府的信用担保机制和公众监督体系。同时，在特许经营协议中应明确约定，如果发生支付延误的情况，政府需要按照一定的比例向项目公司支付滞纳金。

2.2.2 项目公司承担的风险

1. 生产与维护风险

与其他行业的 PPP 项目显著不同，垃圾焚烧发电项目在运营的过程中应重点关注生产与维护风险，特别是要严格控制臭气和二噁英等有毒有害物质的排放。江苏吴江、重庆同兴、宁波枫林等垃圾焚烧发电厂环境污染严重，遭到附近居民的联合抵制，使得项目被迫关闭或暂停；广州李坑垃圾焚烧厂由于垃圾焚烧设备受到污染气体腐蚀，经常发生安全事故。作为项目的运营主体，项目公司具有降低该风险的能力，因此，生产与维护风险应该由项目公司承担（Mean=6.19；$p<0.05$）。

Ni 等[42]学者通过对 19 个焚烧炉样本的调查发现，二噁英的平均排放量为 0.423 纳克，其中只有 6 个达到欧盟标准（0.1 纳克每标准立方米）。可见，在项目公司的日常运营中，应严格按照有关标准对烟气、污水、炉渣等进行控制和处理，并实时监测焚烧炉大气污染物、炉渣、飞灰、污水等物质的排放情况，以及厂界噪声、区域环境振动的情况；此外，垃圾焚烧发电项目应该向整个社会，特别是向作为潜在受害者的周边居民开放，自觉接受全社会的监督。作为决策方和监管方，政府相关部门应将“能否做到运营全过程的公开透明”作为批准垃圾焚烧发电 PPP 项目的重要参考指标，同时加强对项目运营过程的监管。

2. 技术风险

我国生活垃圾的构成复杂、水分高、热值低，必须添加辅助燃料才能稳定燃烧，这就要求项目采用的焚烧技术必须适应当地的垃圾特性。云南五华垃圾焚烧发电厂和深圳市政环卫综合处理厂因为垃圾焚烧设备与处理的生活垃圾特性不相符，导致项目运营成本过高、无法达到预期的要求。作为技术风险控制的主体，项目公司应当承担该风险（Mean=5.94；$p<0.05$）。

为防范技术风险，项目公司在项目前期决策阶段应对当地的生活垃圾特性进行详尽的分析，保证引进的技术及设备与之相适应；在项目运营阶段，应对设备进行有效的维护与修理，确保焚烧温度达到安全彻底焚烧的要求、二噁英等排放物达到有关标准。

3. 变更风险

垃圾焚烧发电项目的变更风险包括以下方面：在建设阶段，项目公司可能变更设计或设备方案，使得实际投资、工艺、建筑面积、设备质量、性能、数量、产地等方面与设计文件不符，依据批准项目总投资计算的垃圾处理补贴费也会产生偏差；在运营阶段，项目公司出现偷工减料、垃圾处理不达标等情况。例如，在山东、郑州等地出现了以煤充垃圾、将国家明令禁止的小火电厂包装为垃圾焚烧发电厂的做法，这些违规操作的项目依然享受着国家的补贴和优惠政策。项目公司最有能力避免变更风险的发生，因此，该风险应由项目公司承担（Mean=5.98；$p<0.05$）。

为防范变更风险，政府部门应在特许经营协议中规定：在项目建设和运营期间的任何变更必须事前经政府授予书面同意，否则立即停止项目公司的特许经营权；同时，要求项目公司在签署特许经营协议时交纳履约保证金，以保证项目公司按期按规定设计完成项目、正常运营项目。如果政府要求进行工程变更，由此造成建设成本增加、工期延误等应由政府承担责任。为防止出现违规操作小火电的情况，应严格按照中华人民共和国生态环境部、发改委、国家能源局在 2008 年 9 月联合出台的《关于进一步加强生物质发电项目环境影响评价管理工作的通知》中的相关规定，加强对项目公司垃圾处理情况的审核与公示，保证掺烧常规燃料质量控制在入炉总质量的20%以下，如果不符合上述要求则不能享受国家的优惠政策。

2.2.3　双方共同分担的风险

1. 招投标风险

我国在垃圾焚烧发电领域的起步较晚，对垃圾特性缺乏长期、系统的跟踪调查分析，而且现有人员大多是从热电和管理专业转岗而来的，专业人才匮乏，由此造成政府部门及中介机构编制招标文件的能力不足，并导致项目公司在投标时具有不确定性，甚至可能产生投机行为。如果招投标环节存在漏洞，则会进一步导致政府与项目公司签订的特许经营协议不完善，国内许多项目的特许经营协议在项目建设、运营与维护、移交等条款上均存在缺陷。研究结果表明，招投标风险应由政府与项目公司共同分担（Mean= 3.13；$p<0.05$），这也验证了Tiong[43]对政府和投资方分担风险的判断。

为防范招投标风险，政府应当加强对垃圾焚烧发电专业人才的引进及培养，提高招标文件编制和特许经营谈判的能力，特别是要对招标文件和特许经营协议中的技术、经济条款做全面的分析，防范项目公司的投机行为。对于项目公司而言，应当加强对垃圾焚烧项目地调研分析，详细评估项目的技术方案、收益与风险，避免因招投标准备工作不到位而造成后期运营中的纠纷。

2. 收益变化风险

在项目运营阶段，CPI、垃圾处理量与补贴、运输距离、上网电价与电量、自来水价格、煤炭价格、项目运营标准（包括环境保护、安全生产、劳动卫生等）、税费等因素发生变化，会导致项目公司的收益或成本发生变化。例如，上海、广州等地的垃圾焚烧发电厂，在享受政府垃圾处理补贴费的同时还获得了有保障的上网发电收入，赚取了高额的收益；许昌天健垃圾焚烧发电厂在运营过程中出现煤价上涨而电价却未做出任何调整的情况，导致项目运营出现困难；重庆同兴垃圾焚烧发电厂的发电量未达到既定标准，导致项目无法实现预期的收益。对于PPP项目而言，如果项目公司的收益远超过预期甚至赚取暴利，则政府和社会公众的利益受到损失；如果项目公司无法达到预期的收益甚至无法收回投资，则项目公司的利益受到损失。因此，为了实现社会公众利益和项目公司利益的均衡，收益变化风险应由双方共同分担（Mean=4.17；$p<0.05$）。

为了使该风险在政府和项目公司之间进行合理的风险分担，可以采取如下措施。

（1）采用弹性特许期模式。在双方谈判确定出一个合理的收益率或收益额的条件下，无论项目公司收益、成本如何变化，当项目的实际收益率或收益额达到基准数值时，项目特许期即终止。

（2）调整垃圾处理补贴费。双方可在特许经营协议中约定垃圾处理补贴费的基准值、调整公式和调整条件，任何一方均有权适时提出垃圾处理补贴费价格的意见，如果满足调整条件即可进行调整。

（3）实行超额利润分成。对于项目公司每年的超额利润，确定政府和项目公司的分配比例，保持项目公司的合理利润空间。

3. 完工风险

对于完工风险而言，从项目公司的角度出发，会导致项目增加贷款利息支出、延长贷款偿还期、提高项目机会成本，从而影响到项目的收益；从政府的角度出发，将会导致项目不能按期服务于社会公众。由于完工风险可能由双方的原因造成，应由双方共同分担（Mean=4.91；p<0.05）。

为了防范完工风险，应当对风险的具体成因加以分类：如果是政府部门行政审批不及时等原因引起的，应当由政府来承担，并对项目公司给予补偿或允许延长项目建设期；如果是由项目公司的原因引起的工期延误，则应当由项目公司承担；如果是不可抗力造成的，免除双方的责任。对于政府而言，为了预防项目公司出现建筑承包商施工延误、设备材料供应商供货延误、与建设承包商等发生纠纷、发生安全生产事故、工程质量不合格、初步验收或竣工验收未获通过等情况发生，政府应要求项目公司在双方签署协议时交纳履约保证金，并明确违约责任和争议解决方式。对于项目公司而言，为了预防因政府原因造成的完工延误，也应当在特许经营协议中明确政府的赔偿方式及其他违约责任。

本篇参考文献

[1] 曾祥耙. 城市生活垃圾焚烧发电前景乐观[J]. 环境卫生工程，2007，15（4）：35-36.

[2] 宋志伟，吕一波，梁洋，等. 国内外城市生活垃圾焚烧技术的发展现状[J]. 环境卫生工程，2007，15（1）：21-24.

[3] 中国固废网. 我国垃圾焚烧发电黄金时期将至[EB/OL]. http://www.solidwaste.com.cn/news/174577.html，2009-04-26.

[4] Martins A C，Marques R C，Cruz C O. Public-private partnerships for wind power generation：the portuguese case [J]. Energy Policy，2011，39（1）：94-104.

[5] Akintoye A，Beck M，Hardcastle C. Public-Private Partnerships：Managing Risks and Opportunities[M]. Oxford：Blackwell Publishing Company，2003.

[6] Denison R A，Silbergeid E K. Risks of municipal solid waste incineration：an environmental perspective[J]. Risk Analysis，1988，8：343-355.

[7] Ostry A S，Hertzman C，Teschke K. Risk perception differences in a community with a municipal solid waste incinerator[J]. Canadian Journal of Public Health，1993，84（5）：321-324.

[8] Petts J. Incineration risk perceptions and public concern：experience in the U.K. improving risk communication[J]. Waste Management & Resarch，1992，10：169-182.

[9] Schuhmacher M，Meneses M，Xifró A，et al. The use of Monte-Carlo simulation techniques for risk assessment：study of a municipal waste incinerator[J]. Chemosphere，2001，43（4）：787-799.

[10] 陈海滨，潘绮，章程. 生活垃圾处理项目风险分析与对策研究[J]. 江苏环境科技，2006，19（6）：46-48.

[11] Wang S Q，Tiong R L K，Ting S K，et al. Risk management framework for BOT power projects in China[J]. Journal of Structured Finance，1999，4（4）：56-67.

[12] Wang S Q，Tiong R L K，Ting S K，et al. Evaluation and management of foreign exchange and revenue risks in China's BOT projects[J]. Construction Management & Economics，2000，18（2）：197-207.

[13] 徐晓霞，李宝发. 生活垃圾焚烧项目采取 BOT 方式的风险因素分析[J]. 科技创新导报，2008，28：113.

[14] Tiong R L K. BOT projects：risks and securities[J]. Construction Management and Economics，1990，8（3）：315-328.

[15] Grimsey D，Lewis M K. Evaluating the risks of Public Private Partnerships for infrastructure

projects[J]. International Journal of Project Management，2002，20（2）：107-118.

[16] Ng A，Loosemore M. Risk Allocation in the private provision of public infrastructure[J]. International Journal of Project Management，2006，25（1）：66-76.

[17] Yin R K. Case Study Research：Design and Methods（2nd Ed.）[M]. Beverly Hills：Sage Publications，1994.

[18] 毛基业，张霞. 案例研究方法的规范性及现状评估——中国企业管理案例论坛（2007）综述[J]. 管理世界，2008（4）：115-121.

[19] Weick K E. The generative properties of richness[J]. Academy of Management Journal，2007，50（1）：14-19.

[20] Tsui A S. Taking stock and looking ahead：MOR and Chinese management research[J]. Management and Organization Review，2007，3（3）：327-334.

[21] Miles M B，Huberman A M. Qualitative Data Analysis：An Expanded Sourcebook[M]. Thousand Oaks：Sage Publications，1994.

[22] 李晓燕，毛基业. 基于心理契约关系的 IT 外包项目控制模式建构：多案例研究[J]. 南开管理评论，2009，12（4）：71-82.

[23] Eisenhardt K M. Building theories from case study research[J]. Academy of Management Review，1989，14（4）：532-550.

[24] 中国新闻网. 广州番禺垃圾焚烧厂 2011 年再启动 先推垃圾分类[EB/OL]. http://www.chinanews.com.cn/ qxcz/news/2009/12-11/2012460.shtml，2009-12-11.

[25] 搜狐网. 六里屯垃圾焚烧厂引争议[EB/OL]. http://news.sohu.com/20070418/n249525972.shtml，2007-04-18.

[26] 谷腾环保网. 投资 3 亿的吴江垃圾发电厂停建引发的反思[EB/OL]. http://www.gootech.com/news/detail-10167948.html，2009-11-11.

[27] 华商网. 武汉在建垃圾焚烧发电厂引发环保争议[EB/OL]. http://news.hsw.cn/system/2010/01/21/050417705.shtml?url_type=39，2010-01-21.

[28] 腾讯新闻. 广州李坑垃圾焚烧发电厂管道炸裂 5 人受伤[EB/OL]. https://news.qq.com/a/20100107/002879.htm，2010-01-07.

[29] 徐壮，奚修斌，盛鲁鼎，等. 山东省垃圾发电情况调研与思考[J]. 节能与环保，2006（8）：44-47.

[30] 搜狐新闻. "原料"拉不来机器"睡大觉"同兴垃圾焚烧发电厂喊"饿"[EB/OL]. http://news.sohu.com/20050412/n225136370.shtml，2005-04-12.

[31] 何志武，帅建强，唐龙. 垃圾焚烧发电产业 BOT 运作模式的政策评估——以重庆同兴垃圾发电厂为例[J]. 重庆科技学院学报（社会科学版），2009（2）：101-102.

[32] 广东省生态环境厅.深圳垃圾发电面临"断炊"环保发电尚需政策扶持[EB/OL]. http://gdee.gd.gov.cn/shenzhen3073/content/post_2328114.html，2004-09-03.

[33] 新华网.垃圾焚烧发电厂争议颇多 选址难引发群体性事件[EB/OL].http://www.xinhuanet.com/politics/2015-04/24/c_127726982.htm，2015-04-24 .

[34] 中国固废网.江苏吴江投资 3 亿多垃圾发电厂被紧急叫停[EB/OL]. https://www.solidwaste.com.cn/news/177078.html，2009-11-02.

[35] 北极星环保网.昆明垃圾处理费一半去向成疑[EB/OL]. https://huanbao.bjx.com.cn/news/20140910/545010-2.shtml，2014-09-10.

[36] 宋金波，宋丹荣，孙岩. 垃圾焚烧发电 BOT 项目的关键风险：多案例研究[J]. 管理评论，2012，24（9）：40-48.

[37] 宋金波，宋丹荣，姜珊. 垃圾焚烧发电 BOT 项目的风险分担研究[J]. 中国软科学，2010（7）：71-79.

[38] 王国刚. 美国生活垃圾的焚烧综合处理[J].中国环保产业，2002，3：2.

[39] 吴文伟. 德国垃圾焚烧管理途径分析[J]. 城市管理与科技，2008，10（2）：68-71.

[40] 中华人民共和国国家发展和改革委员会价格司. 欧洲五国垃圾管理模式[EB/OL]. http://www.sdpc.gov.cn/jggl/jgqk/ t20070621_143411.htm，2007-06-21.

[41] 刘婷，赵桐，王守清. 基于案例的我国 PPP 项目再谈判情况研究[J]. 建筑经济，2016，37（9）：31-34.

[42] Ni Y W, Zhang H J, Fan S, et al. Emissions of PCDD/Fs from municipal solid waste incinerators in China[J]. Chemosphere，2009，75（9）：1153-1158.

[43] Tiong R L K. Risks and guarantees in BOT tender[J]. Journal of Construction Engineering and Management，1995，121（2）：183-188.

第二篇　PPP项目特许期与收费价格联动调整机制

第3章　PPP项目特许期决策研究评述

PPP 项目的投资通常较高，特许期的长短对其运营水平具有直接影响，不合理的特许期设定将会导致政府补贴负担过重或者投资者无法达到预期的收益水平，进而导致项目失败[1~4]，故对 PPP 项目特许期的研究显得尤为关键。

目前在 PPP 项目特许经营协议谈判和运营过程中,存在如下两个方面的问题。

（1）在项目决策阶段对特许期缺乏科学有效的估算依据。政府部门通常在项目招标前依据相似案例的经验和简单的财务评估结果确定特许期。在实际操作过程中，由于缺少有信服力的方法，许多同类的 PPP 项目都采用了相同特许期的做法，这种不考虑地区经济水平、项目规模、投资、运营成本和市场风险等因素而一律采用相同特许期的决策方式，导致 PPP 项目在运营过程中出现了许多漏洞，使政府、投资者和社会公众的利益受损。

（2）在项目运营阶段缺少应对风险的特许期调整方法。PPP 项目在运营过程中存在许多不确定性因素，目前绝大多数项目是在固定特许期条件下采用调整特许价格或补贴等方法规避风险[5~7],但是公共服务产品价格调整通常很敏感且调价空间有限，补贴在实际执行中又存在较大的争议，相对而言，各方对特许期调整这一方式的争议较小，容易被公众接受，但目前关于特许期调整的方法十分缺乏科学理论与方法指导。

国内部分污水处理 PPP 项目特许期概况如表 3.1 所示。

表3.1　国内部分污水处理PPP项目特许期概况

PPP 项目名称	总投资/万元	特许期/年
山东省博兴县污水处理厂	1 860	10
广东新会东郊污水处理厂	4 263	20
湖北省武汉汤逊湖污水处理厂	19 500	20
北京市通州区污水处理厂	17 000	20
江西省南昌市青山湖污水处理厂	29 000	20

续表

PPP 项目名称	总投资/万元	特许期/年
北京市大兴区榆垡镇污水处理项目	1 500	20
重庆市渝北区城西污水处理厂	6 700	20
北京经济技术开发区污水处理厂	3 200	20
大连老虎滩污水处理项目	10 300	20
大连市凌水河污水处理厂	6 700	20
北京市东坝污水处理厂（一期）	8 500	24
辽宁省沈阳市污水处理厂	3 500	25
湖北省荆门市夏家湾污水处理厂	11 000	25
江苏丰县污水处理厂	5 700	25
江苏太仓城东污水处理厂	3 250	25
临沂市污水处理厂	16 495	30

本章将全面分析现有固定特许期和弹性特许期两类决策方法的特点及不足之处，为不同项目、不同情境下的特许期决策方法选择提供依据。

3.1 固定特许期决策方法

现有固定特许期决策方法主要可以归纳为三类，即净现值（net present value，NPV）法、博弈论法和蒙特卡罗模拟方法。

3.1.1 净现值法

NPV 法根据项目公司在特许期内的预测现金流 NPV 来确定 PPP 项目特许期[8]。该方法的计算公式为

$$\mathrm{NPV}=\sum_{i=1}^{T}\frac{\mathrm{CI}_i-\mathrm{CO}_i}{\left(1+r\right)^i}\quad (i=1,2,3,\cdots,T) \tag{3.1}$$

在其他变量不变的条件下，调整特许期 T，NPV 会发生相应改变。如果 NPV 大于项目公司预期收益，则项目公司可以考虑投资；如果 NPV 小于项目公司预期收益，则项目公司应该拒绝投资；在 NPV 等于项目公司预期收益的条件下，计算出的 T 值则为项目的特许期。

李启明和申立银[9]在传统 NPV 法的基础上，从项目公司和政府双方利益出发，提出一种特许期决策模型。该模型计算公式如下：

$$政府：\quad \sum_{i=T_c}^{T} \frac{\mathrm{CI}_i - \mathrm{CO}_i}{(1+r)^i} \geqslant 0 \tag{3.2}$$

$$项目公司：\quad \sum_{i=T_0}^{T_c} \frac{\mathrm{CI}_i - \mathrm{CO}_i}{(1+r)^i} = E \times R_E \tag{3.3}$$

其中，T_0 为项目运营启动点；T_c 为项目特许期；T 为项目生命周期；E 为项目公司投资总额；R_E 为项目公司预期投资回报率；r 为贴现率$\left(r = \frac{1+m}{1+I} - 1\right)$；$m$ 为银行贷款利率；I 为通货膨胀率。

项目公司在给定预期投资回报率、其他变量已知或可预测的条件下，可以依据式（3.2）计算出项目的特许期（T_c）区间；式（3.3）为 T_c 的约束条件，从政府的角度看，项目移交后的 NPV 应该为正，即根据式（3.2）计算出的 T_c 应当满足式（3.3）。这一模型计算简单，从项目公司和政府两个利益相关者的角度出发确定项目的特许期，比传统的 NPV 法更科学。

Shen 等[10]进一步对该模型进行了修正，将式（3.3）修改为不等式，见式（3.4）。通过式（3.2）和式（3.4）联立，共同确定特许期的可行域。

$$\sum_{i=T_0}^{T_c} \frac{\mathrm{CI}_i - \mathrm{CO}_i}{(1+r)^i} \geqslant E \times R_E \tag{3.4}$$

针对上述特许期决策模型，秦旋[11]基于资本资产定价模型（capital asset pricing model，CAPM）进一步提出，项目公司资本构成包括股本资金和债务资金，其中股本资金的成本要高于债务资金，因此在确定投资收益率（即贴现率）时，仅考虑项目公司债务资金的银行贷款利率和通货膨胀率是不准确的，还应该考虑项目公司股本资金的风险报酬率。

3.1.2　博弈论法

一些学者认为，PPP 项目特许期决策问题可以归纳为政府与项目公司间的完全信息动态博弈。

杨宏伟等[12, 13]以交通 BOT 项目为研究对象，并且假定：①仅考虑道路收费给政府和项目公司带来的直接收益，且收费价格由政府和社会福利等因素确定；②交通流量的均值为常数；③若建设成本增加，则道路质量将提高，年维护成本将降低。基于这些假设，该研究以特许期和建设成本分别作为政府和项目公司的决策变量，建立各自的效用函数。采用逆向归纳法求解这个模型的子博弈精炼纳什均衡，将政府期望的项目建设成本输入博弈模型，确定政府选择特许期的最优策略，并得出项目公司选择的实际建设成本。该研究建立了特许期与建设成本、项目公司期望收益、道路年均收入的关系，如果道路的年均收入较高，项目公司可以较快地收回成本和收益，则特许期相对较短；如果项目公司的保留效用较高，则需要延长特许期，以保证项目公司的收益。

进一步地，高丽峰等[14]建立了完全信息动态博弈条件下的“分蛋糕”模型，探讨了未来收益相对稳定、生命周期已知的 BOT 项目特许期决策方法。侍玉成和万法菊[15]建立了政府与项目公司间的完全信息动态博弈模型，推导出特许期的最优决策，为城市供水 BOT 项目特许期决策提供了较为系统的方法。

还有一些学者基于 PPP 项目利益相关者之间的博弈关系开展了研究。Schmidt 和 Schmitz[16~18]着眼于特许经营协议的不完备性所引起的服务效率性问题，分析了政府和项目公司之间的权力分配对 BOT 项目特许期和效率性的影响。Xing 和 Wu[19]以电力 BOT 项目为研究对象，在电量供不应求的前提下，建立了项目公司与电力行业的 Stackelberg 博弈模型，探讨了成本对于电力 BOT 项目特许期决策的影响。Shen 等[20]基于议价博弈理论对特许期谈判过程进行了建模分析，以政府与项目公司各自期望的最大收益进行交替谈判，直至同时满足双方的决策目标函数要求。该方法能够从 NPV 法确定的特许期可行域中，选择一个更精确的区间，从而提高特许期决策的有效性。

3.1.3 蒙特卡罗模拟方法

PPP 项目在建设和运营过程中存在许多不确定性因素，这些因素直接影响项目的现金流量，进而改变特许期的长短[21，22]。因此，作为建设项目进度、成本风险管理的常用工具，蒙特卡罗模拟方法被引用到 PPP 项目特许期决策中[23，24]。

该方法根据决策者的实践经验，定义包括建设期、建设成本、收费价格、市场需求、运营和维护成本及贴现率、利率、通货膨胀率等各类关键不确定性变量的概率分布[25]，进而构建特许期决策的数学模型和模拟流程，通过蒙特卡罗模拟技术来反映这些变量对特许期的影响，模拟出项目公司的 NPV 曲线，在给定的置信水平下确定特许期的区间，并结合项目评估[26]、模糊数学[27]等方法进行优化。

Shen 等[10，28]在式（3.2）和式（3.3）基础上，通过引入建设期、建设成本、价格、市场需求等关键风险因素扩展了原有模型。应用蒙特卡罗模拟方法求解特许期，分别设定项目公司与政府针对项目运营期内 NPV 的置信水平(即 β_P 和 β_G),

以此反映各自的风险承担能力，进一步在 β_P 等于、小于和大于 β_G 三种情况下，分别探讨了特许期的计算方法和约束条件。

Zhang 和 AbouRizk[29]、Ye 和 Tiong[30]也认为建设期和建设成本是直接影响特许期的关键因素，因此，将建设期、建设成本和运营期内的 NPV 定义为随机决策变量，综合运用关键路径法（critical path method，CPM）和 NPV 法构建特许期决策的数学模型。采用蒙特卡罗模拟方法求解特许期的过程包括三个步骤：首先，基于 CPM 将建设期划分为若干个阶段，定义各阶段内时间和成本的概率分布，模拟出建设期和建设成本；其次，模拟运营期内的 NPV，在给定置信水平和项目公司可接受的最低回报率（IRR_{min}）、政府允许的最高回报率（IRR_{max}）条件下，采用插值法确定运营期的上、下限；最后，计算项目的特许期区间。研究表明，在统筹设计建设期和运营期基础上确定特许期，不仅可以激励项目公司节约成本、缩短工期以获得更多的运营收入，还可以兼顾政府与项目公司双方的利益，从而提高特许期决策的合理性。

后续学者进一步深化和完善了该模型，Thomas 等[31]建立了特许期决策的随机模拟流程，决策参数包括运营成本、收入、收益等不确定性变量，以及建设期、贴现率、收费价格等确定性变量，确定特许期的边界条件为 $NPV \geqslant 0$。该研究针对项目公司可接受的最低回报率（IRR_{min}）、项目公司期望回报率（$IRR_{expected}$）、政府允许的最高回报率（IRR_{max}）三种情况，分别模拟出反映特许期与收益率的累计概率之间的关系曲线。研究表明，合理的特许期应该同时满足 IRR_{min} 的累计概率相对较高、$IRR_{expected}$ 的累计概率相对适中、IRR_{max} 的累计概率相对较低三个条件。这种方法综合考虑了一些不确定性因素，能够更准确地确定特许期；该研究还针对收费机制、通货膨胀率等风险因素展开敏感度分析，为决策者进行特许经营协议谈判提供参考基准。

在特许经营协议谈判中，政府、项目公司和使用者期望的特许期、内部收益率和收费价格等决策目标通常存在差异，而这三个目标相互矛盾、无法同时满足。因此，为了在多指标组合决策方案（如收费价格低、特许期长；或者反之）中选择非劣策略（non-inferior），Thomas 等[27]进一步引入了模糊多目标决策方法，优化和比选通过蒙特卡罗模拟方法确定的备选方案，从而在三个决策目标均衡条件下确定特许期。

除了上述三类固定特许期决策方法之外，Ngee 等[21]建立了特许期、收费价格与 IRR 三者的非线性回归模型，通过三者的回归关系求解特许期，该方法简化了特许期的计算过程。

3.2　弹性特许期决策方法

3.2.1　弹性特许期含义与基本假设

为了合理分担不确定性风险[32，33]，在招标过程中选择最优的项目公司，一些学者引入弹性特许期概念[34~36]。与固定特许期模式下采用价格或特许期竞标不同，以弹性特许期形式运作的 PPP 项目在特许经营协议中不直接确定特许期，而是由项目公司以收益竞标，政府选择收益最低的公司作为中标人，当项目公司的收益达到协议中的规定时，特许经营协议即告终止。

弹性特许期主要适用于项目建设成本和周期高度不确定、未来运营收入难以预测、项目公司财务杠杆高等情况。目前，相关文献的研究对象主要是高速公路 PPP 项目，学者们一般基于下列假设条件[37，38]，构建特许期决策模型。

（1）在项目刚建成、未来交通量需求不确定条件下，大部分的项目投资转变为一次性沉没成本；

（2）理论上存在一个合理的收费区间，可以调节使用者，合理利用高速公路，保证交通量趋于最优化，并同时实现社会福利最大化；

（3）交通量风险发生概率较高、难以准确预测，且项目公司无法有效控制该风险，因此将项目公司假定为风险规避型，将政府假定为风险中性型[39]，以此作为模型决策函数的假设基础。

3.2.2　弹性特许期决策模型

从福利经济学视角看，政府发起 PPP 项目的初衷是实现社会福利最大化，同时允许项目公司获得一定的收益[40]。基于这一思想，Engel 等[35~37]建立了特许期决策的 LPVR（least present value of revenue，最小收益净现值）模型。该模型以社会福利最大化为决策目标，构建特许期与项目收益、成本之间的函数关系，特许期并非一个固定值，而是由项目公司的实际运营收入决定。计算公式如下：

$$\max\sum_{i=1}^{n}\pi_i\left[\int_0^{T_i}\mathrm{CS}_i\left(P_i^F\right)\mathrm{e}^{-rt}\mathrm{d}t+\int_{T_i}^{\infty}\mathrm{CS}_i\left(P_i^A\right)\mathrm{e}^{-rt}\mathrm{d}t\right]+\int_{T_i}^{\infty}P_i^AQ_i\left(P_i^A\right)\mathrm{e}^{-rt}\mathrm{d}t \quad (3.5)$$

$$
\text{s.t.}\begin{cases}\sum_{i=1}^{n}\pi_i u\left(\mathrm{PVR}_i - I\right)=u(0)\\ \mathrm{PVR}_i=\int_0^{T_i} P_i^F Q_i\left(P_i^F\right)\mathrm{e}^{-rt}\mathrm{d}t\\ \mathrm{CS}_i\left(P\right)=\int_0^{Q_i(P)} B_i(q)\mathrm{dq}-Q_i(P)\left[P+C\left(Q_i(P)\right)\right]\end{cases} \tag{3.6}
$$

其中，i 为项目可能面临的第 i 种需求情况（$1 \leqslant i \leqslant n$）；$\pi_i$ 为第 i 种情况发生的概率；T_i 为第 i 种情况下的特许期；P 为收费价格；P_i^F 和 P_i^A 分别表示特许期内和项目移交后的价格；Q 为交通量；CS(P)表示价格为 P 时的消费者剩余；$\mathrm{CS}_i\left(P_i^F\right)$ 和 $\mathrm{CS}_i\left(P_i^A\right)$ 分别表示项目公司和政府的消费者剩余；r 为贴现率；PVR_i 为第 i 种情况下项目公司的收益现值；$u\left(\mathrm{PVR}_i - I\right)$ 表示 PPP 项目给公司带来的效用；$u(0)$ 为该项目的机会成本。

LPVR 模型引入了拥挤费的概念，定义为调节交通量需求至最优状态下的收费水平[41，42]，并针对交通量需求高、中、低三种情况展开讨论，阐释交通量需求不确定性风险对特许期的影响。

（1）在高需求条件下，项目公司将收费价格定在拥挤费水平即可顺利收回投资。根据式（3.6），在招标过程中经过项目公司间的纳什竞争，最终确定收益现值等于项目投资的公司中标。项目公司获得特许经营协议规定的收益时，特许期终止。

（2）在中等需求条件下，项目公司将收费价格定在拥挤费水平可能无法收回投资。考虑到价格黏性（price stickiness）、风险分担等因素，政府允许项目公司在合理的价格浮动区间内提高收费标准，或者适当延长特许期，直到项目公司获得协议中规定的收益为止。

（3）在低需求条件下，根据需求价格弹性（$\varepsilon<1$）的高低，项目公司可以分别采用低收费、长特许期和高收费、短特许期的策略获得预期收益。尽管后者带来的社会福利损失相对较小，但从使用者角度看，前者更容易被接受；然而，需求量过低项目公司可能无限制延长特许期。因此，在实行前一种策略时，需要建立外部监督和约束机制。

LPVR 模型忽略了高速公路运营和维护成本，为此，Nombela 和 Rus[38]对 LPVR 模型进一步完善，引入运营和维护成本变量，构建了 LPVNR（least present value of net revenue，净收入的最小现值）模型。该模型与 LPVR 模型的显著区别在于，政府选择净收益现值最小的竞标公司作为中标人。为便于公式推导，模型中省略了贴现率变量。计算公式如下：

政府部门：$$\min\left(B_i+\frac{1}{T_{m+1}-T_0}\sum_{t=T_0}^{T_m}tE_i\right) \tag{3.7}$$

项目公司：$$\prod(Q,B_i,E_i)=(B_i-I_i)+(E_i-M_i)\times\frac{B_i}{PQ-E_i} \tag{3.8}$$

其中，B_i为 i 公司的总收益（不包括运营和维护成本）；T_0~T_m 为政府限定的特许期范围；E_i为 i 公司投标的年运营和维护成本；M_i为 i 公司实际的年运营和维护成本；I_i为 i 公司的项目建设成本；P 为高速公路收费价格；Q 为交通量。

研究表明，LPVNR 模型可以在交通量需求不确定的条件下，选择最优的项目公司中标，并实现社会福利最大化目标。一方面，根据式（3.8），项目公司可能通过提高 B_i和 E_i来收回投资并获得一定的利润；另一方面，根据式（3.7），为了提高中标概率，项目公司必须尽量压低 B_i和 E_i。因此，竞标公司间完全竞争的结果将趋于实现 $B^*_i=I_i$和 $E^*_i=M_i$，从而节约项目建设成本，提高项目公司的服务质量。

3.3　特许期决策方法的比较分析

目前，国内 PPP 项目特许经营协议谈判过程中基本都沿用了固定特许期方式。综合来看，这一类决策方法的特点如下。

（1）参考同类项目法和回归法简便易用，但忽略了 PPP 项目特许期的关键影响因素。与之相比，NPV 法可操作性强，各变量的数据相对容易预测，可以比较直观地构建政府与项目公司的收益期望函数，因此成为目前特许期决策实践中最常用的方法。然而，NPV 法构建的决策函数可能出现多重解或无解的问题，需要在后续研究中进一步分析与解决。

（2）蒙特卡罗模拟方法与其他固定特许期决策方法的不同之处在于，该方法能够将影响特许期的不确定性因素纳入模型，弥补了其他方法的不足。这种方法不仅满足项目公司获得预期收益的需求，还能帮助政府确定项目移交的最优时间点。但不确定性因素的概率分布需要凭借决策者的实践经验确定[27]，为减少特许期决策偏差，仍需要结合模糊评价理论加以深入分析。

（3）博弈论法从政府和企业之间的博弈视角分析了 PPP 项目特许期决策问题，并且将这一问题抽象为完全信息动态博弈。然而，政府与项目公司之间存在实际建设成本、收益等信息的非对称性[16, 17]，在实践中政府很可能无法掌握真实数据，故后续研究可以进一步探讨不完全信息条件下的特许期决策问题。

与固定特许期相比，国内学者针对弹性特许期的研究鲜见，而且在实践中尚未采用。其特点如下。

（1）弹性特许期区别于固定特许期的显著特点，是在特许经营协议中以项目公司未来的收益替代特许期，作为项目公司竞标和项目移交的决策变量。其优势在于，项目公司可以通过调整特许期长短，与政府合理分担交通量需求不确定性风险，从而保证双方的利益。

（2）在固定特许期模式下，项目公司缺乏应对风险的激励，一旦项目在实施阶段遇到困难，容易就风险分担、收益补偿等问题向政府提出谈判请求[39, 43]。而弹性特许期模式下，在特许经营协议中已经明确了项目公司的收益，当项目面临政策风险需要终止时，政府只需要弥补约定的收益差额即可，减少重复谈判次数，具有计算简便、争议小的优点。

（3）弹性特许期决策方法有利于实现社会福利最大化。在收益一定的条件下，项目公司根据交通量需求情况调整特许期，可以使特许期更好地适应需求变化，从而降低运营风险、提高效用，同时也降低了政府支付风险贴水的可能性。此外，基于项目公司间完全竞争、财务状况公开的假设，政府节省了对项目公司财务状况的监控费用[38]，而项目公司可以通过调整特许期来获得约定的期望收益，节约了交通量需求的预测成本，因此双方能够更多地关注建设投资目标，保证了项目的投资效率。

（4）项目公司通过调整特许期，可以将运营风险部分转移给政府和使用者，因此，在项目运营中需要建立约束机制[7, 44]，以避免 PPP 项目服务质量下降、特许期无谓延长等问题。

第 4 章　PPP 项目固定特许期决策研究

本篇第 3 章对 PPP 项目的固定特许期决策和弹性特许期决策方法进行了简要的介绍。本章将介绍在项目需求不确定的情境下如何进行固定特许期的设置与调整，并将此方法应用于具体的公路、污水处理等项目，以提高特许期决策模型的可操作性。

4.1　高需求状态下 PPP 项目特许决策模型

目前对于 PPP 项目中高需求状态下的项目运营获得暴利、损害社会公平等问题缺少有针对性的研究，特别是对特许期与收费价格的联动决策研究较少[45，46]。为此，本节以交通 PPP 项目为研究对象，将特许期和收费价格作为决策变量，设计出以消费者剩余（consumer surplus，CS）和项目公司收益最大化为目标的完全信息动态博弈模型，求解该模型并结合政府限价政策得出高需求状态下的最优决策结果，并进一步探讨决策结果，最后，结合案例验证该特许决策模型的可行性及决策结果的有效性。

4.1.1　模型的构建和求解分析

1. 研究假设

某地区政府计划采用 BOT 方式修建一条公路，政府与项目公司通过谈判在特许协议中规定特许期为 T 年，项目公司在政府限价约束范围内自行决定收费价格

P，以回收投资，并获得一定的收益。在特许期结束后，项目公司将公路的经营权无偿移交给政府。以特许期内的 CS 最大化和项目公司收益 NPV 最大化为目标构建特许决策模型，在构建决策模型前，提出如下假设。

假设一：已知公路周边的社会经济环境稳定，过往车辆的车型相同、所有车辆均行驶全程。根据交通量需求价格弹性，交通量需求 Q 由收费价格 P 决定，其需求函数形式表示为

$$Q(P)=a+bP \tag{4.1}$$

其中，a，b 为常数，且 $a>0$，$b<0$。根据式（4.1）可知，最高收费价格为 $\bar{P}=-\dfrac{a}{b}$。

假设二：公路 BOT 项目的总成本 TC 主要包括建设成本和运营维护成本两部分。假定公路的建设成本为 I，增加 I 可以提高公路质量、延长公路全寿命周期、减小运营期的维护费用[47]。同时，假定运营期内单位交通量的运营成本为 c，则项目运营维护成本可以表示为随着路龄增长、交通量变动而发生的成本，用 $\int_0^T cQT\beta \mathrm{d}t$ 表示，其中，β 为路龄修正系数。其函数形式表示为

$$\mathrm{TC}=I+\int_0^T cQT\beta \mathrm{d}t \tag{4.2}$$

根据 2007 年《全国公路养护与管理资金需求研究报告》，β 随时间 T 呈指数增长形式，可以假定为 $\mathrm{e}^{\omega t}$，ω 为常数且 $\omega>0$，不妨设 $\omega=2r$，其中 r 为贴现率，则 $\beta=\mathrm{e}^{2rt}$，将 β 参数代入式（4.2），即

$$\mathrm{TC}=I+\frac{cQT}{2r}(\mathrm{e}^{2rT}-1),\quad c>0 \tag{4.3}$$

为了方便后文的公式简化及计算，令 $\lambda_T=\dfrac{1}{2r}(\mathrm{e}^{2rT}-1)$。假定该公路 BOT 项目的平均成本为 AC，且不考虑资金时间价值对平均成本的影响，则 AC 可以表示为

$$\mathrm{AC}=\frac{1}{Q}\left[I+\frac{cQT}{2r}(\mathrm{e}^{2rT}-1)\right]=\frac{I}{Q}+cT\lambda_T \tag{4.4}$$

在签订特许协议之前，政府可以参考类似项目的平均成本数据，对该公路 BOT 项目的平均成本参数 AC 具有先验概率，假设 AC 的取值区间为 $\mathrm{AC}\in[C_{\min},C_{\max}]$。

假设三：r 为贴现率，根据函数 e^x 在 $x=0$ 点的泰勒展开式，当 $x=r$ 且 r 较小时，e^r 可以近似用 $1+r$ 代替。因此，为了方便模型的求解，在以下模型中将 $(1+r)^{-t}$ 表示为 e^{-rt}，作为第 T 年的贴现系数。

2. 博弈模型的构建

在交通 BOT 项目谈判的博弈过程中，政府通常先决策特许期，并确定出合理的收费区间，项目公司在此基础上决策收费价格，整个决策过程属于完全信息动态博弈。政府的决策目标是CS最大化[48]。因此，政府的决策函数可表示为

$$\max_T \ \mathrm{CS} = \max_T \int_0^T \int_P^{\overline{P}} Q(v) \mathrm{e}^{-rt} \mathrm{d}v \mathrm{d}t \tag{4.5}$$

$$\text{s.t.} \quad \int_0^T \left[P \cdot Q(P) - cQ(P)\beta \right] \mathrm{e}^{-rt} \mathrm{d}t - I \geqslant 0 \tag{4.6}$$

式（4.5）表示出特许期内 CS 的最大化，由需求函数积分求得。其中，t 为时间的积分变量；v 为收费价格的积分变量；$\overline{P}$ 为该公路在竞争市场条件下的收费价格上限，且 $\overline{P} = -\dfrac{a}{b}$。政府决策的约束条件用式（4.6）表示，现实意义是项目公司有意愿参与交通项目建设。

在特许期为 T 的前提下，项目公司依据收益净现值 R 最大化的目标，决策出收费价格 P。

项目公司的决策函数表示为

$$\max_p \ R = \max_p \int_0^T [P \cdot Q(P) - cQ(P)\mathrm{e}^{2rt}]\mathrm{e}^{-rt} \mathrm{d}t - I \tag{4.7}$$

$$\text{s.t.} \quad P \leqslant -\frac{a}{b}$$

此外，政府保证项目公司保留效用大于零的定价区间 $[m, M]$ 可由平均成本 AC 求得，其中，m 为政府确定的收费价格下限；M 为政府确定的收费价格上限。

根据先验值区间 $\mathrm{AC} \in [C_{\min}, C_{\max}]$，可得

$$C_{\min} \leqslant \mathrm{AC} = \frac{I}{Q} + cT\lambda_T \leqslant C_{\max}$$

$$C_{\min} - cT\lambda_T \leqslant \frac{I}{Q} \leqslant C_{\max} - cT\lambda_T$$

$$C_{\min} - cT\lambda_T \leqslant \frac{I}{a + bP} \leqslant C_{\max} - cT\lambda_T$$

由此，可以进一步得出

$$m = \frac{1}{b}\left(\frac{I}{C_{\min} - cT\lambda_T} - a\right) \leqslant P \leqslant \frac{1}{b}\left(\frac{I}{C_{\max} - cT\lambda_T} - a\right) = M \tag{4.8}$$

3. 博弈模型的求解

采用逆向归纳法求解上述博弈模型的子博弈精炼纳什均衡解。首先，考虑项目公司的最优收费价格决策，将式（4.1）代入式（4.7），经积分、化简，可得

$$\max_p \ R = \max_p \int_0^T [P(a+bP) - cQe^{2rt}]e^{-rt}dt - I$$
$$= \max_p [\frac{b(1-e^{-rT})}{r}P^2 + \frac{a(1-e^{-rT}) - bc(e^{rT}-1)}{r}P - \frac{ac(e^{rT}-1)}{r} - I]$$

据最优化一阶条件，可得

$$P = \frac{ce^{rT}}{2} - \frac{a}{2b} \tag{4.9}$$

在此基础上，进行政府的最优特许期决策，将式（4.9）代入式（4.5）和式（4.6），则政府的决策目标函数可整理为

$$\begin{aligned} \max_T \ CS &= \max_T \left[\int_0^T \int_p^{\bar{p}} (a+bv)\, e^{-rt} dv dt\right] \\ &= \max_T \frac{1-e^{-rT}}{r}\left(-\frac{bc^2}{8}e^{2rT} - \frac{ac}{4}e^{rT} - \frac{a^2}{8b}\right) \end{aligned} \tag{4.10}$$

$$\text{s.t.} \ \ \frac{1-e^{-rT}}{r}\left(-\frac{bc^2}{4}e^{2rT} - \frac{ac}{2}e^{rT} - \frac{a^2}{4b}\right) - I \geqslant 0 \tag{4.11}$$

根据式（4.10）和式（4.11）构造拉格朗日函数，令 λ 为拉格朗日乘数，可得

$$L(T,\lambda) = \frac{1-e^{-rT}}{r}\left(-\frac{bc^2}{8}e^{2rT} - \frac{ac}{4}e^{rT} - \frac{a^2}{8b}\right) + \lambda\left[\frac{1-e^{-rT}}{r}\left(-\frac{bc^2}{4}e^{2rT} - \frac{ac}{2}e^{rT} - \frac{a^2}{4b}\right) - I\right] \tag{4.12}$$

式（4.12）最优化的一阶条件为

$$\begin{cases} bc^2e^{rT}\left(1-e^{-rT}+2\lambda\right) - \lambda\left[bc^2 - 2ac\right] + ac\left(1-e^{-rT}\right) = 0 \\ b^2c^2e^{2rT} + 2abce^{rT} + a^2 + 4rIb = 0 \end{cases} \tag{4.13}$$

求解方程组（4.13），得到两组解。

第一组为

$$T_1 = \frac{1}{r}\ln\left(\frac{-a-2\sqrt{-rIb}}{bc}\right) \tag{4.14}$$

$$P_1 = -\frac{a}{b} + \sqrt{-\frac{rI}{b}} \tag{4.15}$$

第二组为

$$T_2 = \frac{1}{r}\ln\left(\frac{-a+2\sqrt{-rIb}}{bc}\right) \tag{4.16}$$

$$P_2 = -\frac{a}{b} - \sqrt{-\frac{rI}{b}} \tag{4.17}$$

由于第一组解中 P_1 大于 $\bar{P}$ ，不符合约束条件，故舍去。

4. 决策结果分析

根据 Engel 等[37]对 BOT 项目的服务分类，以及消费者支付意愿与政府限价区间的关系，可以将交通 BOT 项目划分为高、中、低三种不同的需求状态。其中，高需求状态是指在竞争市场下消费者意愿支付的价格大于政府确定的价格上限的状态，因此，在高需求状态下，应有 $P_2 > M$ 。T^* 为政府选择的最优特许期，P^* 为项目公司选择的最优收费价格。

当 $P_2 > M > m$ 时，根据政府要求，收费价格限定为上限 M ，即

$$P^* = M = \frac{1}{b}\left(\frac{I}{C_{\max} - cT\lambda_T} - a\right) \tag{4.18}$$

将式（4.1）和式（4.18）代入式（4.6），可得

$$\begin{aligned}\int_0^T \left[P\cdot Q(P) - cQ\beta\right]\mathrm{e}^{-rt}\mathrm{d}t - I = &-\frac{1}{rb}\left(\mathrm{e}^{-rT}-1\right)\left(\frac{I}{C_{\max} - cT\lambda_T} - a\right)^2 \\ &-\left[\frac{a}{r}\left(\mathrm{e}^{-rT}-1\right) - \frac{bc}{r}\left(\mathrm{e}^{rT}-1\right)\right]\frac{1}{b}\left(\frac{I}{C_{\max} - cT\lambda_T} - a\right) \\ &+\frac{ac}{r}\left(\mathrm{e}^{rT}-1\right) - I\end{aligned} \tag{4.19}$$

当式（4.19）>0 时，项目公司能够获得收益，可以选择 T_2 为特许期，即

$$\begin{cases} T^* = T_2 \\ P^* = M \end{cases}$$

当式（4.19）⩽ 0 时，项目公司在 T_2 内不能获得足够的收益以弥补成本，政府需要延长特许期至项目公司的收益满足式（4.6），此时

$$\begin{cases} T^* > T_2 \\ P^* = M \end{cases}$$

根据上述高需求状态下交通 BOT 项目的决策结果，可以得出以下结论。

（1）当不存在政府限价的情况下，最优特许期和收费价格 T^* 与 P^* 分别为 T_2 和 P_2 ，且 T_2 和 P_2 仅当需求弹性系数大于 1 的情况下存在。

证明：假设交通量需求价格弹性的绝对值为 ε_P 。根据式（4.9），$P = \frac{c\mathrm{e}^{rT}}{2} - \frac{a}{2b} > 0$ ，可以得出 $P > -\frac{a}{2b}$ 。再根据式（4.1）和需求价格弹性公式

$\varepsilon_P = -\dfrac{\partial Q}{\partial P}\cdot\dfrac{P}{Q}$，可知 $\dfrac{\mathrm{d}Q}{\mathrm{d}P} = b$，进一步得到 $\varepsilon_P = -\dfrac{b}{\dfrac{a}{P}+b}$。将 $P > -\dfrac{a}{2b}$ 代入其中，可以证出 $\varepsilon_P > 1$，即 T_2 和 P_2 在需求弹性系数大于 1 的情况下存在。

反之，假设 T_2 和 P_2 在 $\varepsilon_P < 1$ 条件下存在，此时交通量的需求缺乏价格弹性，交通量的变化幅度小于价格的变化幅度，项目公司为增加收入，可能进一步提高收费价格。而由式（4.9）可以看出，P 与 T 成正比，政府应当延长特许期。这种结果可能导致项目公司获得超额利润、CS 下降，这与最优特许期和收费价格的现实含义相矛盾。因此，T^* 与 P^* 只能在 $\varepsilon_P > 1$ 条件下实现。

（2）在政府限价的情况下，收费价格 P_2 和最优收费价格 P^* 均与建设成本 I 呈负相关关系，M 与需求价格弹性系数 ε_P 呈负相关关系。

证明：根据式（4.17）可知，$\dfrac{\partial P_2}{\partial I} < 0$，因此，收费价格 P_2 与建设成本 I 呈负相关。在 $P_2 > M > m$ 的情况下，最优收费价格 P^* 为政府的最高限价 M，根据式（4.8）可知，$\dfrac{\partial M}{\partial I} < 0$，因此，最优收费价格 P^* 与建设成本 I 呈负相关；又由于 $\varepsilon_P = -b\dfrac{P}{a+bP} = -1 + \dfrac{1}{1+\dfrac{b}{a}P}$，可得，$\dfrac{b}{a} = \dfrac{1}{P}\left(\dfrac{1}{\varepsilon_P + 1} - 1\right)$，将其代入式（4.8），得到 $M = \dfrac{I}{b(C_{\max} - cT\lambda_T)} + P\left(1 + \dfrac{1}{\varepsilon_P}\right)$，$\dfrac{\partial M}{\partial \varepsilon_P} < 0$。所以，$M$ 与需求价格弹性系数 ε_P 负相关。

由此可见，在高需求状态下，如果增加交通 BOT 项目初期的建设成本，则应该在运营特许期内通过降低收费价格的方式回收投资；因为在 $\varepsilon_P > 1$ 条件下，降价有助于增加交通量，从而提高项目公司利润并收回建设成本，否则，将减少项目公司的利润空间，降低其投资积极性，进而影响到工程质量或项目的后续投资。同时，政府的收费价格上限与需求价格弹性负相关，这说明，当需求价格弹性增加时，收费价格上限应随之降低；当需求价格弹性减小时，收费价格上限应随之提高。

（3）在政府限价的情况下，政府规定的最高限价 M 与预估的项目公司平均成本上限 $C_{\max}$ 呈正相关关系。

证明：由于 $\dfrac{\partial M}{\partial C_{\max}} = -\dfrac{I}{b(C_{\max} - cT\lambda_T)^2} > 0$，$M$ 与 $C_{\max}$ 正相关。

这一性质说明，政府在制定收费价格上限时，需要考虑项目移交之前的平均成本上限。当项目公司后期维护费用增加时，政府应提高收费价格上限，反之，则应降低收费价格上限。

4.1.2　案例分析

以南京长江隧道项目为例，检验模型的可行性。南京长江隧道位于南京长江大桥和长江三桥之间，隧道设计通行能力为 9 万辆/日，其建设用于缓解南京市的跨江交通压力。在开通初期，南京本地车收费价格为单程 15 元/辆，日均交通量为 8 000 辆左右。2011 年，隧道收费价格调整为单程 10 元/辆，日均交通量高达 6 万辆。据调查，通行车辆多为南京本地车，因此一般会行驶双程，意味着每天每辆车收费价格由 30 元调整为 20 元。根据以上数据和式（4.1）得出参数 $a=59.86$，$b=-1.90$，则交通量需求函数为 $Q(P)=59.86-1.90P$。然后依据可行性研究报告和类似交通 BOT 项目数据，项目的年运营维护成本约为 3 660 万元，一年按 365 天计算，求得 $c=3660/365/6=1.67$ 元/辆。同时，设定贴现率 $r=10\%$，$I=33$亿元。将上述参数代入式（4.16）和式（4.17），计算得出 T_2=11.29 年，P_2=18.35 元/辆，即单程收费价格为 P=9.18 元/辆。

在此基础上，设定高需求状态下平均总成本的先验值区间为 $[885,925]$，即 $C_{\min}=885$，$C_{\max}=925$，将其代入式（4.8），计算得出政府价格管制区间为 $[8.84,16.63]$，即双程收费价格 m= 8.84 元/辆，M= 16.63 元/辆。此时 $P_2>M$，满足高需求状态，将设定的相关参数值和 $T_2=11.29$年 代入式（4.19），计算得 $\int_0^T\left[P\cdot Q(P)-cQ\beta\right]\mathrm{e}^{-rt}\mathrm{d}t-I=8.74$亿元$>0$，项目公司选择 T_2 为特许期能够获得收益，特许决策结果为 $\begin{cases}T^*=T_2=11.29\text{年}\\P^*=M=16.63\text{元/辆}\end{cases}$，即单程收费价格为 P=8.32 元/辆。

为了分析相关参数对交通 BOT 项目决策结果的影响，选取建设成本、项目公司平均总成本等因素进行敏感性分析。首先，将 I 上下浮动 10%，分析单程收费价格 P_2 和单程最优收费价格 M 的变动趋势，并计算出相应的 ε_P 值，结果如表 4.1 所示。

表4.1　建设成本变动情况下的特许决策结果

决策变量	建设成本 I /亿元		
	29.7	33	36.3
P_2（元/辆）	9.51	9.18	8.85
M（元/辆）	9.06	8.32	7.57
ε_P	1.52	1.39	1.28

从表 4.1 可以看出，针对不同的建设成本，相应的价格弹性 ε_P 均大于 1；在其他参数不变条件下，收费价格 P_2 随着 I 的增加而减小，这说明收费价格的决策应该充分考虑项目公司的建设成本投入，在 $\varepsilon_P>1$ 条件下，降低收费价格有助于增加交通量，从而提高项目公司的收入并收回建设成本。同时，最优收费价格 M，即政府最高限价，也随着 I 的增加而减小，且 M 的变动幅度要明显高于 P_2 的变动幅度，这说明在高需求状态下，消费者支付意愿相对较高，调价阻力较小，可以通过调整收费价格有效地调整项目公司的收益空间。

同时，为了分析政府单程最高收费价格值的变化，估计出不同的项目公司平均总成本先验值区间，结果见表 4.2。

表4.2　政府最高限价随项目公司平均总成本先验值区间的变化情况

决策变量	项目公司平均总成本先验值区间		
	$C_{\min}=885$	$C_{\min}=885$	$C_{\min}=885$
	$C_{\max}=920$	$C_{\max}=925$	$C_{\max}=930$
M（元/辆）	7.98	8.32	8.62

分析表 4.1 和表 4.2 的数据结果可知，政府的限价政策不仅要考虑项目公司的建设成本，还应该充分考虑项目运营期间的费用支出情况。政府的最高限价应随着项目公司平均总成本先验值 $C_{\max}$ 的增加而增加，这说明当建设成本一定时，随着公路后期运营维护费用的增加，政府应适度提高收费价格上限，以保证项目公司获取合理的利润，这有助于实现政府与项目公司的风险分担。

4.2　基于蒙特卡罗模拟的 PPP 项目特许期决策模型

本节将以目前国内应用较广的污水处理 PPP 项目为对象，分析影响特许期的确定性和不确定性两类因素，以项目净现值率（net present value rate，NPVR）为区间约束建立了特许期决策模型，综合运用 NPV 法与蒙特卡罗模拟方法对大连市凌水河污水处理 PPP 项目的案例数据进行求解验证，并讨论有移交大修和无移交大修两种条件下的特许期差异。

4.2.1 污水处理 PPP 项目特许期决策模型的构建

为了进一步深化现有的特许期决策方法，需要结合污水处理 PPP 项目的特点与运营规律，对影响特许期的确定性因素和不确定性因素加以分类。

1. 确定性影响因素

（1）污水处理价格：污水处理价格通常由项目公司在投标时与政府谈判协商确定。污水处理价格在特许期内相对固定，但可以根据通货膨胀率、利率和药剂成本等因素进行调整[6]。

（2）投资回报：在 PPP 项目中，社会资本的投资活动是典型的经济行为，较低的投资回报率难以吸引投资者。污水处理行业的投资回报率应高于银行长期贷款利率，但同时也应设定一个合理的上限，这样既可以保证项目公司运营的经济性，也可以限制项目公司获得暴利，这对污水处理行业的公平性和可持续发展起着重要的作用。

（3）折现率：折现率反映项目投资应当获得的最低盈利水平，是计算项目 NPV、投资回收期等指标的依据。在污水处理 PPP 项目的特许经营协议中，折现率通常取行业的基准收益率，可以视其为一个常量。

（4）特许经营协议中的相关条款：在特许经营协议中，一些约定条款会直接影响到特许期的设定。例如，政府承诺在进水量不足的情况下按照一定比例给予项目公司补贴等。

2. 不确定性影响因素

（1）进水量：进水量是计算污水处理项目现金流入和流出量的基础。在保证项目可行，即 $NPV \geqslant 0$ 的前提下，进水量与项目的现金流量成正比。实际上，污水处理厂的进水量有一定的概率达不到预期的处理能力，如果进水量未达到政府承诺的最低处理量，政府应该给予项目公司补贴。

（2）经营收入与经营成本：项目的经营收入主要来源于污水处理收费和政府补贴。在污水处理价格相对固定的情况下，经营收入的不确定性主要取决于进水量。经营成本包括在项目运营期内的各种现金流出，如燃料及动力费、药剂费、污泥处置费、职工工资福利费用、日常维修费及管理费等。

（3）大修费用：政府通常根据移交后是否继续运营的要求来确定移交条件，如果在移交条件中要求项目公司进行移交大修，那么在项目的现金流出中就要发生大修费用。显然，进行移交大修的项目其特许期应该长一些，反之，特许期应该短一些。虽然在特许经营协议中可以约定大修费用占总投资的百分比，但实际上污水处理厂的设备设施损耗程度及大修材料的物价指数均会发生变化，因此大修费用也具有不确定性。

3. 基础研究模型

在综合考虑上述两类特许期决策影响因素的基础上，建立如下特许期决策模型：

$$
\begin{aligned}
& \max \quad \mathrm{NPV}_p \\
\text{s.t.} \quad & \mathrm{NPVR}_{\min} \leqslant \mathrm{NPVR}_p \leqslant \mathrm{NPVR}_{\max} \\
& \mathrm{NPV}\big|_{T_c} = \sum_{s=0}^{T_c} \frac{I_s}{(1+r)^s} \\
& \mathrm{NPV}\big|_{T_o=t} = \frac{1}{(1+r)^{T_c}} \sum_{t=1}^{T_o} \frac{\mathrm{CI}_t - \mathrm{CO}_t}{(1+r)^t} \\
& \mathrm{NPV}_p = \mathrm{NPV}\big|_{T_o=t} - \mathrm{NPV}\big|_{T_c} \\
& \mathrm{NPVR}_p = \frac{\mathrm{NPV}_p}{\mathrm{NPV}\big|_{T_c}} \\
& T = T_c + T_o
\end{aligned} \tag{4.20}
$$

同时，T_c与 T_O应满足

$$T_c \leqslant T_{c_{\max}}, T_o \leqslant T_{\text{law}}$$

其中，NPV_p为项目运营到第 t 年时的累积净现值；NPVR_p为项目运营到第 t 年时的净现值率；$\mathrm{NPVR}_{\min}$与$\mathrm{NPVR}_{\max}$为政府与项目公司约定的最低净现值率和最高净现值率；T_c、T_o分别为项目的建设期和运营期；T为项目的特许期；I_s为项目在建设期内第s年的投资额；CI_t、CO_t为第t年的现金流入和流出量；r为折现率；$\mathrm{NPV}\big|_{T_c}$为项目建设期投资的折现累计值；$\mathrm{NPV}\big|_{T_{o=t}}$为运营期到第$t$年末各年净现金流的折现累计值（不含投资）；$T_{c_{\max}}$和$T_{\text{law}}$分别为特许经营协议中规定的建设期和运营期的最长期限。

在决策模型中，以特许期T为决策变量，目标函数是使项目公司在特许期内的NPV_p最大，以此鼓励社会资本参与 PPP 项目的建设。为了体现政府与项目公司双方风险分担的原则，引入一个收益约束条件以保证项目的 NPVR 介于一个合理区间之内，受此约束条件的影响，项目的特许期T也应处于一个合理的区间范围之内，同时，项目的建设期和运营期还应满足相应的法律期限要求。假设影响项目特许期的不确定性因素为符合某种统计分布的随机变量，对这些变量（如建设期、运营成本、维修费用等）加以定义并应用蒙特卡罗方法进行模拟，之后将其引入基础研究模型中，应用式（4.20）在每个模拟周期内计算出项目运营期到

第 t 年时的 $NPV|_{T_o=t}$，在此基础上，根据项目投资收益的约束条件即可求解出特许期的合理区间。研究思路如图 4.1 所示。

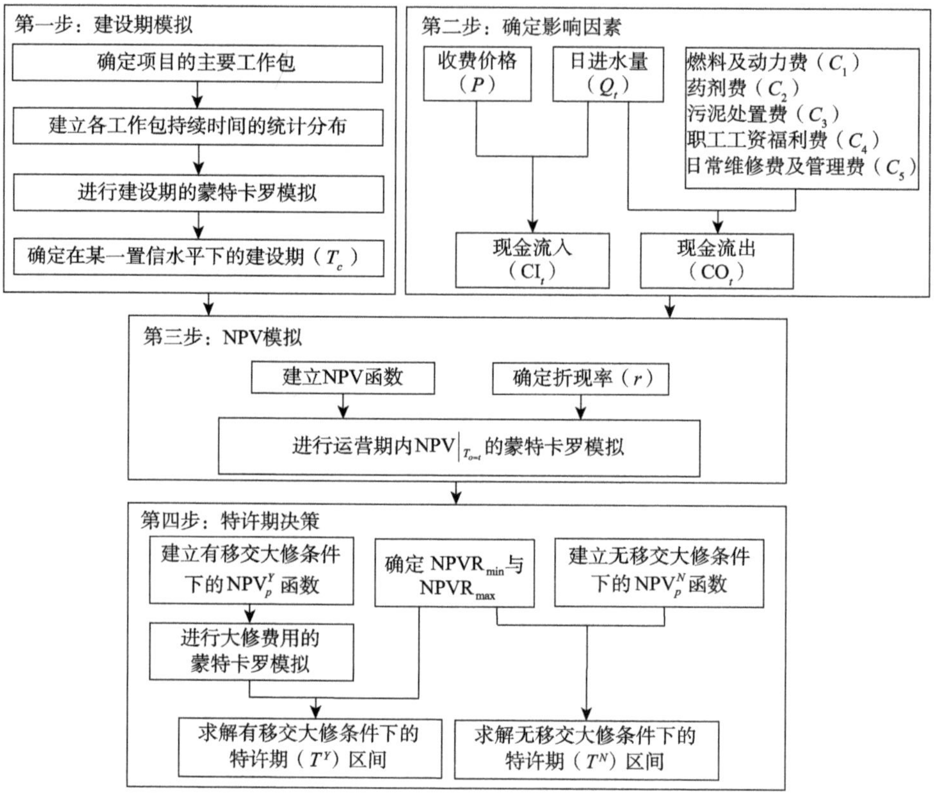

图 4.1　研究思路

4.2.2　案例分析

1. 案例背景

大连市政府 2008 年决定以 PPP 的方式建设凌水河污水处理厂二期工程。项目采用 CAST 工艺处理污水，日处理能力为 6 万吨，项目总投资估算为 7 660 万元，计划于 2010 年开始运营。现有一家污水处理企业愿意投资该项目，经与政府谈判确定每吨污水处理价格为 0.76 元。为体现风险与收益均衡的原则，在特许经营协议中约定基准折现率为 10%，项目公司的 $NPVR_{max}$ 为 20%，$NPVR_{min}$ 为 14%，并且约定如果实际进水量达不到日处理量，政府将给予项目公司补贴，补贴的计算标准为日处理量与实际进水量之差的 70%。目前，政府与项目公司需要通过谈判确定特许期，同时要考虑“移交时需要进行大修”和“移交时不需要进行大修”两种移交条件的要求。

2. 影响因素的确定

（1）建设期（T_c）：项目建设由 3 个主要的工作包构成，根据大连市老虎滩、泉水、春柳、马栏河等 10 余家污水处理项目的工期规律确定出该项目 3 个工作包持续时间的概率分布，如表 4.3 所示。

表4.3　各工作包持续时间的概率分布

工作包	项目	紧前工作	统计分布
1	主体工程	无	正态分布，均值为 0.60，标准差为 0.06
2	设备购置与安装	1	正态分布，均值为 0.20，标准差为 0.02
3	项目竣工验收	2	三角分布，最可能值 0.20，最小值 0.15，最大值 0.25

（2）运营成本（C_t）：项目运营成本主要包括燃料及动力费、药剂费、污泥处置费、职工工资福利费、日常维修费及管理费 5 项，其中，前 3 项按照实际处理污水的吨数计算，后 2 项按照每年支出的费用进行估算。通过对大连市现有污水处理厂运营成本的综合分析，预测出各项成本的概率分布如表 4.4 所示。

表4.4　运营成本的概率分布

参数	项目	单位	统计分布
C_1	燃料及动力费	元/吨	正态分布，均值 0.10，标准差 0.01
C_2	药剂费	元/吨	均匀分布，最大值 0.03，最小值 0.02
C_3	污泥处置费	元/吨	均匀分布，最大值 0.04，最小值 0.03
C_4	职工工资福利费	万元/年	正态分布，均值 50，标准差 5
C_5	日常维修费及管理费	万元/年	正态分布，均值 100，标准差 10

（3）日处理量（Q_t）：根据对已有经验数据的分析预测，如果污水处理厂正常运行，其日处理量应满足正态分布，均值为 6 万吨，标准差为 0.2 万吨。假设一年中有 $k\times365$ 天（k 满足正态分布，均值为 30%，标准差为 3%）的污水处理量达不到政府承诺的标准 6 万吨/日，那么政府将给予项目公司补贴 S_t。将日处理量与实际进水量的差额记为 ΔQ_t，根据经验规律，ΔQ_t 满足均匀分布，最小值为 1 万吨，最大值为 2 万吨。

3. 建设期模拟

应用 CRYSTAL BALL 7.3.1 软件包对各因素进行模拟，模拟次数设定为 2 万次。对表 4.3 中各工作包持续时间的模拟数值进行累计求得建设期，模拟数值如

表 4.5 所示，概率分布如图 4.2 所示。

表4.5　T_c 的模拟数值

项目	模拟数值
均值	1.00
标准差	0.07
偏度	0.01
峰度	3.02
变异系数	0.07
最小值	0.76
最大值	1.26
标准误差	0.00

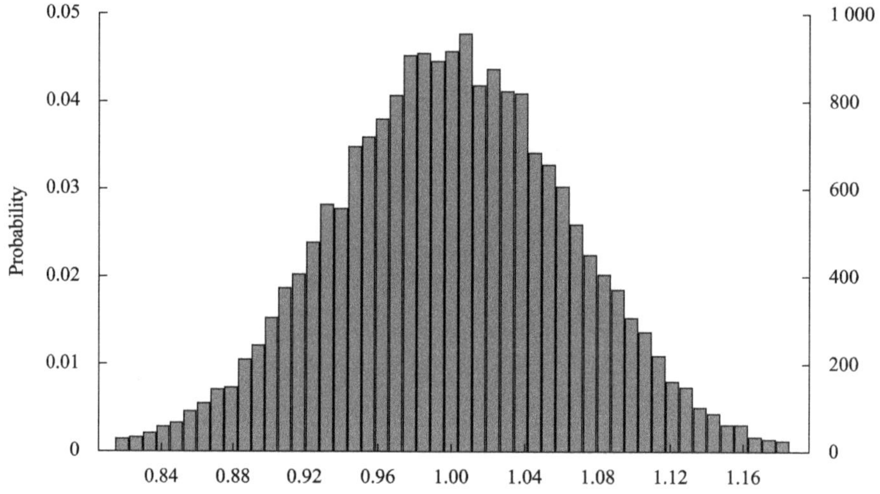

图 4.2　T_c 的概率分布

根据风险厌恶、中性、喜好等不同的决策准则，可以确定对建设期的预测建立在何种置信水平上[30]。如式（4.21）所示，$\overline{T}$ 是 T_c 的均值；Z_α 是在置信水平 α 下标准正态分布的临界值；σ 是 T_c 的标准差；$T_c\big|_\alpha$ 即为 T_c 在置信水平 α 下的预测值。

$$T_c\big|_\alpha = \overline{T} + Z_\alpha \times \sigma \tag{4.21}$$

假定遵照风险中性的原则进行建设期决策，取置信水平 σ 为 75%，则预测的项目建设期为 $T_c\big|_{75\%}$ =1+0.674 5 × 0.07=1.05 年。

4. NPV 的计算及模拟

为了模拟出经营期各年 $\mathrm{NPV}\big|_{T_o=t}$ 的数值，需要对现金流入和流出两个变量分别进行计算与模拟。经上述分析可知，项目的现金流入 CI_t 为污水处理收费和政府补贴之和，现金流出 CO_t 可以用项目投产后的运营成本 C_t 来计算。在污水处理量有 $k\times 365$ 天达不到设计日处理能力的情况下，由式（4.22）可以计算政府的补贴额 S_t，再根据式（4.23）、式（4.24）分别对现金流入量和流出量进行预测，P 为污水处理收费单价。通过对各因素的综合模拟计算出 $\mathrm{NPV}\big|_{T_o=t}$，如表 4.6 所示。

$$S_t=\left(C_1+C_2+C_3\right)\times \Delta Q_t\times k\times 365\times 70\%+\left(C_4+C_5\right)\times k \tag{4.22}$$

$$\mathrm{CI}_t=P\times\left(Q_t-\Delta Q_t\times k\right)\times 365+S_t \tag{4.23}$$

$$\mathrm{CO}_t=\left(C_1+C_2+C_3\right)\times\left(Q_t-\Delta Q_t\times k\right)\times 365+C_4+C_5 \tag{4.24}$$

表4.6　$\mathrm{NPV}\big|_{T_o=t}$ 的模拟结果（单位：万元）

运营期	均值	标准差	最小值	最大值
t=1	1 147.96	44.80	956.78	1 328.55
t=2	2 191.55	85.54	1 826.59	2 536.31
t=3	3 140.27	122.56	2 617.32	3 634.29
t=4	4 002.75	156.23	3 336.16	4 632.44
t=5	4 786.82	186.83	3 989.66	5 539.86
t=6	5 499.61	214.65	4 583.75	6 364.78
t=7	6 147.60	239.94	5 123.83	7 114.71
t=8	6 736.68	262.93	5 614.81	7 796.46
t=9	7 272.21	283.83	6 061.16	8 416.24
t=10	7 759.06	302.83	6 466.93	8 979.67
t=11	8 201.64	320.11	6 835.81	9 491.88
t=12	8 603.99	335.81	7 171.16	9 957.53
t=13	8 969.77	350.09	7 476.02	10 380.84
t=14	9 302.29	363.07	7 753.16	10 765.68
t=15	9 604.58	374.86	8 005.11	11 115.52
t=16	9 879.39	385.59	8 234.16	11 433.57
t=17	10 129.22	395.34	8 442.38	11 722.70
t=18	10 356.34	404.20	8 631.68	11 985.54
t=19	10 562.81	412.26	8 803.77	12 224.49
t=20	10 750.51	419.59	8 960.21	12 441.72

5. 两种移交条件下的特许期决策

1）移交大修的费用模型

按照项目移交条件的不同，可以分成两种情况来讨论：一是项目公司在特许期内负责定期大修和移交前恢复性大修，移交后政府可以继续运营项目；二是项目公司在特许期内只负责日常性维修，政府可以根据移交后的实际情况来决策是否应该重建项目。

根据对污水处理企业设备大修状况的调研统计，预测该项目每十年进行一次大修使设备能力恢复至初始状态，大修费用占总投资 I_0 的百分比为 m（m 满足正态分布，均值为 25%，标准差为 2%），则项目运营期第 t 年的移交大修费用 M_t 可以根据定期大修费用 M_0 分年折算求得，如式（4.25）所示，其中，mod 为取余运算。应用案例数据分别对折现后的 M_0 和 M_t 进行模拟，在表 4.6 得到 $\text{NPV}\big|_{T_o=t}$ 的基础上，依据式（4.26）计算出两种移交条件下的项目 NPV_p^Y 和 NPV_p^N，结果如表 4.7 所示。

$$\text{定期大修费用：}M_0=\begin{cases}\text{第1~9年，} & 0\\ \text{第10~19年，} & I_0\times m/(1+r)^{10}\\ \text{第20年，} & I_0\times m/(1+r)^{10}+I_0\times m/(1+r)^{20}\end{cases}\tag{4.25}$$

$$\text{移交前大修费用：}M_t=\frac{I_0\times m\times \text{mod}(t,10)/10}{(1+r)^t}$$

$$\begin{aligned}&\text{有移交大修条件下：}\text{NPV}_p^Y=\text{NPV}\big|_{T_o=t}-I_0-M_0-M_t\\&\text{无移交大修条件下：}\text{NPV}_p^N=\text{NPV}\big|_{T_o=t}-I_0\end{aligned}\tag{4.26}$$

表4.7　NPV_p 的模拟结果（单位：万元）

运营期 T_o	$\text{NPV}\big\|_{T_o=t}$	移交大修费用			有移交大修 NPV_p^Y	无移交大修 NPV_p^N
		十年大修费用（M_0）	移交前大修费用（M_t）	合计		
t=1	1 147.96	0	157.51	157.51	−6 669.55	−6 512.04
t=2	2 191.55	0	286.39	286.39	−5 754.84	−5 468.45
t=3	3 140.27	0	390.53	390.53	−4 910.26	−4 519.73
t=4	4 002.75	0	473.36	473.36	−4 130.61	−3 657.25
t=5	4 786.82	0	537.91	537.91	−3 411.09	−2 873.18
t=6	5 499.61	0	586.82	586.82	−2 747.21	−2 160.39
t=7	6 147.60	0	622.38	622.38	−2 134.78	−1 512.40

续表

运营期 T_o	$\mathrm{NPV}\|_{T_o=t}$	移交大修费用			有移交大修 NPV_p^Y	无移交大修 NPV_p^N
		十年大修费用（M_0）	移交前大修费用（M_t）	合计		
t=8	6 736.68	0	646.63	646.63	−1 569.95	−923.32
t=9	7 272.21	0	661.32	661.32	−1 049.11	−387.79
t=10	7 759.06	668.00	0	668.00	−568.94	99.06
t=11	8 201.64	668.00	60.73	728.73	−187.09	541.64
t=12	8 603.99	668.00	110.41	778.42	165.57	943.99
t=13	8 969.77	668.00	150.56	818.57	491.20	1 309.77
t=14	9 302.29	668.00	182.50	850.51	791.78	1 642.29
t=15	9 604.58	668.00	207.39	875.39	1 069.19	1 944.58
t=16	9 879.39	668.00	226.24	894.25	1 325.14	2 219.39
t=17	10 129.22	668.00	239.95	907.96	1 561.26	2 469.22
t=18	10 356.34	668.00	249.30	917.31	1 779.03	2 696.34
t=19	10 562.81	668.00	254.97	922.97	1 979.84	2 902.81
t=20	10 750.51	925.55	0	925.55	2 164.96	3 090.51

2）特许期决策

在本案例中，政府与项目公司约定的最低 NPVR 为项目总投资的 14%，最高 NPVR 为项目总投资的 20%，由此可以计算出 $\mathrm{NPV}_{\min}=I_0\times\mathrm{NPVR}_{\min}=7\,660\times14\%=1\,072.40$ 万元，$\mathrm{NPV}_{\max}=I_0\times\mathrm{NPVR}_{\max}=7\,660\times20\%=1\,532.00$ 万元。因此，NPV_p 的合理区间应为（1 072.40 万元，1 532.00 万元）。

有移交大修条件下：

根据计算得出的有移交大修 NPV_p^Y 可知，$\mathrm{NPV}_{t=15}^Y=1\,069.19$ 万元，$\mathrm{NPV}_{t=16}^Y=1\,325.14$ 万元，因此，$\mathrm{NPV}_{\min}$ 介于 $\mathrm{NPV}_{t=15}^Y$ 与 $\mathrm{NPV}_{t=16}^Y$ 之间，运用插值法可以计算出 $T_{o_{\min}}^Y$，$T_{o_{\min}}^Y=15+\dfrac{\mathrm{NPV}_{\min}-\mathrm{NPV}_{t=15}^Y}{\mathrm{NPV}_{t=16}^Y-\mathrm{NPV}_{t=15}^Y}=15+\dfrac{1\,072.40-1\,068.19}{1\,325.14-1\,069.19}=15.01$ 年。同理，$\mathrm{NPV}_{t=16}^Y=1\,325.14$ 万元，$\mathrm{NPV}_{t=17}^Y=1\,561.26$，因此，$\mathrm{NPV}_{\max}$ 在 $\mathrm{NPV}_{t=16}^Y$ 与 $\mathrm{NPV}_{t=17}^Y$ 之间，求得 $T_{o_{\max}}^Y=16+\dfrac{\mathrm{NPV}_{\max}-\mathrm{NPV}_{t=16}^Y}{\mathrm{NPV}_{t=17}^Y-\mathrm{NPV}_{t=16}^Y}$=16.88 年。

经上述计算，在有移交大修的条件下，项目运营期的区间为（15.01 年，16.88 年），根据前述的项目建设期模拟结果，计算得到项目特许期的合理区间应为（16.06 年，17.93 年）。

无移交大修条件下：

应用上述方法可以求得 $T_{o_{\min}}^{N}$ 和 $T_{o_{\max}}^{N}$ ，经计算，无移交大修条件下项目运营期的区间为（12.35 年，13.67 年），则特许期的区间应为（13.40 年，14.72 年）。如图 4.3 所示，在特许经营协议其他条款相同的条件下，有无移交大修两种情况下的特许期相差约为 2~3 年，因此在政府与项目公司进行特许期谈判时，应根据移交条件的要求进行合理的特许期设定，以保证项目的正常运行。

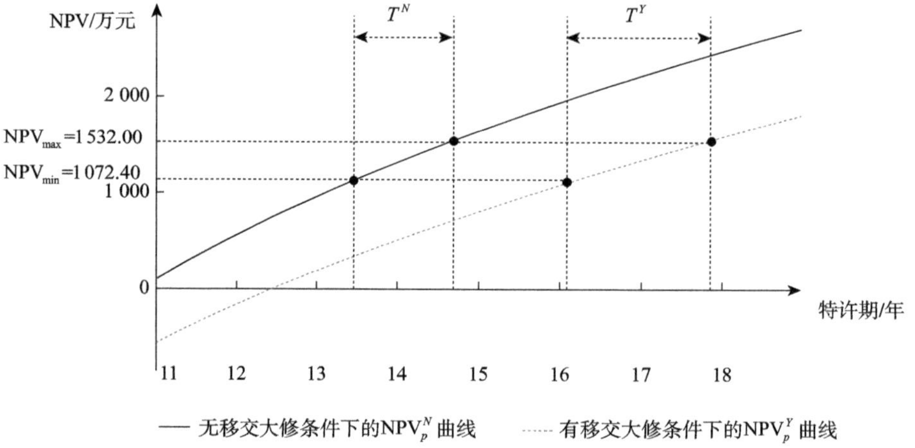

图 4.3　特许期的区间分布

本章相关结果可以为各级政府合理设定 PPP 项目的特许期提供决策支持，也可以用于项目公司估算项目的投标方案，并推广应用于交通、垃圾处理、电厂等其他行业的 PPP 项目。如今，绝大多数 PPP 项目仍采取单一的“调价”方法来应对风险，对调整特许期、特许经营收益等其他风险分担模式的研究和应用很少。在项目运营过程中，何种条件下应当调整特许期、何种条件下应当调整特许价格、如何动态分配特许经营收益，从而实现风险在各个利益相关者之间的合理分担，仍有待进一步研究。此外，在国外实践中出现了采用弹性特许期运作 PPP 项目的新模式，该模式由项目公司以特许经营收益竞标，不设严格的特许期限定，中标的项目公司在达到约定的特许经营收益后即终止特许期。如何结合我国 PPP 项目的实践来探讨弹性特许期模式的应用，值得学者关注和讨论。

第 5 章　PPP 项目弹性特许期决策研究

本篇第 4 章介绍了实践中常用的 PPP 项目固定特许期决策方法，但该方法难以有效规避谈判阶段的收益预测不准确风险和运营阶段的项目收益变动风险，同时该方法只能通过调整特许价格来应对风险。而弹性特许期在激励、风险分担等方面具有更强的灵活性，有利于实现项目干系人合理风险分担和社会公平。目前已在国外 PPP 项目中得到了成功实践，但国内相关研究和实践均较为缺乏。本章在对弹性特许期决策模式分析的基础上，提出了基于风险分担的特许期调整模型以应对项目风险。

5.1　PPP 项目弹性特许期决策模式

5.1.1　弹性特许期决策模式的分类

在弹性特许期决策模式下，项目收益与特许期是相互关联、相互影响的一对变量，在项目运营过程中需要根据项目的实际收益状况对特许期进行动态调整。根据收益约束条件的不同，可以将公共基础设施 PPP 项目弹性特许期决策模式分为单一收益约束模式、多重收益约束模式和中间谈判模式三种。

1. 单一收益约束模式

1）模式特征及决策流程

单一收益约束模式是指政府与项目公司在约定 PPP 项目特许期上限的前提下，以唯一的项目收益约束条件作为特许经营协议终止判定依据的决策模式。

采用单一收益约束模式运营的公共基础设施 PPP 项目，通常由政府事先确定项目的收费率和折现率，并结合需求预测情况确定特许期上限。项目公司以收益现值或净收益现值为条件展开竞标，政府选择收益小、建设及运营方案好的项目公司中标，双方根据中标人的收益目标签订特许经营协议。在项目投入运营后，当实际收益达到特许经营协议约定的收益目标或者特许期达到上限时，特许经营协议终止，项目移交给政府；否则，项目公司将继续运营项目。如果政府提前终止特许期，则需要按照特许经营协议中规定的折现率补偿项目公司尚未获得的项目收益。单一收益约束模式的决策流程如图 5.1 所示。

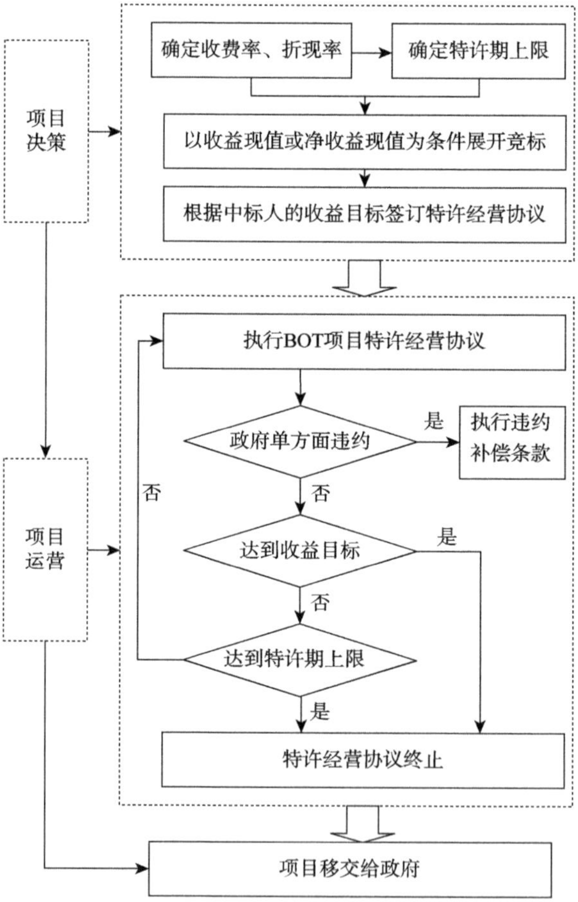

图 5.1　单一收益约束模式决策流程

2）典型案例

单一收益约束模式在许多国家公共基础设施 PPP 项目中得到了应用，其中智利 Santiago-Valparaiso 高速公路就是以该模式运营的典型案例[50]。20 世纪 90 年代，智利政府规划在 Santiago 和 Valparaiso 之间新建一条长约 130 千米的高速公路，预计投资 3.4 亿美元。项目采用单一收益约束模式，以最小收益现值为条件进行招标，特许期上限为 25 年（含建设期），参与竞标的公司据此进行财务测算。共有 5 家企业参与竞标，其中 1 家因技术方案不合格未能通过审查。在剩余 4 家企业中，Rutas del Pacifico 联合体以 3.81 亿美元的价格中标。智利政府和项目公司在特许经营协议中规定：项目自 1996 年开始建设，2002 年开始运营，当项目公司的累积收益现值达到 3.81 亿美元或者特许期满 25 年时，特许经营协议终止，项目无偿移交给智利政府。如果智利政府因为其他原因提前终止特许经营协议，则必须以 10.5%的折现率补偿项目公司的未来收益。

英国新塞文大桥也采用了单一收益约束模式[51]。20 世纪 80 年代，旧塞文大桥的交通量急剧上升，远远超出其设计通行容量，并出现了严重的交通拥堵现象。为此，英国政府于 1986 年决定在旧塞文大桥下游约 5 千米的地方兴建第二条大桥——新塞文大桥。新塞文大桥长约 5.13 千米，设计为双向六车道，建设投资超过 6 亿英镑。参与竞标的各方在综合考虑项目风险、大桥维修养护费用、运营及利息开支等因素后，提出各自所能接受的项目最低收益目标。最终 John-Laing 财团（后注册成立“塞文河大桥有限公司”）以 9.77 亿英镑的价格中标，负责融资、建设及运营新的大桥，并接管旧塞文大桥的融资及运营工作。项目于 1992 年开始动工建设，1996 年正式通车，特许期上限为 30 年（含建设期）。按照约定，当项目的累积收益现值达到 9.77 亿英镑时，特许经营协议终止，项目无偿移交给英国政府。原先预测的结果是项目公司将在 2014 年 6 月达到预期收益，但欧洲法院在 2000 年做出使用私人经营的道路必须支付增值税的裁决，政府为了补偿项目公司，将项目的累积收益现值增加至 9.96 亿英镑，经过测算，该项目预计于 2016 年初达到预期收益目标并终止特许期。

2. 多重收益约束模式

1）模式特征及决策流程

多重收益约束模式是指政府与项目公司在约定特许期上限的前提下，以多个项目收益约束条件作为特许经营协议终止判定依据的决策模式。

在多重收益约束模式下，政府事先预测项目需求量，并根据法律要求和项目特点确定特许期上限。在此基础上，政府与项目公司就特许经营协议提前终止的多重内部收益率约束条件、特许经营费、补贴、建设及运营方案、特许价格等方面展开竞标谈判，政府择优选择中标人，双方共同确定特许经营协议中的各项条款。在项目投入运营后，政府在特许经营协议约定时点对项目的实际内部收益率进行审核，并与内部收益率约束条件进行比较。如果项目实际收益达到内部收益率约束条件，则特许经营协议终止，项目移交给政府；反之，项目继续运营，直至特许经营协议约定的下一个时点重新进行审核或者达到特许期上限。多重收益约束模式的决策流程如图 5.2 所示。

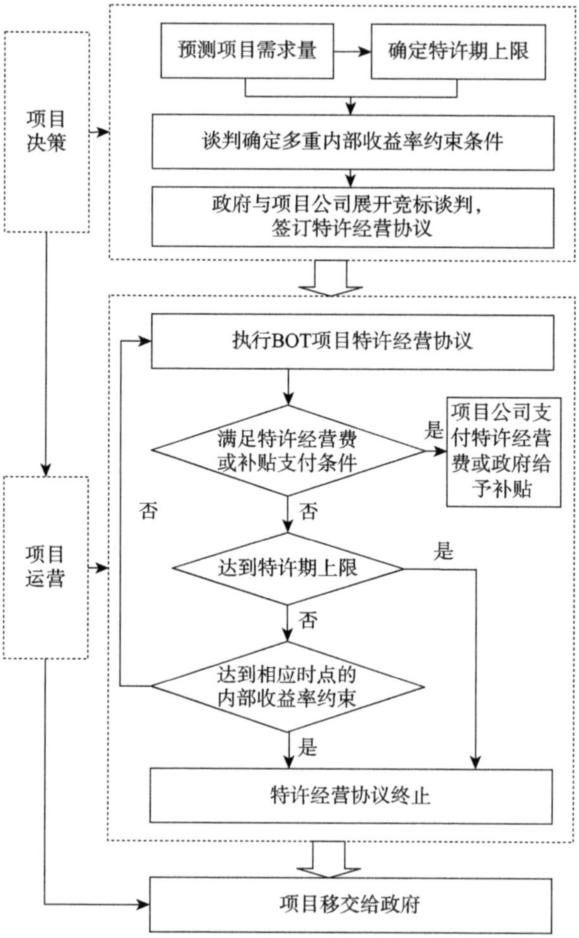

图 5.2　多重收益约束模式决策流程

2）典型案例

以多重收益约束模式进行弹性特许期决策的公共基础设施 PPP 项目不乏成功的案例。澳大利亚 M2 Motorway 是一条长度约 21 千米的双向四车道高速公路，1994 年开始建设，1997 年投入运营，建设投资约为 6.5 亿澳元[49]。在项目论证阶段，政府邀请了 Macquarie 银行与交通需求预测专家进行测算，并根据基础案例模型和预测交通需求量进行了项目财务评估，最终确定特许期上限为 45 年（不含建设期）。

根据特许经营协议的要求，项目公司每年需要向政府支付 700 万澳元的特许经营费，如果项目内部收益率超过 12.5%，还要支付超出收益的 20%作为追加特许经营费。政府与项目公司约定特许经营协议的终止条款如下：①项目运营前 36 年，如果内部收益率超过 16.5%，则特许经营协议于该年终止；②项目运营前 39 年，如果内部收益率超过 16.0%，则特许经营协议于该年终止；③项目运营前 42 年，如果内部收益率超过 16.0%，则特许经营协议于该年终止；④除上述情况外，特许期将持续到 45 年。

此外，澳大利亚墨尔本城际公路也采用了多重收益约束模式[52]。墨尔本城际公路是一条连接墨尔本市中心与周边城镇、机场、海港的高速公路，1996 年开始建设，2000 年投入运营，全长约 22 千米，建设投资约为 20 亿澳元，包括道路、隧道及桥梁的建设，特许期上限为 33.5 年（不含建设期）。根据特许经营协议的要求，特许期前 25 年，项目公司每年需向政府支付特许经营费 9 560 万澳元；从第 26 年起，项目公司每年需向政府支付特许经营费 4 520 万澳元。政府与项目公司约定特许经营协议的终止条款如下：①项目运营前 25.5 年，如果内部收益率超过 17.5%，则特许经营协议于该年终止；②项目运营前 27 年，如果内部收益率超过 17.5%，则特许经营协议于该年终止；③项目运营前 29 年，如果内部收益率超过 17.5%，则特许经营协议于该年终止；④项目运营前 31 年，如果内部收益率超过 17.5%，则特许经营协议于该年终止；⑤项目运营前 33 年，如果内部收益率超过 17.5%，则特许经营协议于该年终止；⑥除上述情况外，特许期将持续到 33.5 年。

3. 中间谈判模式

1）模式特征及决策流程

受投资变化、需求不确定、特许价格不合理、项目变更等因素的影响，公共基础设施 PPP 项目经常出现收益过高或过低的情况。为了保证项目获得合理收益，政府和项目公司需要在项目运营过程中依据项目服务质量和实际收益状况展开中间谈判，延长或缩短特许期，从而实现双方的风险分担。

在中间谈判模式下，政府事先预测项目需求量，确定基础特许期。在此基础上，政府与项目公司就特许价格、建设及运营方案等方面展开竞标谈判，政府择优选择中标人。通常情况下，项目公司为了规避风险，期望设定一个收益下限；而政府为了实现社会公平、限制项目公司获得暴利，期望设定一个收益上限。政府与项目公司在进行特许经营协议谈判时会进行多次博弈，共同约定项目的合理收益区间和谈判解决机制。在项目投入运营后，如果实际收益处于特许经营协议约定的合理区间之内，则表明项目运营状况良好，无须调整特许期；相反，如果实际收益处于合理区间之外，则双方需要通过谈判调整特许期。此外，如果项目实际收益远低于预期收益，可能存在特许期调整失效的情况，此时单一调整特许期无法完全分担项目公司的风险，应当组合使用提高特许价格、给予补贴等手段，或者通过谈判终止项目。中间谈判模式决策流程如图 5.3 所示。

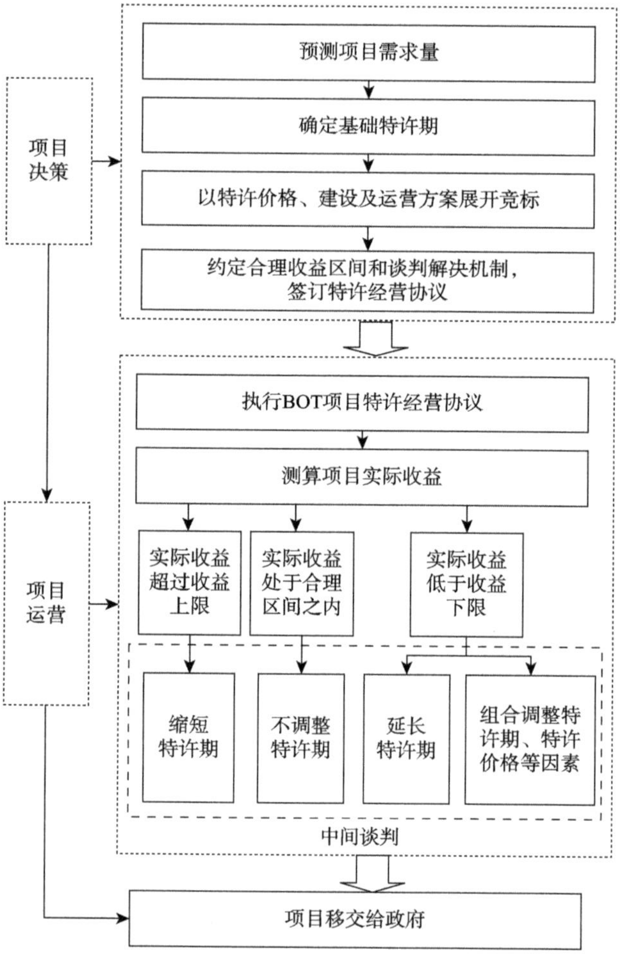

图 5.3 中间谈判模式决策流程

2）典型案例

英法海底隧道 PPP 项目就是采用中间谈判模式的著名案例[53]。1986 年 2 月 12 日，英法两国政府签订了关于建立海底隧道的坎特布利条约（Treaty of Canterbury）。1987 年，欧洲隧道公司与英法两国政府签订了海底隧道项目的特许经营协议，协议约定基础特许期为 55 年（含建设期）。项目于 1987 年 12 月 1 日开工，1994 年 5 月 7 日正式通车，计划投资 48 亿英镑，实际投资约为 106 亿英镑。项目由三条长约 51 千米的平行隧洞组成，每条隧洞在海底段的长度约为 38 千米，这是世界上规模最大的利用私人资本建设的工程。

在项目建设期间，发生设计变更、安全环保要求变化、进度延误、通货膨胀等一系列不利因素导致投资大幅度超支。在建设结束后，英法两国政府又延迟发放欧洲隧道公司的运营许可证书，使得项目的运营时间又推迟了一年多，加重了欧洲隧道公司的债务负担。项目投入运营后，尽管英法两国政府承诺 30 年内不兴建第二条固定的海底通道，但是航空和轮渡公司却大幅度削减票价，引发了一场价格大战，迫使欧洲隧道公司降低票价，导致其运营收入远远低于预期。1997 年 12 月，欧洲隧道公司的债务重组计划获得批准，英法两国政府同意将特许期由 55 年延长至 99 年，在 2086 年移交。2006 年 8 月，由于陷入巨额的债务危机，欧洲隧道公司申请破产保护。2007 年 6 月，欧洲隧道公司成功进行了债务重组，欧洲隧道集团代替欧洲隧道公司负责英法海底隧道的经营，并在巴黎和伦敦证券交易所上市。2008 年，欧洲隧道集团首次实现净盈利，盈利额约为 3 500 万英镑。

菲律宾马尼拉西部城区的饮用水供应及污水处理项目也采用了中间谈判模式[54]。20 世纪 90 年代，由于经济发展和人口增加，菲律宾马尼拉市西部城区的饮用水供应及污水处理状况日趋严峻。为了解决财力有限的困境，菲律宾政府决定利用私人资本建设该项目，并出台了一系列政策法规。由 Metropolitan Waterworks and Sewerage System（MWSS）代表菲律宾政府展开招标，Philippine 公司通过竞标取得了该项目的特许经营权，基础特许期为 25 年（1997~2022 年，含建设期）。

Philippine 公司中标后专门成立了 Maynilad 水务公司，由 Maynilad 水务公司负责运营项目，提供饮用水供应及污水处理服务，并向用户收费。特许经营协议中约定：如发生消费者物价指数上升和不可抗力等情况，Maynilad 水务公司有权调整特许价格，并且每 5 年可以依据营业税、运营成本和融资成本等因素的变化谈判调整特许价格。尽管上述条款降低了 Maynilad 水务公司的风险，但在项目投入运营后不久，席卷亚洲的金融危机使得菲律宾比索大幅贬值，严重影响了 Maynilad 水务公司的债务偿还能力，项目运营陷入困境。经协商谈判，2009 年 9 月，MWSS 批准延长 Maynilad 水务公司的特许期 15 年，直至 2037 年终止。通过特许期的延长，保证了 Maynilad 水务公司的合理收益，增强了项目的风险应对能力。

5.1.2　特许期决策模式的比较分析

1. 决策依据

在固定特许期决策模式下，特许期决策通常建立在项目需求预测的基础上，特许期一经确定便不会更改，与项目运营过程中的实际收益无关。

在单一收益约束模式下，项目公司根据政府的招标方案提出项目的预期收益现值或净收益现值。项目投入运营以后，政府对项目实际收益情况进行监控，并以实际收益达到约定的收益目标和特许期达到上限作为特许经营协议终止的决策依据。

与单一收益约束模式的收益约束条件不同，在多重收益约束模式下，政府和项目公司谈判设定多个内部收益率约束条件。项目投入运营以后，政府对项目实际收益情况进行监控，在预先约定的若干时点对项目实际内部收益率是否达到内部收益率约束及特许期是否达到上限进行判断，以此作为特许经营协议终止的决策依据。

在中间谈判模式下，政府和项目公司需要对项目的已发生收益和未来收益进行测算，当实际收益超过收益上限或低于收益下限时，双方通过谈判确定特许期的调整策略。

2. 特许期长度

在固定特许期决策模式下，项目特许期的长度固定不变，在一般情况下，无法延长或缩短特许期。

在单一收益约束模式下，特许期长度与项目收益紧密相关。项目收益具有不确定性，很难准确预测出项目收益何时达到特许经营协议约定的目标，因此特许期的长度具有不确定性。在该模式下，项目特许期可能在任意一个时点终止，是完全动态的，但不能超过规定的上限。

在多重收益约束模式下，特许期终止点只能出现在特许经营协议中约定的若干时点中，且不能超过规定的上限。该模式的特许期终止决策成本比单一收益约束模式低，在实践中的操作性较强。

在中间谈判模式下，政府与项目公司可以根据项目运营期间内的实际收益情况，对特许期进行一次或多次调整，特许期长度可以突破基础特许期。在双方谈判过程中，特许期的调整幅度受未来需求量、通货膨胀率、汇率、利率和政治环境等外部因素的影响较大，因此该模式下特许期长度具有较高的不确定性。

3. 激励约束作用

在固定特许期决策模式下，无法通过调整特许期来解决项目收益过高或者过低的问题，因此，从风险中性的决策原则来看，该模式的激励和约束作用都较弱。相对而言，弹性特许期决策模式对项目公司的激励约束作用要强于固定特许期决策模式。

在单一收益约束模式下，保障预期收益既可以发挥对项目公司合理经营项目、防范风险的激励作用，同时又约束了项目公司的收益，使之无法获得暴利。但该模式潜在的问题是将风险转嫁给政府和社会公众，项目公司由于有约定的收益目标作为保障而可能会降低项目的服务质量和效率。

多重收益约束模式将多时点的内部收益率约束条件与特许经营费、补贴等项目收益再分配机制有效地结合起来，在激励项目公司提高服务质量、获得满意收益的同时，又能够限制项目公司获得暴利，因此，该模式具有很强的激励约束作用。

中间谈判模式虽然对项目的实际收益具有保障和约束作用，但政府与项目公司的再谈判过程依然存在不确定性，因此该模式的激励约束作用并不显著。

4. 监管难度

在固定特许期决策模式下，不需要监控项目的实际收益状况来调整特许期，因此，项目运营阶段的监管难度较低。

在单一收益约束模式下，政府与项目公司有效避免了需求不确定等风险因素带来的影响，降低了项目决策阶段的预测成本，因此双方可以重点关注项目目标的实现，提高项目的决策效率。但是，该模式要求在项目运营阶段实时监控项目的财务账目并测算项目的实际收益状况，判断其是否达到预期收益目标，因此，项目运营阶段的监管成本和监管难度很高。

在多重收益约束模式下，虽然不需要对项目收益进行实时监控，但仍需要在特许经营协议约定的时点测算项目的内部收益率，因此监管难度也比较高。

在中间谈判模式下，政府和项目公司需要不定期地测算项目的实际收益状况、评价项目的服务质量，据此谈判确定特许期的调整方案，监管难度和不确定性都比较高。

5. 风险分担能力

在固定特许期决策模式下，如果出现项目公司获得暴利或者无法达到预期收益的情况，容易发生政府或项目公司的违约风险，因此，该模式的风险分担和应对能力较弱。

单一收益约束模式的优势在于其完全动态的弹性特许期机制。在既定的收益目标约束下，通过调整特许期来实现风险在政府与项目公司之间的分担以保证项目的平稳运营，同时也降低了政府和项目公司支付风险贴水的可能性。但是，当市场缺乏有效的竞争机制时，可能会出现竞标人串通抬高竞标价格的情况，使项目公司以较高的收益现值或净收益现值中标，从而导致特许期延长，损害社会公众的利益。

在多重收益约束模式下，特许期的多时点终止条件有利于政府与项目公司分担风险。而且，该模式还可以根据项目的实际收益状况，附加上由项目公司支付特许经营费或由政府支付补贴的条件。因此，该模式有利于实现社会福利的最大化。

中间谈判模式考虑了公共基础设施 PPP 项目在运营过程中可能出现的风险，允许政府和项目公司通过再谈判的方式调整特许期，从而分担双方的风险。但是，该模式对特许期调整方案的测算主要依赖于专家或咨询机构的经验与能力，双方谈判中存在的不确定因素可能导致风险分担不均衡。

固定特许期决策模式与弹性特许期决策模式的比较如表 5.1 所示。

表5.1　固定特许期决策模式与弹性特许期决策模式的比较

比较内容	固定特许期决策模式	弹性特许期决策模式		
		单一收益约束模式	多重收益约束模式	中间谈判模式
决策依据	根据需求预测确定特许期，没有收益约束	判断实际收益是否达到约定的收益目标，以及特许期是否达到上限	在约定的若干时点判断项目实际内部收益率是否达到约束条件，以及特许期是否达到上限	根据实际收益和合理收益区间的偏差进行谈判
特许期长度	固定不变	在上限范围内动态变化	在上限或约定的时点终止特许期	根据谈判情况动态调整，可以突破基础特许期
激励约束作用	较弱	较强	强	一般
监管难度	低	高	较高	较高
风险分担能力	弱	较强	强	一般

5.1.3　对策建议

1. 决策模式适用性及存在问题分析

在总结多个国外典型公共基础设施 PPP 项目案例的基础上，提出单一收益约束模式、多重收益约束模式和中间谈判模式三种弹性特许期决策模式。通过对固定特许期决策模式与弹性特许期决策模式在决策依据、特许期长度、激励约束作用、监管难度和风险分担能力等方面的对比可以发现，采用弹性特许期决策模式有利于实现项目干系人的风险分担与社会公平。通过进一步的比较分析发现，三种弹性特许期决策模式各有优缺点，在实践中应立足于我国国情和项目的实际情况，选择合适的特许期决策模式。

从特许经营者的选择上来看，三种弹性特许期决策模式都提出了竞争性招标的授予方式，特别是在单一收益约束模式下，最低收益的竞标价格既是特许经营者的选择依据，同时也是 PPP 项目特许期决策的重要依据。因此，三种模式适用于招投标制度健全、符合资质竞标人较多的情况。而我国自 2000 年实施招投标制度以来，部分地区招投标市场秩序尚待进一步规范，若缺少健全的招投标制度作为保障，将制约弹性特许期决策模式的发展。

在项目收益监管方面，三种弹性特许期决策模式的监管难度均比固定特许期决策模式要高，只有在当地已经建立起完善的收益监测体系、能够及时准确核算项目实时收益的情况下才具有较强的适用性。然而，在我国多数地区项目收益监测体系尚不健全，因此，三种弹性特许期决策模式的适用性应当分情况讨论。

（1）由政府直接支付项目收益的 PPP 项目，如污水处理、垃圾焚烧发电项目等，政府对项目收益的监测难度和成本相对较低，可以考虑采用单一收益约束模式。

（2）由社会公众支付项目收益的 PPP 项目，如收费公路等，政府很难实时了解项目收益情况，监管难度和监督成本都很高，此时应考虑采用多重收益约束模式或中间谈判模式。

从不确定性角度出发，对于投资规模大、特许期长、运营维护难度大的 PPP 项目，政府和项目公司在决策阶段往往面临着很高的不确定性。PPP 项目的合同契约本身具有不完备性，加之双方缺乏运作 PPP 项目的经验，风险分担意识薄弱，导致项目运营过程中的争端和危机难以解决。针对此类项目，可以采用风险分担能力最强的多重收益约束模式。

此外，对于那些政府在回收之后无力继续运营的 PPP 项目（如垃圾焚烧发电、污水处理等具有专业技术要求的行业），可以采用多重收益约束模式，即在项目特许期内，通过采取政府支付补贴或项目公司支付特许经营费的手段来调节项目的收益水平。在实践中，我国部分地区尚未建立完善的特许经营取费和政府补贴制度，此时可以采用中间谈判模式，根据项目的实际情况动态调整特许期。

2. 对策建议

目前，美国、英国、澳大利亚等国的公共基础设施 PPP 项目弹性特许期决策模式已经非常规范，而我国运作公共基础设施 PPP 项目仍以固定特许期决策模式为主，对弹性特许期决策模式还处在探索阶段，理论研究和实践经验都非常欠缺。借鉴国外已有经验，对我国发展弹性特许期决策模式的建议如下。

（1）加强对项目合理收益水平的测算。我国各个地区的经济发展水平、投资环境等条件存在较大差异，而且不同行业的公共基础设施 PPP 项目在投资规模、技术标准、建设运营方案等方面也不尽相同，因此，不合理的收益标准必然导致社会公众或项目公司的利益受损。在考虑政府与项目公司风险分担的前提下，应当测算出符合不同地区、不同行业要求的项目合理收益水平（可以用内部收益率、NPV 和投资回报率等指标反映），包括满足回收投资和无风险收益率要求的收益指标下限，以及用于限定项目公司最高收益水平的收益指标上限，这是后续研究中值得关注的问题。

（2）确定科学的特许经营费和政府补贴标准。项目公司支付给政府的特许经营费和政府支付给项目公司的补贴是保证公共基础设施 PPP 项目规范化运作和社会公平的重要条款，也是对收益约束条件的有益补充。特许经营费与补贴通常与项目收益直接相关，支付方式多种多样。为了保证公共基础设施 PPP 项目的成功运作，应从社会福利最大化的角度出发，研究特许经营费和政府补贴的支付条件及支付方案，如提高特许经营费延长特许期、降低特许经营费缩短特许期、提高政府补贴缩短特许期、降低政府补贴延长特许期等。

（3）提高公共基础设施 PPP 项目招投标工作的规范性。我国公共基础设施 PPP 项目的评标办法主要采用以特许价格、技术方案、投标人能力与业绩等因素为竞标条件的综合评标法，以及直接以特许价格为竞标条件的最低投标报价法。对于以弹性特许期决策模式运作的 PPP 项目，主要的商务评价指标由特许价格变为项目收益现值、净收益现值或内部收益率，这就要求 PPP 项目的法律规范、招投标与谈判过程、运营监管模式等方面都要随之变化。为此，需要加强对公共基础设施 PPP 项目招投标工作规范与相关法律法规的研究，提高政府人员运作 PPP 项目的专业能力与决策水平，制定完善的招标文件、资格预审文件、特许经营协议范本、特许经营收费与收益基准文件等规范体系。

（4）加强对项目实际收益和服务质量的监管。在弹性特许期决策模式下，公共基础设施 PPP 项目的实际收益水平和服务质量是特许期动态调整的主要依据，同时也是支付项目特许经营费或政府补贴的先决条件，因此，加强对项目运营阶段的监管十分必要。国外经验表明，由政府主管部门对项目运营情况进行监管，由审计机构和银行对项目财务状况进行监督，并建立项目财务和运营信息的社会监督机制，是保证项目达到预期目标的有效手段，这一经验非常值得我国借鉴。

5.2 基于风险分担的 PPP 项目特许期调整模型

在 PPP 项目的建设和运营过程中，政府与项目公司的风险分担问题一直是理论界和实践领域关注的热点[10, 32, 55, 56]。其中特许期科学与否对于利益相关者的合理风险分担具有重要的作用[27, 56, 57]。国际上一些 PPP 项目已经开始采用调整特许期的做法分担项目风险，如澳大利亚墨尔本城际高速公路特许经营协议中约定当项目公司第 25.5 年、第 27 年、第 29 年、第 31 年、第 33 年的内部收益率超过 17.5%时，特许期即于该年终止[52]；美国弗吉尼亚州监管局向投资杜勒斯大道的私人资本提供了可以根据项目偿债能力和再融资情况调整特许期的保证，而且其运营经验表明延长特许期有助于解决当项目公司需要资金时立即提高项目收费的问题[50]；英国塞文大桥特许经营协议中规定不允许调整收费价格但特许期可以进行弹性调整，当项目公司达到约定的收益水平时特许期即终止[58]。

我国住房和城乡建设部在《市政公用事业特许经营管理办法》中规定城市供水、公共交通、垃圾处理等行业 PPP 项目的特许期最长不得超过 30 年，而对于特许期的调整并无明确说明。在实践中，由于缺少科学的决策指导，许多同类的 PPP 项目都忽略了项目规模、投资、运营成本和市场风险等因素而采用了相同或类似特许期的做法。虽然政府与项目公司可以通过调整特许价格来分担收益与风险，但在执行中调价阻力较大且调整空间有限。相对而言，调整特许期的各方争议较小，容易被公众接受，但目前尚缺乏在项目运营阶段应对风险的特许期调整方法，特别是在调整特许价格、政府给予项目公司补贴等手段不适用的情况下，如何调整特许期以达到主要利益相关者满意，对这一问题的深入研究仍然比较少，下文将从该视角出发展开论述。

5.2.1　PPP 项目特许期的调整分析

在 PPP 项目的特许经营谈判过程中，政府与项目公司通常参照同行业类似项目的运营数据对 PPP 项目的预期收益进行测算，并分别确定出各自可接受的底线（一般通过项目投资效益指标来反映），据此开展特许期或特许价格的谈判。在特许期决策领域的国际前沿研究中，普遍采用内部收益率或投资回报率指标来反映 PPP 项目投资效益水平，并通过设定内部收益率或投资回报率的上、下限进行特许期决策[27, 30, 31, 52]，这种方法较好地体现了政府与项目公司分担风险的原则。我国对投资项目论证的通常做法是：采用既定的行业基准折现率计算项目的 NPV，判断项目是否可行。为了保证与内部收益率、投资回报率等分析指标一致，同时又便于实务操作，本节应用项目投资效益指标中的 NPVR 进行 PPP 项目特许期的调整分析。

假设 T_1 为项目的特许期（包含建设期 T_c 和运营期 T_o ）；T_2 为项目移交后政府可以继续运营的期限；NPV_p 是项目公司在特许期 T_1 内的收益净现值。通过式（5.1）~（5.3）可以计算求得项目的净现值率 NPVR_p。其中，CI_t 、CO_t 为第 t 年的项目现金流入和流出量；I 为项目建设期投资额的 NPV；i 为基准折现率。

$$\mathrm{NPV}_p = \frac{1}{(1+r)^{T_1}} \sum_{t=0}^{T_1} \frac{\mathrm{CI}_t - \mathrm{CO}_t}{(1+i)^t} \tag{5.1}$$

$$I = \sum_{t=0}^{T_c} \frac{I_t}{(1+i)^t} \tag{5.2}$$

$$\mathrm{NPVR}_p=\frac{\mathrm{NPV}_p}{I} \tag{5.3}$$

$$\mathrm{NPVR}_{\min}\leqslant \mathrm{NPVR}_p\leqslant \mathrm{NPVR}_{\max} \tag{5.4}$$

PPP 项目的特许期往往长达数十年，影响项目运营的因素会不断变化，导致出现项目公司与政府承担风险不均衡的状况。在既定的行业基准折现率水平下，项目公司为了实现预期投资收益、降低风险，期望使 NPVR_p 处于可接受的下限（$\mathrm{NPVR}_{\min}$）之上；政府则从实现社会公平、限制项目公司获得暴利的角度考虑，期望使 $\mathrm{NPV}R_p$ 控制在可接受的上限（$\mathrm{NPVR}_{\max}$）之下，式（5.4）即项目 NPVR_p 的上、下限约束条件。在特许经营协议谈判过程中，双方会进行多次博弈，将项目的 NPVR_p 控制在区间 $[\mathrm{NPVR}_{\min},\mathrm{NPVR}_{\max}]$ 之内。由式（5.1）~式（5.3）可知，项目 NPVR_p 与特许期直接相关，因此通过调整特许期可以对项目 NPVR_p 进行控制，从而实现双方的风险分担。

在 PPP 项目的建设和运营过程中，实际现金流量的变化可能会超出政府与项目公司各自的预测，并导致 NPV 曲线发生上、下波动变化，如图 5.4 所示。其中，$\mathrm{NPV}_{\max}(t)$ 表示当 $t=T_1$ 时，项目 NPVR_p 达到 $\mathrm{NPVR}_{\max}$ 条件下的预期 NPV 曲线；$\mathrm{NPV}_{\min}(t)$ 表示当 $t=T_1$ 时，项目 NPVR_p 达到 $\mathrm{NPVR}_{\min}$ 条件下的预期 NPV 曲线；$\mathrm{NPV}_{\mathrm{low}}(t)$ 表示当 $t=T_1$ 时，项目 NPV_p 为 0，即 $\mathrm{NPVR}_p=\mathrm{NPVR}_{\mathrm{low}}=0$ 条件下的预期 NPV 曲线。如果项目的 NPV 曲线低于 $\mathrm{NPV}_{\mathrm{low}}(t)$，则表明项目运营不经济。

假设项目运营至第 n 年末，根据前 n 年实际发生的现金流量可以预测出第 n 年后项目的运营数据（NPV 曲线右侧的虚线部分即为预测值），据此可以测算出项目在特许期 T 内的 NPV_p 和 NPVR_p。由式（5.3）可知，NPV_p 和 NPVR_p 呈正向关系，由于在第 n 年测算出的 NPV_p 具有不确定性，项目的实际 NPVR_p 也会偏离预期。

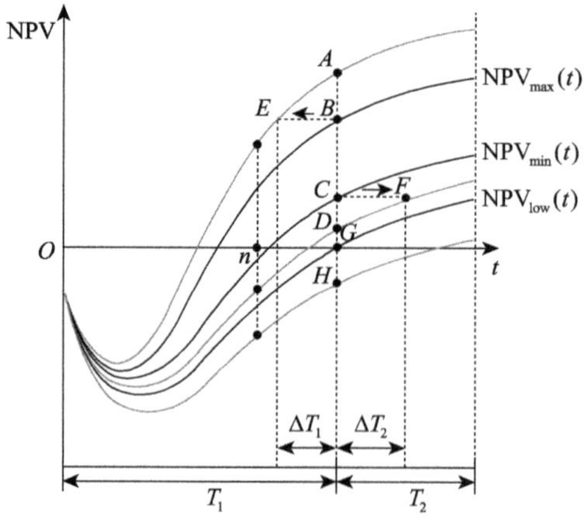

图 5.4　特许期调整分析

根据政府和项目公司约定的 $\mathrm{NPVR}_{\max}$ 和 $\mathrm{NPVR}_{\min}$，对 NPVR_p 可能发生的偏离，分成四种情况来讨论：一是 $\mathrm{NPVR}_p > \mathrm{NPVR}_{\max}$，第 n 年末测算的项目 NPVR_p 超过政府设定的上限，应当缩短特许期使项目公司的 NPVR_p 降到 $\mathrm{NPVR}_{\max}$ 以下，即由图 5.4 中 A 点降至 B 点，应沿 $B \to E$ 方向将特许期缩短 ΔT_1 年；二是 $\mathrm{NPVR}_{\min} \leqslant \mathrm{NPVR}_p \leqslant \mathrm{NPVR}_{\max}$，第 n 年末测算的项目 NPVR_p 介于上限与下限之间，此时特许期不需要进行调整；三是 $\mathrm{NPVR}_{\mathrm{low}} \leqslant \mathrm{NPVR}_p < \mathrm{NPVR}_{\min}$，第 n 年末测算的项目 NPVR_p 低于项目公司可接受的下限但此时项目运营依然经济，应当延长特许期使项目公司的 NPVR_p 提高到 $\mathrm{NPVR}_{\min}$ 以上，即由 D 点升至 C 点，需要沿 $C \to F$ 方向将特许期延长 ΔT_2 年；四是 $\mathrm{NPVR}_p < \mathrm{NPVR}_{\mathrm{low}}$，第 n 年末测算的项目 NPVR_p 小于 $\mathrm{NPVR}_{\mathrm{low}}$，如 H 点所示，表明项目的营利能力不足，此时单一调整特许期无法完全分担项目公司的风险，应当组合使用提高特许价格、给予财政资金补贴等手段。

经上述分析可知，$\mathrm{NPVR}_{\max}$ 和 $\mathrm{NPVR}_{\min}$ 作为约束项目公司和政府分担风险的上、下限标准，与之相对应的 $\mathrm{NPV}_{\max}(t)$ 曲线上的 B 点和 $\mathrm{NPV}_{\min}(t)$ 曲线上的 C 点是特许期调整的两个临界点，$\mathrm{NPV}_{\mathrm{low}}(t)$ 曲线上的 G 点是特许期调整失效的临界点。通过对特许期的动态调整，可以将项目公司的 NPVR_p 限定在 $[\mathrm{NPVR}_{\min}, \mathrm{NPVR}_{\max}]$ 内，从而实现政府和项目公司的收益与风险分担。特许期调整决策的思路如图 5.5 所示。

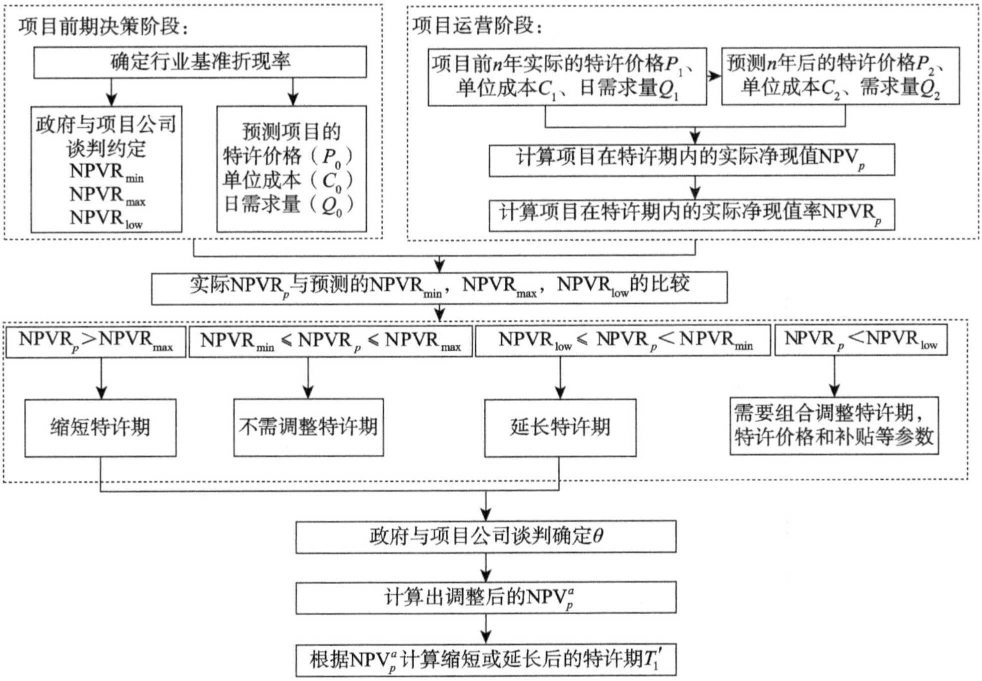

图 5.5　特许期调整决策的思路

1. 缩短特许期决策模型

基础设施 PPP 项目中特许期、特许价格、补贴和需求量等参数设定不合理可能导致政府在项目运营阶段承担过高的风险。在这种情况下，缩短特许期有助于政府规避项目公司收益过高、自身负担过重的风险。假设根据项目运营至第 n 年时的实际现金流量数据和对未来的预测数据，测算出项目的 NPVR_p 高于 $\mathrm{NPVR}_{\max}$，此时，政府将与项目公司谈判缩短项目特许期，其决策函数为

$$
\begin{aligned}
&\min \quad \mathrm{NPV}_p^a \\
&\text{s.t.} \quad 1.\mathrm{NPV}_p=\sum_{t=0}^{n}\frac{\mathrm{CI}_t-\mathrm{CO}_t}{(1+i)^t}+\sum_{t=n+1}^{T_1}\frac{\mathrm{CI}_t-\mathrm{CO}_t}{(1+i)^t} \\
&\qquad\ \ 2.\mathrm{NPV}_p^a=I\times\left[\mathrm{NPVR}_{\min}+(\mathrm{NPVR}_{\max}-\mathrm{NPVR}_{\min})\times\theta\right] \\
&\qquad\ \ 3.\mathrm{NPV}_p^a=\sum_{t=0}^{n}\frac{\mathrm{CI}_t-\mathrm{CO}_t}{(1+i)^t}+\sum_{t=n+1}^{T_1-\Delta T_1}\frac{\mathrm{CI}_t-\mathrm{CO}_t}{(1+i)^t} \\
&\qquad\ \ 4.\mathrm{NPVR}_p>\mathrm{NPVR}_{\max} \\
&\qquad\ \ 5.n\leqslant T_1-\Delta T_1, 0\leqslant\theta\leqslant 1
\end{aligned} \tag{5.5}
$$

其中，目标函数是使缩短特许期后项目公司的收益 NPV_p^a 最小，即实现社会福利最大化；条件 1 表示在第 n 年对项目公司收益 NPV_p 的测算；根据 NPVR 的上限约束，条件 2 可以确定出调整后的项目公司收益 NPV_p^a，其中 θ 为政府的鼓励系数，取值在[0，1]区间，政府可以根据项目的运营效率和服务水平调整这一系数；条件 3 表示根据调整后的 NPV_p^a 求解项目特许期需要缩短的年限 ΔT_1；条件 4 表示缩短特许期的判别条件；条件 5 表示对缩短特许期决策的有效性约束，即决策时点要尽可能提前以保证特许期能够缩短足够长的年限。

2. 延长特许期决策模型

在基础设施 PPP 项目的运营阶段，可能发生需求量减小、政府低效率等情况而导致项目运营状况不佳，现金流量与预期差异较大。在这种情况下，采用延长特许期的方式可以保证项目公司的合理收益，并减轻政府给予补贴或上调特许价格的压力。假设第 n 年测算的项目公司 NPVR_p 介于 $\mathrm{NPVR}_{\min}$ 和 $\mathrm{NPVR}_{\mathrm{low}}$，项目公司为了降低自身的风险，可以申请延长特许期，其决策函数为

$$
\begin{aligned}
&\max \quad \mathrm{NPV}_p^a \\
&\text{s.t.} \quad 1.\mathrm{NPV}_p=\sum_{t=0}^{n}\frac{\mathrm{CI}_t-\mathrm{CO}_t}{(1+i)^t}+\sum_{t=n+1}^{T_1}\frac{\mathrm{CI}_t-\mathrm{CO}_t}{(1+i)^t} \\
&\qquad 2.\mathrm{NPV}_p^a=I\times\left[\mathrm{NPVR}_{\min}+\left(\mathrm{NPVR}_{\max}-\mathrm{NPVR}_{\min}\right)\times\theta\right] \\
&\qquad 3.\mathrm{NPV}_p^a=\sum_{t=0}^{n}\frac{\mathrm{CI}_t-\mathrm{CO}_t}{(1+i)^t}+\sum_{t=n+1}^{T_1+\Delta T_2}\frac{\mathrm{CI}_t-\mathrm{CO}_t}{(1+i)^t} \\
&\qquad 4.\mathrm{NPVR}_{\mathrm{low}}\leqslant\mathrm{NPVR}_p<\mathrm{NPVR}_{\min} \\
&\qquad 5.T_1+\Delta T_2\leqslant T_u, 0\leqslant\theta\leqslant1
\end{aligned} \tag{5.6}
$$

其中，目标函数是使延长特许期后项目公司的收益 NPV_p^a 最大；条件 1 表示在第 n 年时对项目公司收益 NPV_p 的测算；根据 NPVR 的下限约束，条件 2 可以确定出调整后的项目公司收益 NPV_p^a，θ 为政府的鼓励系数，含义与式（5.5）中相同；条件 3 表示根据调整后的 NPV_p^a 求解项目特许期需要延长的年限 ΔT_2；条件 4 表示延长特许期的判别条件；条件 5 表示对特许期期限的法律约束，即存在特许期不能无限延长的假设，T_u 为特许经营协议中规定的特许期最长期限。

5.2.2 案例分析

1. 案例背景

大连市某污水处理项目采用 PPP 方式建设，总投资为 1.1 亿元，特许期为 21 年（建设期 1 年，运营期 20 年）。在行业基准折现率为 10%的情况下，政府与项目公司在特许经营协议中约定项目 $\mathrm{NPVR}_{\max}$ 为 25%，$\mathrm{NPVR}_{\min}$ 为 20%。根据特许经营协议的约定和同类项目的历史规律，预测出该项目的日处理量 Q_0 为 65 000 吨，污水处理补贴价格 P_0 为 1.0 元/吨，污水处理单位成本 C_0 为 0.3 元/吨。

2. NPV 模拟分析

假设项目运营至第 12 年（n=12）时，根据实际运营数据对前 12 年的 NPV 进行了计算，结果如表 5.2 所示。

表5.2　项目运营期前12年的实际NPV

运营年份	运营期前 12 年的实际 NPV/万元
t=0	−11 000.00
t=1	−10 095.04
t=2	−8 943.28

续表

运营年份	运营期前 12 年的实际 NPV/万元
t=3	−7 597.06
t=4	−6 237.24
t=5	−5 001.04
t=6	−3 877.22
t=7	−2 855.57
t=8	−1 926.80
t=9	−1 082.46
t=10	−314.88
t=11	382.92
t=12	1 017.29

分析实际运营数据发现，在项目运营的第 1、2、3 年，项目的实际日处理量分别达到预测日处理量的 50%、70%、90%；第 4 至第 12 年，项目的实际日处理量约为 80 000 吨，远超出预测值。

依据图 5.5 和项目前 12 年的实际数据，对未来 8 年的污水处理补贴价格、单位成本和日处理量的概率分布进行预测，结果如表 5.3 所示。

表5.3 关键参数的概率分布

参数名称	概率分布	单位
污水处理补贴价格（P_2）	正态分布，均值为 1.0，标准差为 0.1	元/吨
污水处理单位成本（C_2）	均匀分布，最大值 0.3，最小值 0.2	元/吨
日处理量（Q_2）	正态分布，均值为 80 000，标准差为 8 000	吨

应用 CRYSTAL BALL 7.3 软件对项目运营期第 12 年后的现金流量进行蒙特卡罗模拟，模拟次数设定为 1 万次。根据表 5.3 中的参数和式（5.7）计算得到项目运营期第 t 年的 NPV，记为 $\mathrm{NPV}_p\big|_{T_o=t}$（$13 \leqslant t \leqslant 20$），其中 $\mathrm{NPV}_p\big|_{T_o=12}$ 是项目运营期第 12 年末的实际 NPV。项目运营期第 12 年后的 NPV 模拟结果如表 5.4 所示。

$$\mathrm{NPV}_p\Big|_{T_o=t} = \sum_{k=13}^{t} \frac{(P_2 - C_2) \times Q_2 \times 365}{(1+\mathrm{i})^k} + \mathrm{NPV}_p\Big|_{T_o=12} \qquad (5.7)$$

表5.4 项目运营期第12年后的NPV模拟结果

运营年份	均值/万元	标准差/万元	最大值/万元	最小值/万元	偏度	峰度
t=13	1 593.31	98.72	2 029.44	1 253.79	0.22	3.12
t=14	2 116.97	188.46	2 949.57	1 468.79	0.22	3.12

续表

运营年份	均值/万元	标准差/万元	最大值/万元	最小值/万元	偏度	峰度
t=15	2 593.02	270.05	3 786.06	1 664.25	0.22	3.12
t=16	3 025.80	344.22	4 546.51	1 841.94	0.22	3.12
t=17	3 419.23	411.64	5 237.82	2 003.47	0.22	3.12
t=18	3 776.90	472.94	5 866.28	2 150.32	0.22	3.12
t=19	4 102.05	528.66	6 437.61	2 283.82	0.22	3.12
t=20	4 397.64	579.32	6 957.01	2 405.18	0.22	3.12

3. 特许期的调整决策

根据表 5.4 和式（5.3）求得项目公司在运营期满后的 NPVR 为 4 397.64/11 000=39.98%，远高于特许经营协议中规定的 $NPVR_{max}$。因此，本案例属于情况一，即 $NPVR_p > NPVR_{max}$，为了避免政府承担风险过高、项目公司获得超额利润，政府需要和项目公司重新谈判缩短特许期。具体分析过程如下。

1）计算调整后的 NPV_p^a

对于政府和项目公司而言，污水日处理量属于不可控风险。依据式（5.5），双方可以约定 θ 值来确定双方的风险分担比例。在本案例中，为了提高私人资本投资 PPP 项目的积极性并保障社会公众的利益，双方协商确定 θ 值为 0.7。根据式（5.5）中的条件 2 计算调整后的 NPV_p^a 为

$$NPV_p^a = 11\,000 \times [20\% + (25\% - 20\%) \times 0.7] = 2\,585\text{万元}$$

2）计算缩短后的特许期 T_1'

由表 5.4 可知，$NPV_p\big|_{T_o=14} = 2\,116.97\text{万元}$，$NPV_p\big|_{T_o=15} = 2\,593.02\text{万元}$，所以 NPV_p^a 介于 $NPV_p\big|_{T_o=14}$ 与 $NPV_p\big|_{T_o=15}$ 之间。采用插值法计算出缩短后的运营期：

$$14 + \frac{NPV_p^a - NPV\big|_{T_o=14}}{NPV\big|_{T_o=15} - NPV\big|_{T_o=14}} = 14.98\text{年}$$

，取整计算后，项目的运营期应由原来的 20 年缩短至 15 年。相应地，缩短后的项目特许期 T_1' 为 16 年（包含建设期 1 年）。

4. 结果讨论

为了直观地分析项目运营期缩短至 15 年后项目公司实现 NPV_p^a 的可能性，首先对 $NPV_p\big|_{T_o=15}$ 的频率分布进行模拟分析，结果如图 5.6 所示。

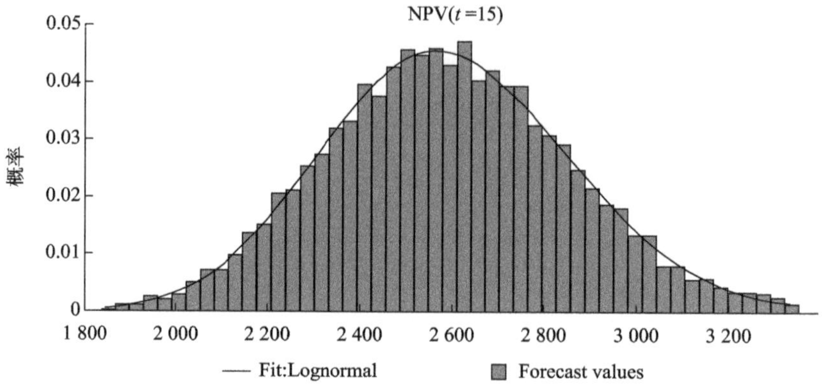

图 5.6　$\mathrm{NPV}_p\big|_{T_o=15}$ 的频率分布图

根据表 5.4 可知，$\mathrm{NPV}_p\big|_{T_o=15}$ 的偏度值为 0.22，峰度值为 3.12，表 5.5 给出了在不同概率分布下的拟合结果，最优拟合分布排序为 Lognormal、Gamma、Normal 和 Beta。因此，可以认为 $\mathrm{NPV}_p\big|_{T_o=15}$ 近似服从 Lognormal（2 593.02,270.05）。

表5.5　$\mathrm{NPV}_p\big|_{T_o=15}$ 的概率分布拟合结果

分布类型	A-D 检验	K-S 检验	Chi-Square 检验
Lognormal	0.141 9	0.004 4	68.440 0
Gamma	0.154 7	0.004 6	70.245 6
Normal	5.210 3	0.016 5	138.192 4
Beta	5.292 9	0.016 5	131.591 6

其次，运用散点图及趋势线来分析自变量与因变量之间的关系。图 5.7 为 $\mathrm{NPV}_p\big|_{T_o=15}$ 与污水处理补贴价格、日处理量、处理单位成本的散点图。分析可知，随着污水处理补贴价格、日处理量的增加和污水处理单位成本的降低，$\mathrm{NPV}_p\big|_{T_o=15}$ 有增加的趋势。

在散点图中，趋势线斜率的大小表示变量之间相关性的强弱，斜率越大表明两个变量的相关性越强。比较图 5.7（a）和（b）可以看出，污水处理补贴价格和日处理量与 $\mathrm{NPV}_p\big|_{T_o=15}$ 的正相关关系基本相似。散点分布的聚集特征表示变量相关的显著程度，即点分布越集中，变量相关的显著程度越高，因此，可以认为 $\mathrm{NPV}_p\big|_{T_o=15}$ 与补贴价格相关的显著程度要明显地高于 $\mathrm{NPV}_p\big|_{T_o=15}$ 与日处理量相关的显著程度。

分析图 5.7（c）可知，当污水处理单位成本在 0.21~0.29 变化时，对 $\mathrm{NPV}_p\big|_{T_o=15}$

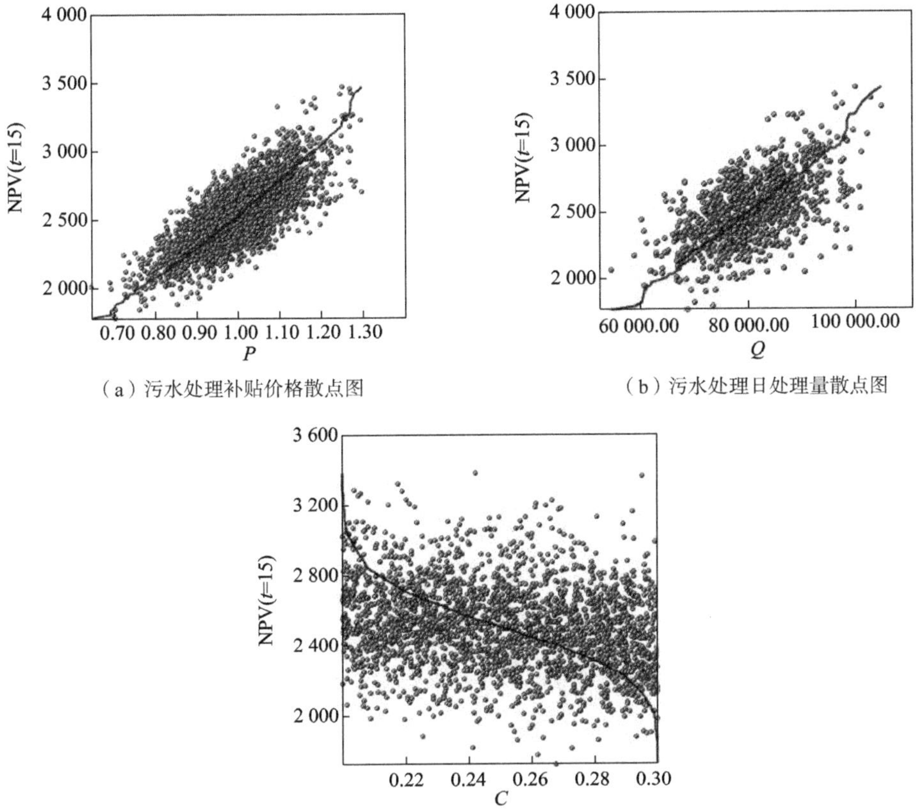

（a）污水处理补贴价格散点图

（b）污水处理日处理量散点图

（c）污水处理单位成本散点图

图 5.7　$NPV_p\big|_{T_o=15}$ 与污水处理补贴价格、日处理量、单位成本散点图

的影响较小；而当污水处理单位成本小于 0.21 和大于 0.29 时，对 $NPV_p\big|_{T_o=15}$ 的影响较大。

最后，在折现率分别为 9%、10%和 11%三种情况下，对实现 NPV_p^a 的累积概率进行了测算，结果如图 5.8 所示。

分析发现，在折现率为 10%的条件下，若特许期不进行调整，第 21 年项目公司实现 NPV_p^a 的累积概率达到了 99.97%，此时项目公司承担的风险极低，而政府承担的风险比较高。特许期缩短至 16 年后，在三种折现率情况下实现 NPV_p^a 的累积概率分别为 77.58%、52.41%、33.59%，三者均大于 30%且小于 80%，符合 Thomas 等[31]提出的标准。因此，采用调整特许期的做法可以保证项目公司在不降低项目运营效率和服务水平的前提下实现其预期的收益目标，也有助于实现政府和项目

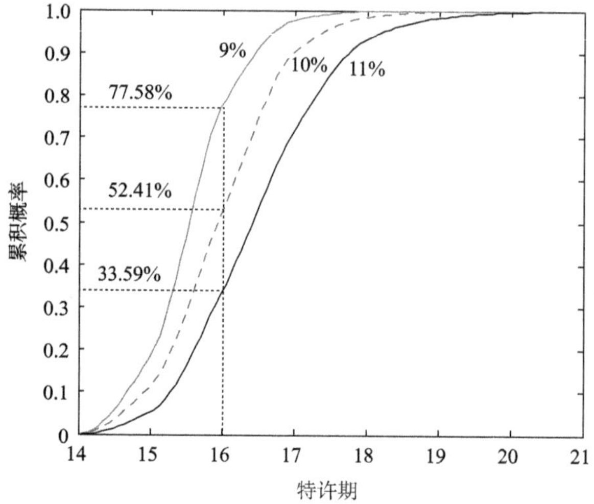

图 5.8　不同折现率水平下的累积概率曲线

公司的风险公平分担。

本章解决了在“单一”调价方法不适用的情况下政府和项目公司的风险分担问题，保证了双方重复谈判时的公平性。该方法在交通、水处理、电厂等 PPP 项目中均可推广应用。

第 6 章　PPP 项目特许期与收费价格的联动调整决策

已有研究中针对运营阶段交通量需求发生变化情况下收费价格和特许期调整的研究还比较薄弱，特别是，在何时何种条件下应当调整收费价格？又在何时何种条件下应当调整特许期？目前仍缺乏深入的理论研究。鉴于此，本章以公路 PPP 项目为研究对象，首先，以实现政府和项目公司约定的预期收益为目标，根据项目公司前 n 年的运营收益，构建出项目公司在特许期剩余的（$T-n$）年内预期收益函数；其次，针对交通量需求曲线发生右移和左移两种情况，为避免项目公司获取超额收益或无法实现预期收益，讨论单一特许期调整、单一收费价格调整及收费价格和特许期联动调整的决策方案；最后，结合具体项目案例，对收费价格和特许期的调整决策进行分析和应用验证。

6.1　PPP 项目特许期与收费价格的联动调整模型

6.1.1　研究假设及分析

某公路采用 BOT 方式建设，公路有效使用年限为 $\overline{T}$ 年，项目特许期为 T 年，交通容量为 Q_c。

假设一：通过这条公路的所有车辆均行驶全程且车型相同，公路无拥堵现象，并且不考虑经济、人口、环境及不可抗力等因素对交通量的影响，交通量 Q 由收费价格 P 决定[13]。受交通容量影响，当收费价格降低至某一程度后，Q 的取值达

到交通容量上限 Q_c 。因此，设定交通量需求函数为

$$Q(P)=\begin{cases}\alpha+\beta P & \text{当} P\geqslant (Q_c-\alpha)/\beta \text{时}\\ Q_c & \text{当} P<(Q_c-\alpha)/\beta \text{时}\end{cases} \tag{6.1}$$

其中，α 和 β 为常数且 $\alpha>0$ ，$\beta<0$ 。

如图 6.1 所示，折线 $\overline{P}CQ_c$ 表示预测的交通量需求函数。根据式（6.1）可知，最高收费价格 $\overline{P}$ 等于 $-\dfrac{\alpha}{\beta}$，$\overline{P}C$ 延长线在横轴的截距等于 α 。图 6.1 中点 C 对应的交通量即为 Q_c ，对应的收费价格为 $P_c=\dfrac{Q_c-\alpha}{\beta}$ 。如果项目公司在特许期内的收费价格 P_0 小于 P_c ，公路将长期处于拥堵状态，既增加了使用者的时间成本，又缩短了公路的使用寿命，因此，P_0 的取值应满足条件 $\dfrac{Q_c-\alpha}{\beta}\leqslant P_0\leqslant -\dfrac{\alpha}{\beta}$。根据收费价格 P_0 和对应的交通量 Q_0 ，可以得到项目公司的收入 R_0，$R_0=P_0Q_0$ 。

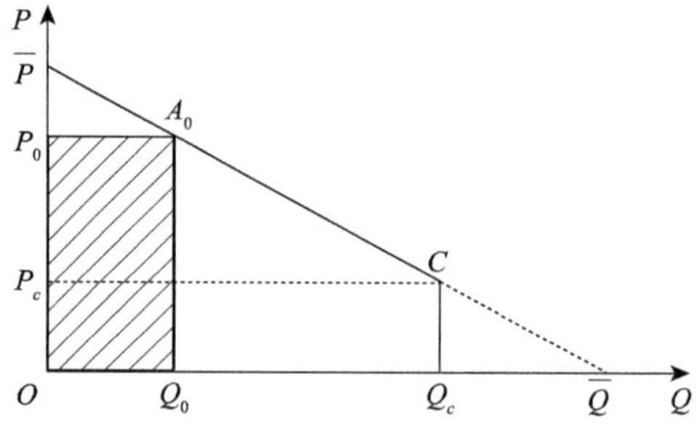

图 6.1　交通量需求函数示意图

假设二：公路 BOT 项目的建设会带来直接效益和间接效益，假设不考虑降低运输成本、减少交通事故损失和节约在途时间等间接效益，只考虑向使用者收费而给项目公司带来的直接收益。根据图 6.1 可知，项目公司在特许期内项目的预期收益 R 为

$$R=[P_0Q_0-(kI^{-a}+M)]T \tag{6.2}$$

其中，I 为项目的建设成本，为便于讨论，设定建设成本 I 在建设期初一次性投入；运营维护成本通常由固定的运营维护成本（如设备和人力资源成本等）和变动的运营维护成本（依赖于交通量 Q 和建设成本 I 的成本）两部分构成，M 表示固定的运营维护成本，kI^{-a}（其中 $k>0,a>0$）表示随 I 变动的运营维护成本。随着项目建设成本的增加，公路的建设工程质量将得到提高，每年投入的运营维护成本将会减少[13]。同时，将收费价格表示为单位交通量的净收入，即在收费价格中已经扣除了单位交通量的运营维护成本[20]，因此，P_0Q_0 中已经涵盖了运营维

护成本随交通量 Q 变化的部分。

6.1.2　收费价格和特许期的调整决策

在公路 PPP 项目实践中，经济环境、家庭汽车拥有量等因素变化，会导致项目实际交通量偏离预期，交通量需求曲线将发生移动。如果继续按照特许经营协议约定的收费价格和特许期运营，会影响项目的预期收益，导致项目公司赚取超额收益或者收益不足，进而导致项目失败。因此，在项目运营过程中，双方可以对公路收费价格或者特许期进行动态调整，以保证双方的利益均衡，实现风险与收益的分担。

在最初的特许期 T 和收费价格 P_0 已知的情况下，根据项目运营后交通量的变化确定最优的收费价格及特许期决策方案。假设在项目运营前 $n(n<T)$ 年，实际交通量逐渐偏离预期，并且预测 n 年后的实际交通量将与预期发生较大偏离。此时，需要对收费价格和项目特许期做出调整以使项目公司的净收益保持在合理的水平上。为了方便计算，暂不考虑资金的时间价值。根据式（6.2），将项目公司在运营前 n 年内已实现收益 R_S 表示为

$$R_S=[P_0Q_0-(kI^{-a}+M)]n \tag{6.3}$$

进一步地，将项目运营 n 年后，项目公司在特许期剩余的 $(T-n)$ 年内预期收益表示为

$$\begin{aligned}\Delta R&=R-R_S\\&=[P_0Q_0-(kI^{-a}+M)]T-[P_0Q_0-(kI^{-a}+M)]n\\&=[P_0Q_0-(kI^{-a}+M)](T-n)\end{aligned} \tag{6.4}$$

下面针对交通量需求增加和减少两种情况分别展开讨论。

1. 需求曲线向右平移

交通量需求曲线向右平移，即同一价格水平下交通量需求增加（图 6.2）。

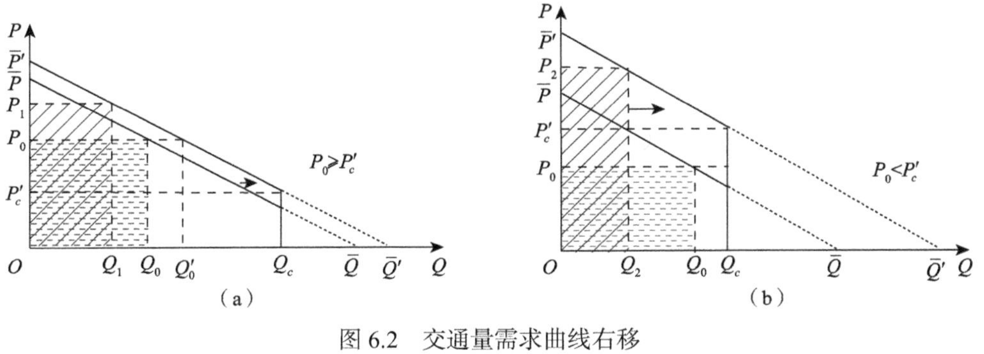

图 6.2　交通量需求曲线右移

在这种情况下，如果项目公司继续按 P_0 向道路使用者收取费用，且特许期 T 不变，则在特许期剩余的 $(T-n)$ 年内，项目公司将获得超额收益、损害社会公平。

假设 n 年后的交通量需求函数变为

$$Q(P)+\chi=\begin{cases}\alpha+\beta P & \text{当}P\geqslant\dfrac{Q_c+\chi-\alpha}{\beta}\text{时}\\ Q_c & \text{当}P<\dfrac{Q_c+\chi-\alpha}{\beta}\text{时}\end{cases} \tag{6.5}$$

其中，$\chi<0$，表示在同一价格水平下，需求曲线变化导致交通量增加 $|\chi|$。

为便于计算，令 $\chi=\beta\theta$，将式（6.5）转化为

$$Q(P)=\begin{cases}\alpha+\beta(P-\theta) & \text{当}P\geqslant\dfrac{Q_c-\alpha}{\beta}+\theta\text{时}\\ Q_c & \text{当}P<\dfrac{Q_c-\alpha}{\beta}+\theta\text{时}\end{cases} \tag{6.6}$$

其中，$\theta>0$，表示在同一价格水平下，需求曲线变化导致交通量增加 $|\beta\theta|$。

由式（6.6）可以看出，θ 值表示需求曲线在纵轴上的平移程度，θ 值越大，则平移越大；反之亦然。在新的需求函数下，交通容量 Q_c 对应的收费价格记为 P_c'，$P_c'=\dfrac{Q_c-\alpha}{\beta}+\theta$，收费价格区间相应变为 $\dfrac{Q_c-\alpha}{\beta}+\theta\leqslant P\leqslant-\dfrac{\alpha}{\beta}+\theta$。

对比图 6.2（a）和（b）可知，当交通量需求曲线平移程度不同时，θ 取值的变化会影响到 P_0 与 P_c' 的关系，因此，根据 P_0 与 P_c' 的大小关系进一步展开讨论。

情况 1：

根据图 6.2（a），当 $P_0\geqslant P_c'$ 时，$P_0\geqslant\dfrac{Q_c-\alpha}{\beta}+\theta$，此时 $0<\theta\leqslant P_0-\dfrac{Q_c-\alpha}{\beta}$。根据式（6.4），分别对单一调整收费价格和特许期、联动调整收费价格和特许期进行决策分析。

1）保持收费价格不变，缩短特许期 T

在新的需求函数下，收费价格 P_0 对应的交通量记为 Q_0'，则 $Q_0'=\alpha+\beta(P_0-\theta)$，$P_0Q_0'=P_0Q_0-P_0\beta\theta$。若 $P_0Q_0'>kI^{-a}+M$，假设特许期缩短 Δt，则 Δt 需满足

$$\Delta R=[P_0Q_0-(kI^{-a}+M)](T-n)=[P_0Q_0'-(kI^{-a}+M)](T-\Delta t-n) \tag{6.7}$$

整理可得

$$\Delta t(P_0Q_0-P_0\beta\theta-kI^{-a}-M)=-(T-n)P_0\beta\theta$$

进一步求得

$$\Delta t=\frac{-(T-n)P_0\beta\theta}{P_0Q_0-P_0\beta\theta-kI^{-a}-M} \tag{6.8}$$

若 $P_0Q_0' < kI^{-a} + M$，即项目每年的净收益为负值，则调整特许期决策失效，需要进一步地采取其他措施。

2）保持特许期不变，调整收费价格至 P_1

在新的需求函数下，收费价格 P_1 对应的交通量记为 Q_1，且 $Q_1 = \alpha + \beta(P_1 - \theta)$。调价需满足

$$\Delta R = [P_0Q_0 - (kI^{-a}+M)](T-n)=[P_1Q_1 - (kI^{-a}+M)](T-n) \tag{6.9}$$

$$且\ P_c' < P_1 < P_{\max} \tag{6.10}$$

式（6.9）是关于 P_1 的一元二次方程，即 $\beta P_1^2 +（\alpha - \beta\theta)P_1 - R_0 = 0$。由于需求函数右移，项目收益增大，在新的需求曲线上，必然存在价格 P_1 使收益等于 P_0Q_0，方程一定存在实数解，即 $(\alpha - \beta\theta)^2 + 4\beta R_0 \geqslant 0$ 成立，求得解为

$$P_{11} = \frac{\beta\theta - \alpha - \sqrt{(\alpha - \beta\theta)^2 + 4\beta R_0}}{2\beta} \tag{6.11}$$

$$P_{12} = \frac{\beta\theta - \alpha + \sqrt{(\alpha - \beta\theta)^2 + 4\beta R_0}}{2\beta} \tag{6.12}$$

可以看出，$P_{11} > P_0 > P_{12}$。

式（6.10）是调整收费价格的约束条件。$P_{\max}$ 为价格调整的上限，若 P_{11} 或 P_{12} 满足式（6.10）的约束条件，意味着可以将价格调高至 P_{11} 或者降低至 P_{12}，即采取提价或降价决策都可以避免项目公司获得超额利润。但提价将导致交通量减少、减少社会福利，影响公路资源的有效利用。降价更容易被公众接受，但降价后将进一步增加交通量、增加旅客和货物的在途时间，容易产生道路拥堵。

3）收费价格和特许期的联动调整

若 P_{11} 和 P_{12} 均不满足式（6.10）的约束条件，则单一价格调整不能达到预期效果，可以将价格调整至 $P_{\max}$ 或 P_c'，并相应调整特许期。下面以价格调整至 P_c' 为例展开讨论，此时 $P_c' > P_1$。

收费价格和特许期的联动调整需满足

$$\Delta R = [P_0Q_0 - (kI^{-a}+M)](T-n)=[P_c'Q_c - (kI^{-a}+M)](T+\Delta t-n)$$

其中，$Q_c = \alpha + \beta(P_c' - \theta)$。

整理得

$$(T-n)P_0Q_0 - (T+\Delta t-n)P_c'Q_c = -\Delta t(kI^{-a} + M) \tag{6.13}$$

进一步求得

$$\Delta t = \frac{(T-n)(P_0Q_0 - P_c'Q_c)}{P_c'Q_c - kI^{-a} - M} \tag{6.14}$$

为了判断 Δt 的正负，即应当缩短还是延长特许期，对式（6.14）进行分析。当 $P_c'Q_c \leqslant kI^{-a} + M$ 时，项目公司每年的净收益为负值，此时收费价格和特许期的

联动调整失效，需要采取政府补贴等措施才能达到项目公司的预期收益水平。当 $P_c'Q_c > kI^{-a} + M$ 时，推导可得

$$\begin{aligned} P_0Q_0 - P_c'Q_c &= P_1Q_1 - P_c'Q_c \\ &= P_1[\alpha+\beta(P_1-\theta)] - P_c'[\alpha+\beta(P_c'-\theta)] \\ &= -(P_c'-P_1)[\alpha+\beta(P_c'+P_1-\theta)] \end{aligned} \tag{6.15}$$

由 $P_c' > P_1$ 可知 $P_c' + P_1 < \overline{P}'$，因此 $\alpha+\beta(P_c'+P_1-\theta) > 0$，将上述条件代入式（6.15），可得 $P_0Q_0 - P_c'Q_c < 0$，即 Δt 为负值。这意味着在降价至 P_c' 的同时，需要缩短特许期 $\dfrac{(T-n)(P_0Q_0 - P_c'Q_c)}{P_c'Q_c - kI^{-a} - M}$ 年。

此外，当收费价格调整至 $P_{\max}$ 时，同理可得，$\Delta t = \dfrac{(T-n)(P_0Q_0 - P_{\max}Q_{\max})}{P_{\max}Q_{\max} - kI^{-a} - M}$ 为负值，这意味着提价后还要缩短特许期 $\dfrac{(T-n)(P_0Q_0 - P_{\max}Q_{\max})}{P_{\max}Q_{\max} - kI^{-a} - M}$ 年。

情况 2：

根据图 6.2（b），当 $P_0 < P_c'$ 时，$P_0 < \dfrac{Q_c - \alpha}{\beta} + \theta$，此时 $\theta > P_0 - \dfrac{Q_c - \alpha}{\beta}$。在这种情况下，公路长期处于饱和状态，不仅会增加使用者的时间成本，而且长期大负荷运行会导致公路使用年限缩短、运营维护成本增加，因此，降低收费价格或者单一调整特许期均不可行。下面根据式（6.4），分别对单一提高收费价格、联动调整收费价格和特许期进行决策分析。

在新的需求曲线下，将收费价格由 P_0 提高到 P_2，其对应的交通量 Q_2 为 $\alpha+\beta(P_2-\theta)$，调价需满足

$$\Delta R = [P_0Q_0 - (kI^{-a}+M)](T-n) = [P_2Q_2 - (kI^{-a}+M)](T-n) \tag{6.16}$$

$$\text{且 } P_2 < P_{\max} \tag{6.17}$$

式（6.16）是关于 P_2 的一元二次方程，可转化为 $\beta P_2^2 +（\alpha - \beta\theta)P_2 - R_0 = 0$。其存在可行解的必要条件为 $(\alpha-\beta\theta)^2 + 4\beta R_0 \geqslant 0$，求得解为

$$P_{21} = \frac{\beta\theta - \alpha - \sqrt{(\alpha-\beta\theta)^2 + 4\beta R_0}}{2\beta} \tag{6.18}$$

$$P_{22} = \frac{\beta\theta - \alpha + \sqrt{(\alpha-\beta\theta)^2 + 4\beta R_0}}{2\beta} \tag{6.19}$$

可以看出，$P_{21} > P_0 > P_{22}$。由于 P_{22} 不满足提价决策，故舍去。

若 P_{21} 满足式（6.17）的约束条件，则不需调整特许期。否则，应考虑采取收费价格和特许期联动调整的决策，即提高收费价格至 $P_{\max}$，并缩短特许期，此时需满足

$$\Delta R=[P_0Q_0-(kI^{-a}+M)](T-n)=[P_{\max}Q_{\max}-(kI^{-a}+M)](T-\Delta t-n)$$

其中，$Q_{\max}=\alpha+\beta(P_{\max}-\theta)$，整理可得

$$(T-n)P_0Q_0-(T-\Delta t-n)P_{\max}Q_{\max}=\Delta t(kI^{-a}+M) \tag{6.20}$$

进一步求得

$$\Delta t=\frac{(T-n)(P_{\max}Q_{\max}-P_0Q_0)}{P_{\max}Q_{\max}-kI^{-a}-M} \tag{6.21}$$

2. 需求曲线向左平移

交通量需求曲线向左平移，即同一价格水平下交通量需求减少（图 6.3）。

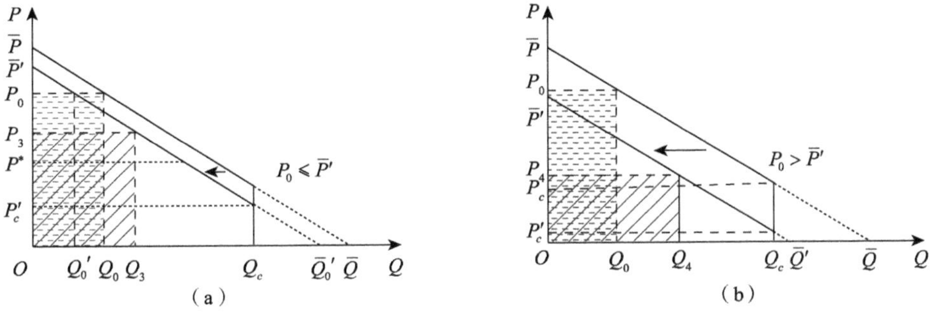

图 6.3　交通需求曲线左移

在这种情况下，如果项目公司继续按 P_0 向公路使用者收取费用，且特许期 T 不变，则在特许期剩余的 $(T-n)$ 年内，项目公司将无法实现预期收益，甚至无法回收建设成本。

假设 n 年后的交通量需求函数变为

$$Q(P)+\delta=\begin{cases}\alpha+\beta P & \text{当} P\geqslant(Q_c+\delta-\alpha)/\beta \text{时}\\ Q_c & \text{当} P<(Q_c+\delta-\alpha)/\beta \text{时}\end{cases} \tag{6.22}$$

其中，$\delta>0$，表示在同一价格水平下，随着需求曲线的变化导致交通量减少 δ。为简化计算，令 $\delta=-\beta\gamma$，将式（6.22）转化为

$$Q(P)=\begin{cases}\alpha+\beta(P+\gamma) & \text{当} P\geqslant(Q_c-\alpha)/\beta-\gamma \text{时}\\ Q_c & \text{当} P<(Q_c-\alpha)/\beta-\gamma \text{时}\end{cases} \tag{6.23}$$

由式（6.23）可以看出，γ 值表示需求曲线在纵轴上的平移程度，γ 值越大，则平移越大；反之亦然。在新的需求函数下，收费价格区间相应变为 $\frac{Q_c-\alpha}{\beta}-\gamma\leqslant P\leqslant-\frac{\alpha}{\beta}-\gamma$。最高收费价格记为 $\bar{P}'$，则 $\bar{P}'=-\frac{\alpha}{\beta}-\gamma$。

对比图 6.3（a）和（b）可知，当交通量需求曲线平移程度不同时，γ 取值的变化会影响到 P_0 与 $\bar{P}'$ 的关系，因此，根据 P_0 与 $\bar{P}'$ 的大小进一步展开讨论。

情况 1：

根据图 6.3（a），当 $P_0 \leqslant \overline{P}'$ 时，$P_0 \leqslant -\dfrac{\alpha}{\beta}-\gamma$，此时 $0<\gamma \leqslant -\dfrac{\alpha}{\beta}-P_0$。根据式（6.4），分别对单一调整收费价格和特许期、联动调整收费价格和特许期进行决策分析。

1）保持收费价格不变，延长特许期 T

在新的需求函数下，将收费价格 P_0 对应的交通量记为 Q_0'，则 $Q_0'=\alpha+\beta(P_0+\gamma)$，$P_0Q_0'=P_0Q_0+P_0\beta\gamma$。

假设特许期延长 Δt，若 $P_0Q_0'>kI^{-a}+M$，则 Δt 需满足

$$\Delta R=[P_0Q_0-(kI^{-a}+M)](T-n)=[P_0Q_0'-(kI^{-a}+M)](T+\Delta t-n) \tag{6.24}$$

整理得 $\Delta t(P_0Q_0+P_0\beta\gamma-kI^{-a}-M)=-(T-n)P_0\beta\gamma$

进一步求得

$$\Delta t=\frac{-(T-n)P_0\beta\gamma}{P_0Q_0+P_0\beta\gamma-kI^{-a}-M} \tag{6.25}$$

若 $P_0Q_0'<kI^{-a}+M$，则项目每年的净收益为负值，调整特许期决策失效，需要采取其他措施。

2）保持特许期不变，调整收费价格至 P_3

在新的需求函数下，将收费价格 P_3 对应的交通量记为 Q_3，且 $Q_3=\alpha+\beta(P_3+\gamma)$。为了实现项目公司的预期收益，调价需满足

$$\Delta R=[P_0Q_0-(kI^{-a}+M)](T-n)=[P_3Q_3-(kI^{-a}+M)](T-n) \tag{6.26}$$

$$且\ P_c'<P_3<P_{\max} \tag{6.27}$$

式（6.26）是关于 P_3 的一元二次方程，可转化为 $\beta P_3^2+(\alpha+\beta\gamma)P_3-R_0=0$。式（6.27）是调整收费价格的约束条件，即收费价格应高于达到交通容量时的收费价格，并且小于政府限定的收费价格上限。

当 $(\alpha+\beta\gamma)^2+4\beta R_0 \geqslant 0$ 时，式（6.26）存在实数解，求得解为

$$P_{31}=\frac{-(\beta\gamma+\alpha)-\sqrt{(\beta\gamma+\alpha)^2+4\beta R_0}}{2\beta} \tag{6.28}$$

$$P_{32}=\frac{-(\beta\gamma+\alpha)+\sqrt{(\beta\gamma+\alpha)^2+4\beta R_0}}{2\beta} \tag{6.29}$$

式（6.26）有实数解说明在新的需求函数上存在收费价格 P，使 $\max\limits_{p} P[\alpha+\beta(P+\gamma)] \geqslant P_0Q_0$。对 $\max\limits_{p} P[\alpha+\beta(P+\gamma)]$ 进行求解，根据一阶最优化条件，可得 $P^*=-\dfrac{\alpha+\beta\gamma}{2\beta}$。因此，$P^*$ 是 $O\overline{P'}$ 的中点，并具有以下性质：收费价格从

P^* 向 $\overline{P'}$ 或 O 点方向移动，对应的收益面积将递减；在大于和小于 P^* 的两个区间内分别存在一点，它们对应的收益相等。

当 P_{31} 或 P_{32} 满足式（6.27）的约束条件时，单一调整价格可以弥补项目公司减少的收益。若 $P_0 > P^*$，由于在新的需求曲线下，需要使项目公司的收益增加，根据对 P^* 性质的讨论，调整后的价格 P_3 应满足 $P_3 < P_0$，即 $P_{32} < P_{31} < P_0$，表明需要降低价格。当 P_{31} 和 P_{32} 均满足式（6.27）的约束条件时，由于价格波动幅度越小，越有利于市场稳定，建议将价格降低至 P_{31}。若 $P_0 < P^*$，同理可知，$P_{31} > P_{32} > P_0$，表明需要提高价格。当 P_{31} 和 P_{32} 均满足式（6.27）的约束条件时，建议将价格提高至 P_{32}。

3）收费价格和特许期的联动调整

当 P_{31} 和 P_{32} 都不满足式（6.27）的约束条件时，可以将价格调整至 P_c' 或 $P_{\max}$，并延长特许期。计算可得，应在降低价格至 P_c' 的同时延长特许期 $\dfrac{(T-n)(P_0Q_0 - P_c'Q_c)}{P_c'Q_c - kI^{-a} - M}$ 年，或者在提高价格至 $P_{\max}$ 的同时延长特许期 $\dfrac{(T-n)(P_0Q_0 - P_{\max}Q_{\max})}{P_{\max}Q_{\max} - kI^{-a} - M}$ 年。

当 $(\alpha+\beta\gamma)^2 + 4\beta R_0 < 0$ 时，式（6.26）的方程无解，则单一价格调整决策失效，需要延长特许期。若 $P_0 > P^*$ 且 $P_c' > P^*$，需要降价至 P_c'，同时延长特许期 $\dfrac{(T-n)(P_0Q_0 - P_c'Q_c)}{P_c'Q_c - kI^{-a} - M}$ 年；若 $P_0 > P^*$ 且 $P_c' < P^*$，需要降价至 P^*，同时延长特许期 $\dfrac{(T-n)(P_0Q_0 - P^*Q^*)}{P^*Q^* - kI^{-a} - M}$ 年；若 $P_0 < P^*$ 且 $P^* > P_{\max}$，需要提价至 $P_{\max}$，同时延长特许期 $\dfrac{(T-n)(P_0Q_0 - P_{\max}Q_{\max})}{P_{\max}Q_{\max} - kI^{-a} - M}$ 年；若 $P_0 < P^*$ 且 $P^* < P_{\max}$，需要提价至 P^*，同时延长特许期 $\dfrac{(T-n)(P_0Q_0 - P^*Q^*)}{P^*Q^* - kI^{-a} - M}$ 年。

情况 2：

根据图 6.3（b），当 $P_0 > \overline{P'}$ 时，$P_0 > -\dfrac{\alpha}{\beta} - \gamma$，此时 $\gamma > -\dfrac{\alpha}{\beta} - P_0$。在此情况下，由于收费价格 P_0 已经超出了公路使用者愿意支付的最高价格 $\overline{P'}$，单一的特许期调整不可行，下面根据式（6.4），分别对单一降低收费价格、联动调整收费价格和特许期进行决策分析。

1）保持特许期不变，调整收费价格至 P_4

为了实现项目公司的预期收益，调价需满足

$$\Delta R = [P_0Q_0 - (kI^{-a} + M)](T-n) = [P_4Q_4 - (kI^{-a} + M)](T-n) \tag{6.30}$$

$$\text{且 } P_c' < P_4 \tag{6.31}$$

式（6.30）是关于 P_4 的一元二次方程，可转化为 $\beta P_4^{\ 2}+（\alpha+\beta\gamma)P_4 - R_0 = 0$。式（6.31）是调整收费价格的约束条件，即收费价格应高于达到交通容量时的收费价格。

当 $(\alpha+\beta\gamma)^2 + 4\beta R_0 \geqslant 0$ 时，式（6.30）存在实数解，对其进行整理和求解得

$$P_{41} = \frac{-(\beta\gamma+\alpha) - \sqrt{(\beta\gamma+\alpha)^2 + 4\beta R_0}}{2\beta} \tag{6.32}$$

$$P_{42} = \frac{-(\beta\gamma+\alpha) + \sqrt{(\beta\gamma+\alpha)^2 + 4\beta R_0}}{2\beta} \tag{6.33}$$

若 P_{41} 或 P_{42} 满足式（6.31）的约束条件，意味着可以降低价格至 P_{41} 或 P_{42}。当 P_{41} 和 P_{42} 均满足式（6.31）的约束条件时，由于 $P_0 > P_{41} > P_{42}$，建议将价格降低至 P_{41}。若 P_{41} 和 P_{42} 均不满足式（6.31）的约束条件或 $(\alpha+\beta\gamma)^2 + 4\beta R_0 < 0$ 时，单一价格调整决策失效，需要配合调整特许期。

2）收费价格和特许期的联动调整

当 $P_4 \leqslant P_c'$ 时，应在降低价格至 P_c' 的同时延长特许期 $\dfrac{(T-n)(P_0Q_0 - P_c'Q_c)}{P_c'Q_c - kI^{-a} - M}$ 年。

当 $(\alpha+\beta\gamma)^2 + 4\beta R_0 < 0$ 时，式（6.30）的方程无解，单一价格调整决策失效，需要相应延长特许期。基于上述的调整决策分析，若 $P_c' < P^*$，需要降价至 P^*，同时延长特许期 $\dfrac{(T-n)(P_0Q_0 - P^*Q^*)}{P^*Q^* - kI^{-a} - M}$ 年；若 $P_c' > P^*$，需要降价至 P_c'，同时延长特许期 $\dfrac{(T-n)(P_0Q_0 - P_c'Q_c)}{P_c'Q_c - kI^{-a} - M}$ 年。

若假设政府接管项目后仍按照之前的公路收费价格进行收费，为判断项目公司的调整是否可行，可依据项目给政府带来的预期收益是否受损来判定。此外，在实践中，为了确保决策合理，当提价和降价均可行时，还应综合考虑公众对价格调整的承受力、公路拥堵程度等实际情况进行决策；当缩短和延长特许期均可行时，还应综合考虑政府的运营负担、项目公司的运营管理水平等实际情况进行决策。

6.2 案例分析

某公路采用 BOT 方式建设，政府确定的公路收费价格为 $P_0=1.5$ 百元/辆，公路的有效使用年限 $\overline{T}=35$ 年，特许期 $T=25$ 年，项目公司实际投入的建设成本 $I=60$ 亿元，每年固定的运营维护成本 $M=0.05$ 亿元，公路建设成本与运营维护成本函数关系式中的 $k=300$、$a=1.2$，交通量需求函数中的 $\alpha=12$、$\beta=-5$，公路的交通容量 $Q_c=5.5$ 百万辆。根据上述设定可得

$$Q(P)=\begin{cases}12-5P & (P\geqslant 1.3\text{百元/辆})\\ 5.5 & (P<1.3\text{百元/辆})\end{cases}$$

当 $P_0=1.5$ 百元/辆时，交通量 $Q_0=4.5$ 百万辆。分别代入式（6.4），可求得项目公司在整个项目周期内的预期收益 R=112.5 亿元。为简化处理，政府的预期收益 NR_g 用公路收费收入扣除运营维护成本表示，可得 $\mathrm{NR}_g=45$ 亿元。

假设项目运营 5 年后，交通量需求变大，继续按照特许合同约定的收费价格和特许期运营，项目公司将产生超额收益，需要进行调整。政府设置的价格调整上限 $P_{\max}$=2.3 百元/辆。项目公司前五年已实现收益 R_S=22.5 亿元，由式（6.4）可求得项目公司未实现的收益 $\Delta R=R-R_S=90$ 亿元。

（1）当 θ=0.1 时，新的交通量需求曲线为

$$Q(P)=\begin{cases}12-5(P-0.1) & (P\geqslant 1.4\text{百元/辆})\\ 5.5 & (P<1.4\text{百元/辆})\end{cases}$$

此时，交通容量所对应的价格 $P_c'=1.4$ 百元/辆，$P_0>P_c'$，如前所述，调整决策如下。

保持公路收费价格不变，即仍按照 $P_0=1.5$ 百元/辆向道路使用者收费，缩短特许期。为了防止项目公司获得超额收益，根据式（6.8），可以求出特许期应缩短 $\Delta t=2.86$ 年，同时政府的预期收益变为 $\mathrm{NR}_g=67.52$ 亿元。

保持特许期不变，调整收费价格。根据式（6.11）和式（6.12），计算出调整后的收费价格 $P_{11}=1.71$ 百元/辆，$P_{12}=0.79$ 百元/辆，因此，$P_{\max}>P_{11}>P_0>P_c'>P_{12}$。$P_{12}$ 小于 P_c'，说明单一降价无法达到预期效果，需要配合调整特许期；P_{11} 小于 $P_{\max}$，说明可以将价格提高至 P_{11}，这样既实现了项目公司的预期收益，同时也使政府的预期收益保持不变。

收费价格和特许期联动调整。将价格降低至 P_c'=1.4 百元/辆，再根据式（6.14）

计算出 $\Delta t=-3.49$ 年，需要缩短特许期 3.49 年。此时，政府的预期收益变为 $NR_g=73.52$ 亿元。

（2）当 θ=0.3 时，新的交通量需求曲线为

$$Q(P)=\begin{cases}12-5(P-0.3) & (P\geqslant 1.6\text{百元/辆})\\ 5.5 & (P<1.6\text{百元/辆})\end{cases}$$

此时，交通容量所对应的价格 $P_c'=1.6$ 百元/辆，$P_0<P_c'$，如前所述，单一降低价格和缩短特许期对政府和项目公司都是不利的。在此情况下，应提高收费价格至 P_2，根据式（6.18），计算出 $P_{21}=2.04$ 百元/辆，小于政府设置的价格上限 $P_{\max}$，所以只需将收费价格调整至 P_{21}=2.04 百元/辆即可，此时项目公司和政府都能保证预期收益。

（3）当 θ=0.5 时，新的交通量需求曲线为

$$Q(P)=\begin{cases}12-5(P-0.5) & (P\geqslant 1.8\text{百元/辆})\\ 5.5 & (P<1.8\text{百元/辆})\end{cases}$$

此时，交通容量所对应的价格 $P_c'=1.8$ 百元/辆，$P_0<P_c'$，如前所述，单一地降低价格和缩短特许期对政府和项目公司都是不利的。在此情况下，应提高收费价格至 P_2，根据式（6.18），计算出 $P_{21}=2.32$ 百元/辆，大于政府设置的价格上限 $P_{\max}$，必须配合缩短特许期。首先，将收费价格调整至 $P_{\max}$=2.3 百元/辆，再根据式（6.21）求得缩短的特许期 Δt=0.65 年。此时，政府的预期收益变为 49.52 亿元，说明调整是有利的，既实现了项目公司的预期收益，同时政府的预期收益也得到了保证。

综合以上数据，将不同 θ 值下的收费价格和特许期调整决策进行汇总，如表 6.1 所示。

表6.1　不同 θ 值下的收费价格和特许期调整决策

θ	P_0	P_c'	P_0 与 P_c' 关系	调整决策	NR_g
0.1	1.5	1.4	$P_0>P_c'$	价格不变，缩短特许期 $\Delta t=2.86$	67.52
				特许期不变，调整价格 P_{11}=1.71	维持预期不变
				联动调整 P_c'=1.4，$\Delta t=-3.49$	73.52
0.3	1.5	1.6	$P_0<P_c'$	特许期不变，提高价格 P_{21}=2.04	维持预期不变
0.5	1.5	1.8	$P_0<P_c'$	联动调整 $P_{\max}$=2.3，$\Delta t=0.65$	49.52

根据表 6.1 可知，在 θ=0.1 的情况下，单一缩短特许期、联动调整收费价格和特许期都可以达到调整决策的要求。比较而言，在联动调整收费价格与特许期模式下，可以降低收费价格，容易被道路使用者所接受。在实践中，应综合考虑收费价格降低后道路拥挤状况、道路使用者的时间成本、道路运营维护成本等因素，在单一调整和联动调整之间选择较优的调整决策。在 θ=0.3 的情况下，调整决策

为特许期不变、提高价格，这说明在交通量变化较大的情况下，在公众可以承受的范围内适当提高价格是有利的选择。在 θ=0.5 的情况下，由于提高价格已经超过政府设置的价格调整上限，社会公众会承受的经济压力较大，调整决策为联动调整收费价格与特许期。

上述研究论证了在双方约定项目公司期望收益的情况下，交通量需求曲线平移的方向、幅度大小等因素将对项目收费价格和特许期的调整决策产生不同的影响。后续可以围绕公路 PPP 项目交通量随时间动态变化或交通量需求函数非线性条件下的收费价格和特许期联动调整决策展开深入的研究。

本篇参考文献

[1] Pietroforte R，Miller J B. Procurement methods for US infrastructure：historical perspectives and recent trends[J]. Building Research and Information，2002，30（6）：425-434.

[2] Menchhoff G，Zegras C. Experiences and issues in urban transport infrastructure concessions[R]. The World Bank Group，1999.

[3] Abdul-Aziz A R. Unraveling of BOT scheme：Malaysia's Indah water konsortium[J]. Journal of Construction Engineering and Management，2001，127（6）：457-460.

[4] Confoy B，Love P E D，Wood B M，et al. Build-own-operate：the procurement of correctional services[A]. Profitable Partnering in Construction Procurement[C]. London：E & F.N. Spon，1999：461-474.

[5] 孙淑云，戴大双，杨卫华. 高速公路 BOT 项目特许定价中的风险分担研究[J]. 科技管理研究，2006，26（10）：154-157.

[6] 杨卫华，戴大双，韩明杰. 污水处理 BOT 项目特许定价的关键风险实证研究[J]. 大连理工大学学报（社会科学版），2006，（2）：14-18.

[7] Chen A，Subprasom K. Analysis of regulation and policy of private toll roads in a build-operate-transfer scheme under demand uncertainty[J]. Transportation Research Part A，2007，41（6）：537-558.

[8] Ye S D，Tiong R L K. NPV-at-risk method in infrastructure project investment evaluation[J]. Journal of Construction Engineering and Management，2000，126（3）：227-233.

[9] 李启明，申立银. 基础设施 BOT 项目特许权期的决策模型[J]. 管理工程学报，2000，14（1）：43-46.

[10] Shen L Y，Li H，Li Q M. Alternative concession model for build operate transfer contract projects[J]. Journal of Construction Engineering and Management，2002，128（4）：326-330.

[11] 秦旋. 基于 CAPM 的 BOT 项目特许期的计算模型[J]. 管理工程学报，2005，19（2）：60-63.

[12] 杨宏伟，周晶，何建敏. 基于博弈论的交通 BOT 项目特许权期的决策模型[J]. 管理工程学报，2003，17（3）：93-95.

[13] 杨宏伟，何建敏，周晶. 在 BOT 模式下收费道路定价和投资的博弈决策模型[J]. 中国管理科学，2003，（2）：30-33.

[14] 高丽峰，张国杰，杜燕. 利用动态博弈中的“分蛋糕”模型确定 BOT 项目特许权期[J]. 商业研究，2006，（2）：24-26.

[15] 侍玉成，万法菊. 城市供水 BOT 项目特许权期决策的博弈分析[J]. 南京工程学院学报（自然科学版），2006，4（2）：28-33.

[16] Schmidt K M. The costs and benefits of privatization：an incomplete contracts approach[J]. Journal of Law，Economics and Organization，1996，12（1）：1-24.

[17] Schmidt K M. Incomplete contract and privatization[J]. European Economic Review，1996，40（3）：569-579.

[18] Schmitz P W. Allocating control in agency problems with limited liability and sequential hidden actions[J]. RAND Journal of Economics，2005，36（2）：318-336.

[19] Xing W，Wu F F. A game-theoretical model of private power production[J]. International Journal of Electrical Power and Energy Systems，2001，23（3）：213-218.

[20] Shen L Y，Bao H J，Wu Y Z，et al. Using bargaining-game theory for negotiating concession period for BOT-type contract[J]. Journal of Construction Engineering and Management，2007，133（5）：385-392.

[21] Ngee L，Tiong R，Alum J. Automated approach to negotiation of BOT contracts[J]. Journal of Computing in Civil Engineering，1997，11（2）：121-128.

[22] Malini E. Build operate transfer municipal bridge projects in India[J]. Journal of Management in Engineering，1999，15（4）：51-58.

[23] Raftery J. Risk Analysis in Project Management[M]. London：E & F.N. Spon，2003：1-30.

[24] Hertz D B. Risk analysis in capital investment[J]. Harvard Business Review，1964，42（1）：96-106.

[25] Zhang X Q. Markov-based optimization model for building facilities management[J]. Journal of Construction Engineering and Management，2006，132（11）：1203-1211.

[26] Zayed T M，Chang L M. Prototype model for build-operate-transfer risk assessment[J]. Journal of Management in Engineering，2002，18（1）：7-16.

[27] Thomas S Ng，Xie J Z，Skitmore M，et al. A fuzzy simulation model for evaluating the concession items of public-private partnership schemes[J]. Automation in Construction，2007，17（1）：22-29.

[28] Shen L Y，Wu Y Z. Risk concession model for build-operate-transfer contract projects[J]. Journal of Construction Engineering and Management，2005，131（2）：211-220.

[29] Zhang X Q，AbouRizk S M. Determining a reasonable concession period for private sector provision of public works and services[J]. Canadian Journal of Civil Engineering，2006，33（5）：622-631.

[30] Ye S D，Tiong R L K. The effect of concession period design on completion risk management of BOT projects[J]. Construction Management and Economics，2003，21（5）：471-482.

[31] Thomas S Ng，Xie J Z，Cheung Y K，et al. A simulation model for optimizing the concession period of public-private partnerships schemes[J]. International Journal of Project Management，2007，25（8）：791-798.

[32] Ranasinghe M. Private sector participation in infrastructure projects：a methodology to analyze viability of BOT[J]. Construction Management and Economics，1999，17（5）：613-623.

[33] Xing W，Wu F F. Economic evaluation of private power production under uncertainties[J].

International Journal of Electrical Power and Energy Systems，2003，25（2）：167-172.
[34] Walker C，Smith A J. Privatized Infrastructure：The BOT Approach[M]. London：Thomas Telford，1995：1-20.
[35] Engel E，Fischer R，Galetovic A. Revenue-based auction and unbundling infrastructure franchises[R]. Washington D.C.，IFM-112，1997：1-29.
[36] Engel E，Fischer R，Galetovic A. Highway franchising：pitfalls and opportunities[J]. American Economic Review，1997，87（2）：68-72.
[37] Engel E，Fischer R，Galetovic A. Least-present-value-of-revenue actions and highway franchising[J]. Journal of Political Economy，2001，109（5）：993-1020.
[38] Nombela G，Rus G D. Flexible-term contracts for road franchising[J]. Transportation Research Part A，2004，38（3）：163-179.
[39] Timothy I，Michael K，Mateen T，et al. Dealing with public risk in private infrastructure[R]. The World Bank Group，No. 17322，1997，1-155.
[40] Arrow K J，Lind R C. Uncertainty and the evaluation of public investment decisions[J]. American Economic Review，1970，60（6）：364-378.
[41] 黄海军. 拥挤道路使用收费的研究进展和实践难题[J]. 中国科学基金，2003，17（4）：198-203.
[42] 何胜学. 道路拥挤收费定价分析[J]. 上海理工大学学报，2005，27（1）：87-90.
[43] Guasch J L. Granting and Renegotiating Infrastructure Concessions：Doing It Right[M]. The World Bank Institute，2004，1-25.
[44] Subprasom K，Chen A. Analysis of policy and regulation on build-operate-transfer schme：a case study of the Ban Pongkanchanaburi motorway in Thailand[J]. Journal of the Eastern Asia Society for Transportation Studies，2005，6：3883-3898.
[45] Guasch J L. Impact of concessions' design in sector performance：an empirical analysis of ten years of Performance[R]. Mimeo，World Bank，Washington，2000，1-5.
[46] Akintoye A，Beck M，Hardcastle C. Public-Private Partnerships：Managing Risks and Opportunities [M]. Blackwell Publishing Company，2003.
[47] Cheng L，Tiong R L K. Minimum feasible tariff model for bot water supply projects in Malaysia [J]. Construction Management and Economics，2005，23（3）：255-263.
[48] Lin M C. Contract design of private infrastructure concessions[D]. University of California，Berkeley，2000，114-179.
[49] Vassallo J M. Traffic risk mitigation in highway concession projects：the experience of Chile[J]. Journal of Transport Economics and Policy，2006，40（3）：359-381.
[50] 河北项目网. 英国PPP赛文河第二大桥项目案例分析[EB/OL]. http://www.hebpi.com/thread-34572-1.html，2015-07-13.
[51] Arndt R H. Risk allocation in the melbourne city link project[J]. Journal of Structured Finance，1998，4（3）：11-24.
[52] 李京贵. 英法海峡隧道工程案例[J]. 中国投资与建设，1995，2：27-29.
[53] South-South Cooperation. Manila philippines water/wastewater improvements[EB/OL]. http://

www.ncppp.org/undp/ manila.html，2011-09-05.

[54] 柯永建，王守清，陈炳泉. 英法海峡隧道的失败对 PPP 项目风险分担的启示[J]. 土木工程学报，2008，41（12）：97-102.

[55] 王东波，宋金波，戴大双，等. BOT 项目特许期决策方法研究评述[J]. 预测，2009，28（3）：1-8.

[56] Zhang X Q. Closure to win-win concession period determination methodology[J]. Journal of Construction Engineering and Management，2009，137（6）：471-472.

[57] Engel E，Fischer R，Galetovic A. Privatizing highways in the United States[J]. Review of Industrial Organization，2006，29（1/2）：27-53.

第三篇　PPP 项目的超额收入分配与补贴决策机制

第 7 章　基于实物期权的 PPP 项目超额收益决策研究

第二篇从特许期与特许价格联动调整的视角提出了解决 PPP 项目中需求及收入不确定性问题的方法[1~3]。采用这一方法需要政府和项目公司根据项目运营中已经实现的收益与对未来收益的预测重新进行建模分析、谈判，增加了双方的决策成本和谈判博弈难度，也难以发挥社会公众对项目决策的监督作用。比较而言，采取超额收益分配和收益不足补贴的方法可以弥补上述漏洞。在高收益状态下，PPP 项目的实际收益将高于预期并导致项目公司获取超额利润、损害公众利益。首都机场高速公路、广东佛山山水大桥、深圳梧桐山隧道等项目缺少超额收益的分配机制，进而导致项目公司利用公共项目获得暴利，并由此带来政府与企业争利、违约、公众反对等一系列问题。为了保证社会公平、限制项目公司利用公共项目获得暴利，同时鼓励项目公司努力提高服务水平，应当科学决策超额收益的分配比例。本章旨在解决如何界定 PPP 项目的超额收益上限及如何合理分配超额收益这两个问题。

7.1　PPP 项目超额收益上限决策

7.1.1　影响因素与研究假设

1. 影响因素识别

根据已有的研究文献，影响因素的识别主要采用文献分析法和案例分析法。

1）交通量需求及波动率

交通量的需求情况是对公路 PPP 项目未来收益影响最大的因素之一[4, 5]。交通量受多种因素的影响，包括家庭汽车拥有量、天气状况、其他项目的竞争、经济政策等因素，因此交通量的需求是不确定的，会发生一定程度的波动。已有学者采用交通量线性需求[6]、遵循几何布朗运动[4]、蒙特卡罗模拟等方法，预测交通量[4, 5]。在收费价格不变的情况下，若交通量远远高于预期水平，则 PPP 项目会产生超额收益。设置交通量担保有助于激励私人资本积极踊跃参与公共基础项目的建设，同时能够保护社会公众利益。交通量上限担保具有看涨期权的特性，下限担保具有看跌期权的特性[7, 8]。在实际运作中，竞争性项目的分流会引起交通量的波动，进而影响项目的收益，如闽江四桥项目，为了避免私人资本面临的竞争风险，可以在特许协议中做一些限制性规定，这样的规定具有担保的性质[9]。

2）建设及运营成本

项目的成本大致包含投入的建设成本和后期的运营维护成本两部分。项目的建设成本与特许期长短[10]、项目评估收益[5]及特许经营协议相关要求等因素相关。项目的运营维护成本是指项目在运营期内发生的直接成本费用，包括维护修理费、人力资源成本、设备成本及使用费、管理费用等。运营成本与建设成本、交通量情况、通货膨胀率等因素相关，受原材料价格变动、市场因素的不确定性影响，运营维护成本也会发生波动，进而影响项目的运营效率和项目公司的收益[11]。项目建设成本一般来源于贷款和自有资金，投资的不同资金结构会影响私人资本的收益率，进而影响收益。

3）特许价格

特许价格是公路 PPP 项目运营过程中由项目公司向道路使用者收取的费用，一般在特许协议中已经约定[12]。项目的收费价格与其未来收益情况息息相关，合理的收费价格能够促使私人资本踊跃投资 PPP 基础设施建设项目，使其在协议约定的运营时间内获取合理的利润。私人资本对 PPP 基础设施项目的建设具有垄断性质，为防止私人资本获得暴利，进而损害公众的利益，需要对特许价格进行规制[13]。国内外有代表性的研究认为，特许价格与特许期、项目运营收益、交通量、建设成本[14~16]等相关。实际运作中，首都机场高速公路、南京长江隧道项目都由于收费价格过高，招致公众的反对。首都机场高速公路在运营年份累计收益已远超预期，价格已进行多次调整；而南京长江隧道项目在初期更是由于收费价格过高，车流量远低于预期，进行调价后车流量激增，进而对收益产生影响。

4）投资回报率

投资回报率指投资的获利能力，它是私人资本决定是否对项目进行投资的关键因素。预期的投资回报率是项目公司进行 PPP 项目投资的获利目标，即投资项目未来现金流入减流出累计现值等于零时的折现率。一般来说，项目未来的收益会影响私人资本对预期投资回报率的估计[16]，合理的投资回报率区间能够促使公私双方有效分担收益风险。由于投资回报率的估计比较复杂，不同的项目有不同的投资回报要求，交通量担保、特许权期的相关条款实质是对项目投资回报率的调整。现有相关研究中多用 NPVR（NPV/投资成本的比率）、股本回报率、固定投资回报率等指标来探讨项目收益决策问题。

5）特许期

根据国内外相关理论研究，特许期的范围大致包括以下两大类：第一类是指特许期涵盖建设与运营期，第二类是特许期即运营期。国内外有代表性的研究认为特许期与特许价格、项目运营收益（运营收入和运营维护成本）、建设成本等相关[10, 16, 17]。在我国，根据相关规定，特许期最长不超过 25 年，直辖市、自治区及中西部特许期不超过 30 年[9]。例如，北京地铁 4 号线特许经营期 30 年，但由于实际客流量远远高于预计水平，项目公司获得超额收益。由此可见，不确定的特许期和市场需求共同对项目收益产生影响。

6）无风险利率

无风险利率是指将资金对某一项不包含信用风险和市场风险的资产进行投资获得的利率，一般采用无违约风险的固定证券收益来估算，相当于对项目机会成本的补偿，比较常见的处理方式是用国债利率来代替使用。无风险利率的变化能够影响期权价格，是期权模型影响参数之一[4, 5, 7]。假设其他因素不发生变化，无风险利率与看涨期权的价值呈正相关关系，即看涨期权的价值会因无风险利率的变大而提高；而与看跌期权的价值呈负相关关系，看跌期权的价值会因无风险利率的变大而减小。除此之外，利率的变动会增加项目的金融风险，利率的变大，会使项目的资金成本变大，进而对项目的现金流量产生影响[18]。

7）收益波动率

收益的变动性对期权的价值评估起着至关重要的作用[7, 19]。项目的收益波动率反映项目收益的变动性和不确定性，一般用标准差来估计。相对看涨期权持有者来说，收益的波动率越大，其升高的可能性也越大，而收益上升可以获利，则看涨期权的价值也会越大；相对看跌期权持有者来说，收益的波动率越大，其降低的可能性也越大，而收益下降可以获利，则看跌期权的价值也会越大。总之，收益波动率的变大，进而会增大期权的价值。期权的价值并不取决于收益的期望值，而是方差。一般而言，收益的波动受市场需求量、运营成本变化、金融风险（利率变动、通货膨胀变动等）等因素的影响，其中，对公路 PPP 项目来说，交通量需求是主要影响因素。

2. 研究假设

某公路采用 PPP 方式建设，特许经营协议中规定项目公司向道路使用者收取

的特许价格为 P，项目的特许期为 T（含建设期），项目公司要求的最低投资回报率为 $r_{\min}$。根据同地区类似项目的运营经验和对该公路 PPP 项目的预期评估，达到项目公司预期投资回报率情况下该公路 PPP 项目的年预期交通量为 Q_i。

假设一：PPP 项目的建设运营会产生直接及间接收益，降低公路 PPP 项目建设和运营过程中的时间成本、道路使用者的使用成本、交通事故成本等间接收益暂不作考虑，而只考虑直接收益，即项目公司从道路使用者处获得的使用费收益。在特许期内，根据运营收益等于项目的收入扣除费用可知，项目公司获得的年预期收益 R_i 为

$$R_i = PQ_i - (kI^{-a}+M) \tag{7.1}$$

其中，I 代表项目的建设成本，建设成本的投入时点对后文的讨论并没有实质影响，为方便讨论，假设在建设期初一次性投入建设成本 I；$kI^{-a}+M$ 代表运营维护成本，M 表示运营维护成本中的固定成本部分（包括项目的设备材料使用费、人力资源费用等），kI^{-a}（其中 k 和 a 为常数，且 $k>0$，$a>0$）代表依赖于建设成本 I 变化的运营维护成本，其与建设成本的投入负相关，建设成本的投入越高，公路的工程质量水平越高，相应地每年投入的运营维护成本越低[18]；随交通量变动的运营维护成本部分涵盖在 PQ_i 中，因为实质上特许价格 P 可以看作是单位交通量的净收入，即在特许价格中已经减去了单位交通量的运营维护成本[20]。

假设二：无风险收益率一般采用无违约风险的固定证券收益率来估值，使用国债利率进行模型参数设定，设无风险利率为 r_0。此外，B-S 期权模型中假设收益的变动是连续发生的，因此，需要计算连续复利的无风险利率，其公式表示为

$$r_c = \ln(1+r_0) \tag{7.2}$$

假设三：PPP 项目的收益波动率一般用标准差来估计，在项目建设运营过程中特许价格 P 保持不变，收益的波动率主要受交通量波动的影响，近似可认为收益率的波动率等于交通量波动率。交通量的波动率根据同地区类似项目的历史数据来估计，用交通量增长率的标准差来衡量。收益波动率可以表示为

$$\sigma = \sqrt{\frac{1}{n-1}\sum_{t=1}^{n}(q_t - \bar{q})^2} \tag{7.3}$$

其中，q_t 指交通量增长率的连续复利值，公式表达如下：

$$q_t = \ln\frac{Q_t}{Q_{t-1}} \tag{7.4}$$

其中，Q_t 代表项目第 t 年的交通量；Q_{t-1} 代表项目第 $t-1$ 年的交通量。

7.1.2　模型的构建过程

实际运作中，公路 PPP 项目的年运营收益 R_i 是不确定的，当项目实际年运营收益与预期年运营收益发生严重偏离时，为了避免项目公司赚取超额收益，政府和项目公司可以事先设定一个超额收益上限。当实际运营收益超过上限约束时，超额收益部分可以在政府和项目公司之间分配共享，采用这种方式有利于控制寡头资本攫取社会福利，维护社会公众的利益。类似地，为了鼓励和吸引私人资本投资基础建设项目，保证项目公司的利益，公私双方可以事先设定收益下限，当实际收益低于下限约束时，不足的部分政府可以采取一定的补贴措施。

由于交通量需求等不确定因素的影响，这种收益的调节机制具有期权的性质。项目的运营收益下限是政府对私人资本的最低保证，可以看作特许经营期内的一系列看跌期权，政府卖出欧式看跌期权，私人资本买入欧式看跌期权，到期日如果私人资本获得的收益低于最低运营收益，则私人资本执行看跌期权，获得政府的补贴，否则期权失效；项目的运营收益上限可以看作是一系列看涨期权，私人资本和政府分别是期权的卖方和买方，到期日如果私人资本获得的收益大于收益上限时，则政府执行看涨期权，和私人资本按照一定比例分享超额收益，否则期权失效。看跌期权和看涨期权的价值是相同的，政府和私人资本既是期权合约的持有者，又是期权合约的出售者，政府和私人资本无须支付额外的期权费用来获取看涨或者看跌期权合约。

政府和项目公司在特许期内签订一系列基于这种收益调节机制的欧式看跌期权和欧式看涨期权组合合约，用于控制投资风险，实现风险的分担。该期权协议在特许期内的每年年初签订，期限等于一年。

本章模型的构建基于如下条件：在特许协议中设定 PPP 项目的收费价格 P 和特许期限 T，第 i 年预期基准交通量是 Q_i，它是项目公司为达到预期投资回报率而根据同地区类似 PPP 项目运营情况做出的预测。第 i 年最低交通保证量为 Q_{d_i}，它是项目公司为满足最低投资回报率 $r_{\min}$ 而根据同地区类似 PPP 项目运营情况做出的预测，为项目公司投资该 PPP 项目所能接受的最低交通需求量。

为了设定合理的运营收益上限，政府和项目公司根据市场经济的发展水平、类似项目的运营情况、汽车拥有量变化等因素对交通量的变化做出预期，预计项目的实际交通量在项目公司预期基准交通量的基础上浮动不超过百分比 θ（变化范围为以预期基准交通需求量为基点减少 $Q_i\theta$ 的交通量，以预期基准交通需求量为基点增加 $Q_i\theta$ 的交通量）。运营收益的下限根据项目公司所能接受的最低交通量计算，由假设一中式（7.1）可知，项目公司第 i 年所能接受的最低运营收

益水平为

$$R_{d_i} = PQ_{d_i} - (kI^{-a} + M) \tag{7.5}$$

项目运营收益的上限是根据运营收益的下限计算得出的，下限的设定是为了分担私人资本建设公共基础设施项目收益不足导致不能收回投资的风险，而上限的设定是为了保护社会公众的利益，避免私人资本获得超额暴利损害社会公共效益，两者是相互制约、相互对冲的调节机制。政府和项目公司既是期权合约的出售者，也是期权合约的持有者，双方无须支付额外的期权费用来获取看涨或者看跌期权，针对运营收益下限的看跌期权和针对运营收益上限的看涨期权形成对冲机制，以期将项目对整个社会的收益进行有效的管理控制。

首先探讨双方之间针对运营收益下限的看跌期权价值。

利用 B-S 模型进行看跌期权价值的评估。模型公式如下：

$$d_1 = \frac{\ln(R_{\theta_i}^- / R_{d_i}) + (r_c + \sigma^2 / 2)t}{\sigma\sqrt{t}} \tag{7.6}$$

$$d_2 = d_1 - \sigma\sqrt{t} \tag{7.7}$$

$$\begin{aligned} C_d &= PV(R_{d_i})[N(-d_2)] - R_{\theta_i}^-[N(-d_1)] \\ &= R_{d_i}\mathrm{e}^{-r_c t}[N(-d_2)] - R_{\theta_i}^-[N(-d_1)] \end{aligned} \tag{7.8}$$

其中，R_{d_i} 表示项目公司第 i 年所能接受的最低运营收益，相当于看跌期权中的执行价格；$R_{\theta_i}^-$ 表示根据预期基准交通量向下变动 θ 的交通量计算得出的运营收益值，根据假设一中式（7.1）可知，$R_{\theta_i}^- = PQ_i(1-\theta) - (kI^{-a} + M)$，表示模型公式中标的资产的当前价格；$\sigma$ 表示收益的波动率；t 表示期权到期日前的时间，假定政府和项目公司之间签订的是一系列有效期为 1 年的欧式期权，因此 t 为 1 年；$N(d)$ 表示标准正态分布中离差低于 d 的概率；将计算出来的参数 d_1 和 d_2 代入式（7.8）中，可以得到 c_d 值，即针对运营收益下限的看跌期权价值。

由于看跌期权和看涨期权的价值是相同的，由上述模型中的看跌期权价值能够得到相应的看涨期权价值。为了能够得到与运营收益下限对冲的运营收益上限值，逆向运用 B-S 模型，将相关参数值代入如下公式中：

$$C_u = C_d = R_{\theta_i}^+[N(d_3)] - PV(R_{u_i})[N(d_4)] = R_{\theta_i}^+[N(d_3)] - R_{u_i}\mathrm{e}^{-r_c t}[N(d_4)] \tag{7.9}$$

$$d_3 = \frac{\ln(R_{\theta_i}^+ / R_{u_i}) + (r_c + \sigma^2 / 2)t}{\sigma\sqrt{t}} \tag{7.10}$$

$$d_4 = d_3 - \sigma\sqrt{t} \tag{7.11}$$

其中，C_u 代表看涨期权的价值；$R_{\theta_i}^+$ 代表根据预期基准交通量向上变动 θ 的交通量计算得出的运营收益值，根据假设一中式（7.1）可知，$R_{\theta_i}^+ = PQ_i(1+\theta) - (kI^{-a} + M)$，相当于期权模型中标的资产的当前价格；$\sigma$ 表示收益的波动率；t 表示期权到期日前的时间，由上文分析可知，t 为 1 年；$N(d)$ 表示标准正态分布中离差低于 d 的概率；将参数 d_1 和 d_2 代入模型公式中，将看涨期权的价值作为目标值，运用模拟分析中的单变量求解可以得到项目的第 i 年运营收益上限值 R_{u_i}，代表看涨期权中的执行价格。

政府会在预期基准交通量和以其为标准增加 $Q_i\theta$ 的交通需求量之间设置运营收益上限，如图 7.1 所示。当实际交通量相较于预期基准交通量增加较小（不超过收益上限对应的交通量）时，政府允许项目公司获得全部收益；当实际交通量相较于预期基准交通量增加较大（超过收益上限对应的交通量）时，超额部分收益由项目公司和政府共享。需要注意的是，当 $R_{d_i} < R_{\theta_i}^-$ 时，看跌期权的价值等于零，不适用上述模型进行计算。当看跌期权的价值等于零时，根据上述对收益调节机制的分析，可知看涨期权的价值也等于零。由于政府要制定一个能够约束私人资本获取超额收益的上限，当看涨期权价值为零时，运营收益的上限将远高于根据预期基准交通量增加 $Q_i\theta$ 的交通量计算得出的运营收益，这样相当于超额收益上限的约束失效，无法有效地控制项目公司获得超额收益，这不符合制定收益调节机制的初衷。因此，这里只讨论 $R_{\theta_i}^- < R_{d_i}$ 的情形，此时看跌期权的价值为正，相应地看涨期权价值也为正，超额收益上限的调节才有意义。

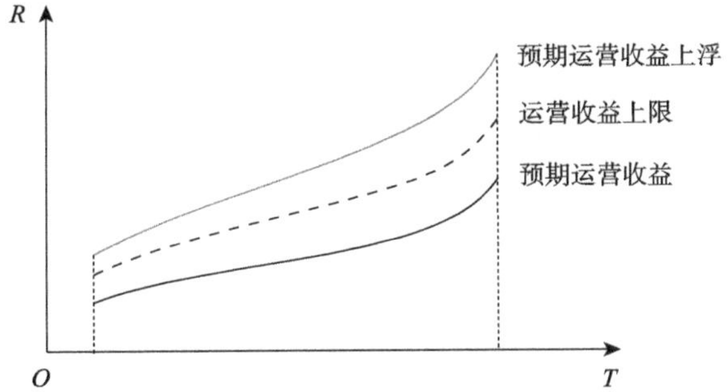

图 7.1　运营收益上限示意图

当政府和项目公司预估的运营收益浮动范围发生变化时，相应的运营收益期权价值和运营收益上限均会发生变化。当预期基准交通量的浮动百分比 θ 取值范围较大时，标的资产的当前价格 $R_{\theta_i}^+$ 的值会相对变大。根据 B-S 期权定价公式，计算求得的运营收益下限的期权价值将会减小。相反，当预期基准交通量的浮动百分比 θ 取值范围较小时，$R_{\theta_i}^+$ 的值会相对变小。根据运营收益上下限期权价值相等的条件（即看涨期权价值等于看跌期权价值），此时收益上限的期权价值也变小。除此之外，运营收益下限也直接影响运营收益上限的确定，因为当项目运营收益下限变低时，其对应的期权价值减小，与之对冲的运营收益上限的期权价值也相应减小。根据 B-S 期权定价公式，期权价值减小时，运营收益上限增加。在实践中，当项目公司所能接受的运营收益下限较高时，意味着政府可能面临较大的补贴风险。为了对冲这种风险，应对可能面临的补贴负担，政府通常会寻求较高的超额收益分配，因此，此情形下运营收益上限通常设置得相对较低。

7.2 PPP 项目超额收益分配比例决策

前文中根据项目公司所能接受的最低收益、预期基准交通量和预期基准交通量的浮动百分比，运用 B-S 模型计算得出看跌期权的价值；又根据看跌期权价值和看涨期权价值相等，逆向运用 B-S 期权模型计算得出运营收益上限，解决了 PPP 项目超额收益上限确定的问题。在本部分中，将进一步讨论根据超额收益上限确定的超额收益额该如何进行科学分配的问题。有效的分担比例不仅能保证私人资本获得合理的投资回报，同时又在不影响私人资本投资积极性的情况下保证社会公众的利益，减轻政府的财政负担。由于公共基础设施建设项目的社会公益特点，基于社会福利角度的考虑，本节将构建超额收益分配比例决策模型，并对模型中相关变量变化对超额分配比例的影响做出定性分析，以期为政府和项目公司合理科学地进行超额收益分配提供决策指导。

7.2.1 研究假设

根据 7.1 中的超额收益上限决策模型，可知项目公司第 i 年的运营收益上限值为 R_{u_i}，基于已经决策出来的超额收益上限值，构建超额收益分配比例决策模型。为便于讨论和研究，做出如下假设：

假设四：项目公司获取超额收益后，超额收益的差值分配比例为 $\alpha(\alpha \in [0,1])$，即政府分配得到的超额收益为 $\mathrm{GR}_i = \alpha \Delta R_i$，项目公司分配得到的收益为 $\mathrm{PR}_i = (1-\alpha)\Delta R_i$。其中，$\Delta R_i$ 表示项目的超额收益值，$\Delta R_i = R_{S_i} - R_{u_i}$。

假设五：设定该地区同类型 PPP 项目的平均消费者剩余率[11]（简称同类型项目平均消费者剩余率）可观测，它表示该地区同类型 PPP 项目社会平均消费者剩余占社会福利的比重，将其记为 χ^*，则 $\chi^* = \dfrac{\mathrm{CS}^*}{\mathrm{CS}^* + \mathrm{PS}^*}$。其中，$\mathrm{CS}^*$ 表示该地区同类型 PPP 项目的社会平均消费者剩余，$CS^* = (\overline{P}^* - P^*)Q$，$\overline{P}^*$ 为该地区同类型 PPP 项目消费者意愿支付的最高价格的均值，P^* 为消费者实际支付价格的均值；PS^* 表示该地区同类型 PPP 项目的社会平均生产者剩余，$PS^* = R_S^* - R_d^*$，R_S^* 为该地区同类型 PPP 项目生产者运营项目获得的平均实际收益值，R_d^* 是该地区同类型 PPP 项目的投资方所能接受的项目最低平均收益值。

7.2.2　模型的构建过程

如果 PPP 项目的年净收益值大于双方协定的收益上限，应将超额差值在政府和项目公司之间进行合理分配。超额收益分配可以防止项目公司获得暴利损害社会公众的利益，同时也能够保证私人投资者获得较好的收益，调动其积极性。假设四中提出的同类型项目平均消费者剩余率这一概念，反映了同一地区同类型交通 PPP 项目消费者剩余与社会福利比值的水平，能够当作双方判定 PPP 项目超额收益分配比例的依据。

当没有设定收益上限时，不需要进行超额收益分配，由上述假设四，求出该 PPP 项目第 i 年消费者剩余率为

$$\begin{aligned}\chi_i &= \frac{CS_i}{CS_i + PS_i} = \frac{(\overline{P} - P)Q_{S_i}}{(\overline{P} - P)Q_{S_i} + R_{S_i} - R_{d_i}} \\ &= \frac{(\overline{P} - P)Q_{S_i}}{(\overline{P} - P)Q_{S_i} + PQ_{S_i} - (kI^{-a} + M) - [PQ_{d_i} - (kI^{-a} + M)]} \\ &= \frac{(\overline{P} - P)Q_{S_i}}{\overline{P}Q_{S_i} - PQ_{d_i}}\end{aligned} \tag{7.12}$$

式（7.12）表示该 PPP 项目第 i 年消费者剩余率为项目运营期第 i 年的消费者剩余与该项目第 i 年的社会福利的比。其中，Q_{d_i} 为项目在第 i 年所能接受的最低交通量；R_{d_i} 为项目公司第 i 年所能接受的最低运营收益；Q_{S_i} 为项目在第 i 年的实际交通量；R_{S_i} 为项目在第 i 年的实际运营收益；$\overline{P}$ 为消费者意愿支付的最高价格。

式（7.12）为不考虑超额收益分配的情况，如果考虑超额收益的共享，则式（7.12）可表示为

$$\chi_i = \frac{CS_i}{CS_i + PS_i} = \frac{(\overline{P} - P)Q_{S_i}}{(\overline{P} - P)Q_{S_i} + R_{S_i}^{\alpha} - R_{d_i}} \tag{7.13}$$

其中，$R_{S_i}^{\alpha}$ 表示按照超额收益分配比例分配之后的项目公司在第 i 年的实际运营收

益，表达式为

$$R_{S_i}^{\alpha}=\begin{cases}R_{u_i}+(R_{S_i}-R_{u_i})(1-\alpha)\\ R_{S_i}\leqslant R_{u_i}\text{时},\alpha=0\\ R_{S_i}>R_{u_i}\text{时},\alpha\in(0,1]\end{cases}\tag{7.14}$$

鉴于该节讨论的前提为项目公司在特许经营期内获取暴利，需要进行超额收益分配。因此下文仅讨论 $R_{S_i}>R_{u_i}$ 的情况，且分配结果应该满足 $\chi_i\geqslant\chi^*$，即政府认为该PPP项目的消费者剩余率应该大于等于同地区类似PPP项目的行业平均消费者剩余率，以防止项目的生产者剩余在社会福利中的比重过大，维护社会的公平。综合以上分析，可得

$$\chi_i=\frac{\mathrm{CS}_i}{\mathrm{CS}_i+\mathrm{PS}_i}=\frac{(\overline{P}-P)Q_{S_i}}{(\overline{P}-P)Q_{S_i}+R_{u_i}+(R_{S_i}-R_{u_i})(1-\alpha)-R_{d_i}}\geqslant\chi^*\tag{7.15}$$

式（7.15）表示该PPP项目在第 i 年的消费者剩余（分子）与该PPP项目第 i 年的消费者剩余和项目的实际收益扣去分配给政府的超额收益值及项目公司所能接受的最低收益（分母）之比，大于等于该地区类似PPP项目的行业平均消费者剩余率。在没有考虑超额收益分配比例因素时，分母中PPP项目第 i 年归属于项目公司的实际收益不需要扣除政府超额收益分配额。在考虑超额收益分配比例因素时，政府所能接受的项目公司的最高运营收益为运营收益的上限值与超额收益额分配给项目公司部分的和。

当PPP项目在特许期内多次或者持续获得超额收益时，超额收益分配比例的设置起到了很好的再分配作用，它有效地削减了项目公司获取的暴利，维护社会公众的利益，缓解政府额外的财政压力。

将式（7.15）变形得

$$\alpha\geqslant1-\frac{1}{\Delta R_i}\left[\frac{(1-\chi^*)(\overline{P}-P)Q_{S_i}}{\chi^*}-R_{u_i}+R_{d_i}\right]\tag{7.16}$$

式（7.16）反映该PPP项目第 i 年的超额收益分配比例 α 与 ΔR_i 之间的关系。项目公司为了追求自身利益最大化，希望超额分配比例尽可能地小，而政府为了防止项目公司获得暴利损害社会公众的利益，并维护项目收益的稳定性，同时不挫伤项目公司投资的积极性，希望超额差值的分配科学合理。因此，双方为了达到共赢，式（7.16）可以取到等号，即表示为

$$\alpha=1-\frac{1}{\Delta R_i}\left[\frac{(1-\chi^*)(\overline{P}-P)Q_{S_i}}{\chi^*}-R_{u_i}+R_{d_i}\right]\tag{7.17}$$

这种情况下，项目公司在第 i 年实际获得的收益值为

$$R_{S_i}^{\alpha} = R_{u_i} + (R_{S_i} - R_{u_i})(1-\alpha) = \frac{(1-\chi^*)(\overline{P}-P)Q_{S_i}}{\chi^*} + R_{d_i} \quad (7.18)$$

PPP 模式下立项建设的公共基础设施项目并不改变它们的公益属性，仍是为了授利于民。类似 PPP 项目的行业平均消费者剩余率代表了此类项目所创造的社会福利价值中消费者剩余的比重，可以当作判定公私双方对获取的超额收益如何进行分配的标准。PPP 项目处于运营期间，交通量需求波动等情况会导致项目公司收益的不稳定，进而加大私人资本的风险。政府在特许期内发挥有效的调节作用，平衡该地区同类 PPP 项目的收益状况十分必要，超额收益分配比例的设置可以作为一种有效的调节工具。

7.2.3　模型的讨论与分析

从超额收益分配比例模型可知，超额收益的大小及同类型 PPP 项目的平均消费者剩余率 χ^* 是影响分配比例 α 值的主要因素。因为不同年份的运营收益上限和下限不同，且交通量需求不确定，导致超额收益大小各异，而以上因素均会对超额收益的分配比例产生影响。因此，比较不同年份下同类型 PPP 项目的平均消费者剩余率和超额收益值的变化对超额收益分配比例的影响不具有现实意义。为了解决此类问题，应当比较同一年中同类型项目消费者剩余率和超额收益值的变化对分配比例的影响。本小节将对同一年不同情况下超额收益的大小和同类型 PPP 项目的平均消费者剩余率 χ^* 对超额收益分配比例 α 的变动影响进行探讨。

1. 同类型项目平均消费者剩余率 χ^*

由超额收益分配比例决策可知，同类型项目基准的消费者剩余与社会福利比是重要的参照因素，它的变动肯定会引起超额收益分配比例的变动。同一运营年份，当其他变量保持不变时，令式（7.17）对同类型项目基准消费者剩余率 χ^* 求导，可得

$$\frac{\partial \alpha}{\partial \chi^*} = -\frac{(\overline{P}-P)Q_S}{\Delta R}\left[\frac{-\chi^* - (1-\chi^*)}{\chi^{*2}}\right] = \frac{(\overline{P}-P)Q_S}{\chi^{*2}\Delta R} \quad (7.19)$$

显而易见，式（7.19）大于零，由此可知，超额分配比例与同类型项目基准消费者剩余率呈正比例关系，即随着同类型项目基准消费者剩余率的增大，超额收益中分配给政府的收益额将变大。如果超额收益分配比例不变，那么项目的消费者剩余率将会小于同类型项目的消费者剩余率，说明项目公司通过该项目获得的运营收益偏高，不利于社会公众的利益。

2. 超额收益值ΔR

超额收益值是另一个影响政府和项目公司分配比例的关键因素。在市场需求、经济发展比较稳定的情况下，可以认为同类型项目的基准消费者剩余率在相当一段时间内不会发生变化，这种情况下超额分配比例的大小与超额收益值密切相关。在同一运营年份中，基于超额收益上限的决策模型，项目公司所能接受的最低运营收益R_d和运营收益上限R_u保持不变，又因为同类型项目基准消费者剩余率不变，由超额收益分配比例决策模型可知，α与超额收益值ΔR及实际交通量Q_s相关。因为$\Delta R = PQ_S - (kI^{-a} + M) - R_u$，所以计算可以得到$Q_s$关于$\Delta R$的表达式为

$$Q_S = \frac{\Delta R + (kI^{-a} + M) + R_u}{P} \tag{7.20}$$

将式（7.20）代入式（7.17）中，可以求得转化后的超额收益分配比例表达关系为

$$\alpha = 1 - \frac{1}{\Delta R}\left[\frac{(1-\chi^*)(\overline{P}-P)[\Delta R + (kI^{-a} + M) + R_u]}{\chi^* P} - R_u + R_d\right] \tag{7.21}$$

假设超额差值ΔR_1对应的超额分配比例为α_1，ΔR_2对应的超额分配比例为α_2，且$\Delta R_1 < \Delta R_2$。下面分析α_1和α_2的大小。

$$\begin{aligned}
\alpha_1 - \alpha_2 &= 1 - \frac{1}{\Delta R_1}\left[\frac{(1-\chi^*)(\overline{P}-P)[\Delta R_1 + (kI^{-a} + M) + R_u]}{\chi^* P} - R_u + R_d\right] \\
&\quad -1 + \frac{1}{\Delta R_2}\left[\frac{(1-\chi^*)(\overline{P}-P)[\Delta R_2 + (kI^{-a} + M) + R_u]}{\chi^* P} - R_u + R_d\right] \\
&= \frac{\Delta R_1}{\Delta R_1 \Delta R_2}\left[\frac{(1-\chi^*)(\overline{P}-P)[\Delta R_2 + (kI^{-a} + M) + R_u]}{\chi^* P} - R_u + R_d\right] \\
&\quad - \frac{\Delta R_2}{\Delta R_1 \Delta R_2}\left[\frac{(1-\chi^*)(\overline{P}-P)[\Delta R_1 + (kI^{-a} + M) + R_u]}{\chi^* P} - R_u + R_d\right] \\
&= \frac{\Delta R_1 - \Delta R_2}{\Delta R_1 \Delta R_2}\left[\frac{(1-\chi^*)(\overline{P}-P)[(kI^{-a} + M) + R_u]}{\chi^* P} - R_u + R_d\right]
\end{aligned} \tag{7.22}$$

因为$\Delta R_1 < \Delta R_2$，所以式（7.22）中$\frac{\Delta R_1 - \Delta R_2}{\Delta R_1 \Delta R_2} < 0$。则只需要判断$\frac{(1-\chi^*)(\overline{P}-P)[(kI^{-a} + M) + R_u]}{\chi^* P} - R_u + R_d$的正负性，进而可知$\alpha_1$和$\alpha_2$的大小。通过分析，可以看出$\frac{(kI^{-a} + M) + R_u}{P}$为$\Delta R = 0$时对应的交通量，记为$Q_u$，即运营收益等于上限时的交通量。同类型项目平均消费者剩余率χ^*和运营收益上限相对的消

费者剩余率（简称收益上限消费者剩余率）χ' 的关系会影响 $\frac{(1-\chi^*)(\overline{P}-P)Q_u}{\chi^*}-R_u+R_d$ 的正负性。下面分三种情况来讨论：

（1）当 $\chi^*=\chi'$ 时，通过分析可知 $\frac{(1-\chi^*)(\overline{P}-P)Q_u}{\chi^*}-R_u+R_d=0$，则 $\alpha_1=\alpha_2$。这种情况下超额收益分配比例 α 为常数，说明超额收益的值与分配比例无关。

（2）当 $\chi^*>\chi'$ 时，即同类型项目平均消费者剩余率 χ^* 大于收益上限消费者剩余率 χ'。因为 $\frac{(1-\chi')(\overline{P}-P)Q_u}{\chi'}-R_u+R_d=0$，又 $\frac{1-\chi'}{\chi'}>\frac{1-\chi^*}{\chi^*}$，所以 $\frac{(1-\chi^*)(\overline{P}-P)Q_u}{\chi^*}-R_u+R_d<0$，则 $\alpha_1-\alpha_2>0$，说明随着超额收益值的增大，分配比例减小，即超额收益值与分配比例呈负相关关系。

（3）当 $\chi^*<\chi'$ 时，即同类型项目平均消费者剩余率 χ^* 小于收益上限消费者剩余率 χ'。因为 $\frac{(1-\chi')(\overline{P}-P)Q_u}{\chi'}-R_u+R_d=0$，又 $\frac{1-\chi'}{\chi'}<\frac{1-\chi^*}{\chi^*}$，所以 $\frac{(1-\chi^*)(\overline{P}-P)Q_u}{\chi^*}-R_u+R_d>0$，则 $\alpha_1-\alpha_2<0$，说明随着超额收益值的增大，分配比例增大，即超额收益值与分配比例呈正相关关系。

7.3 案 例 分 析

7.3.1 案例描述

为了解决与 Z 省的交通问题，G 省决定修建一条直通 Z 省的高速公路。但由于项目投资巨大，政府自行建设财政压力较大，加之 G 省经济正处于蓬勃增长期，基础设施项目的建设需求多，资金缺口大，因此当地政府决定与私人资本合作采用 PPP 方式建设该高速公路，由私人资本组成项目公司同时负责 PPP 公路的设计、建造、运营和维护等。政府与私人资本签订特许经营协议，允许项目公司在规定年限内向使用者收取一定费用，以收回投资并获得一定利润，特许期限结束后，私人资本将该高速公路经营权免费转交给政府。

在特许协议中，规定项目特许期为 T=25 年，公路收费价格为 P=150 元/辆。

预计项目的建设成本为 60 亿元，每年固定的运营维护成本 M=0.05 亿元，建设成本与运营维护成本函数关系式中的 k=300、a=1.2。将运营维护成本公式代入相关参数可知，每年平均运营维护成本为 22 546.51 万元。

在该高速公路 PPP 项目的可行性研究报告中，项目公司约定投资该 PPP 项目所能接受的最低投资回报率为 13%，预期的投资回报率为 15%。根据该地区同类型 PPP 项目历史运营交通量，结合交通量需求增长预测、人口增长速度、汽车行业前景预测等情况，预计该 PPP 项目在特许经营期间的最低交通量和最低运营收益及预期的交通量和收益如表 7.1 所示。

表7.1　特许期内项目交通量和运营收益情况

特许期	最低交通量/万辆	最低运营收益/万元	预期交通量/万辆	预期运营收益/万元
1	278.57	19 238.99	322.83	25 877.99
2	405.71	38 309.53	470.17	47 978.52
3	486.74	50 465.19	564.08	62 065.50
4	501.82	52 727.08	581.56	64 686.77
5	549.59	59 891.26	636.90	72 989.21
6	625.10	71 217.86	724.41	86 115.41
7	664.30	77 099.00	769.85	92 930.97
8	713.86	84 531.91	827.28	101 544.83
9	778.42	94 216.41	902.10	112 768.04
10	868.13	107 673.40	1 006.06	128 363.11
11	937.52	118 081.75	1 086.48	140 425.17
12	961.94	121 744.46	1 114.78	144 669.82
13	1 000.07	127 464.36	1 158.97	151 298.52
14	1 056.50	135 928.72	1 224.36	161 107.72
15	1 126.05	146 361.09	1 304.96	173 197.61
16	1 196.81	156 975.28	1 386.96	185 498.21
17	1 280.24	169 490.14	1 483.65	200 001.48
18	1 322.01	175 754.42	1 532.05	207 261.04
19	1 341.02	178 606.64	1 554.09	210 566.42
20	1 375.86	183 832.39	1 594.46	216 622.46
21	1 439.35	193 355.62	1 668.04	227 658.77
22	1 458.37	196 208.72	1 690.08	230 965.17
23	1 526.01	206 354.80	1 768.47	242 723.30
24	1 557.97	211 148.57	1 805.50	248 278.72
25	1 596.62	216 946.85	1 850.30	254 998.24

为了设定合理的运营收益上限，G 省政府和项目公司根据市场经济的发展水平、类似项目的运营情况、汽车拥有量变化等因素对交通量的变化做出预期，预计项目的实际交通量在项目公司的预期基准交通量的基础上浮动不超过 20%，即 θ=20%。

对相关参数进行估计：

1. 无风险利率

无风险利率采用无违约风险的国债利率，设无风险利率 r_0=5%，则根据假设二中式（7.2）可知，连续复利的无风险利率 $r_c = 4.88\%$。

2. 收益波动率

参照同地区同类型的 PPP 项目的历史数据测算该 PPP 公路车流量的波动率和交通量年均增长率。已知该地区某 PPP 公路近九年的交通量历史数据，根据假设三中式（7.3）和式（7.4）计算连续复利的交通量增长率和波动率，如表 7.2 所示。

表7.2　历史交通量数据

运营年份	交通量/万辆	连续复利交通量增长率	离差的平方
1	36 541	—	—
2	53 218	37.60%	6.13%
3	62 848	16.63%	0.14%
4	64 826	3.10%	0.95%
5	70 091	7.81%	0.25%
6	79 996	13.22%	0.00%
7	87 139	8.55%	0.18%
8	90 639	3.94%	0.79%
9	102 008	11.82%	0.01%
均值	—	12.83%	—
波动率	11.00%		

收益的波动率主要受交通量波动的影响，为了计算简便，认为收益的波动率近似于交通量的波动率，则 $\sigma = 11\%$。

7.3.2　案例计算与讨论

1. 看跌期权价值的计算

将最低运营收益、预期基准交通量向下变动 20%的交通量计算得出的运营收益值、收益波动率、连续复利的无风险收益率值代入式（7.6）和式（7.7）中，可以得到不同预期运营收益下的 d_1 、 d_2 值和看跌期权的价值。

2. 运营收益上限的计算

由于看跌期权和看涨期权的价值是相同的，根据看跌期权价值能够得到相应的看涨期权价值。为了获取与运营收益下限对冲的运营收益上限值，逆向运用 B-S 模型，将相关参数值代入式（7.9）、式（7.10）和式（7.11）中，将看涨期权的价值作为目标值，运用模拟分析中的单变量求解可以得到项目的运营收益上限值 R_{u_i} ，如表 7.3 所示。

表7.3　基于B-S模型的欧式看涨期权价值

特许期	R_{u_i} /万元	$R_{\theta_i}^{+}$ /万元	d_3 /万元	d_4 /万元	C_u /万元
1	33 104.29	35 562.89	1.149 91	1.039 91	4 290.35
2	60 224.99	62 083.52	0.774 94	0.664 94	5 632.78
3	77 162.30	78 987.90	0.711 22	0.601 22	6 788.39
4	80 302.01	82 133.42	0.703 64	0.593 64	7 012.54
5	90 230.39	92 096.35	0.684 72	0.574 72	7 734.45
6	105 891.18	107 847.80	0.665 08	0.555 08	8 901.94
7	114 010.70	116 026.46	0.657 96	0.547 96	9 516.74
8	124 264.14	126 363.10	0.650 91	0.540 91	10 299.68
9	137 612.84	139 830.95	0.644 00	0.534 00	11 327.27
10	156 146.78	158 545.03	0.637 20	0.527 20	12 765.19
11	170 473.58	173 019.51	0.633 40	0.523 40	13 883.06
12	175 513.84	178 113.08	0.632 28	0.522 28	14 277.36
13	183 383.85	186 067.52	0.630 71	0.520 71	14 893.91
14	195 027.62	197 838.57	0.628 73	0.518 73	15 807.86
15	209 375.48	212 346.44	0.626 73	0.516 73	16 936.44
16	223 970.49	227 107.16	0.625 07	0.515 07	18 086.64
17	241 176.01	244 511.07	0.623 49	0.513 49	19 444.83
18	249 787.14	253 222.55	0.622 81	0.512 81	20 125.36
19	253 707.72	257 189.01	0.622 53	0.512 53	20 435.35
20	260 890.60	264 456.26	0.622 04	0.512 04	21 003.50
21	273 979.55	277 699.83	0.621 25	0.511 25	22 039.47
22	277 900.69	281 667.51	0.621 03	0.511 03	22 349.98
23	291 844.26	295 777.26	0.620 33	0.510 33	23 454.67
24	298 431.91	302 443.76	0.620 03	0.510 03	23 976.83
25	306 399.68	310 507.19	0.619 70	0.509 70	24 608.59

3. 超额收益分配比例的计算

在实际运营中，实际交通量的情况会直接影响项目的收益，当实际交通量偏离预期交通量，可能会导致项目公司获得超额收益或者收益不能满足最低收益要求。为了避免项目公司获得暴利损害公众的利益或者收益不足导致项目失败，需要对实际收益进行调节。为了分析验证模型的适用性，假设特许经营期间项目的实际交通量为 Q_{S_i}，则根据式（7.1）可求得项目的实际运营收益 R_{S_i}。将该 PPP 项目运营收益情况进行汇总，结果见表 7.4。

表7.4　项目实际运营收益情况

特许期	R_{d_i} /万元	R_{u_i} /万元	Q_{S_i} /万辆	R_{S_i} /万元
1	19 238.99	33 104.29	242.12	13 771.87
2	38 309.53	60 224.99	359.68	31 405.14
3	50 465.19	77 162.30	435.47	42 773.96
4	52 727.08	80 302.01	457.10	46 018.84
5	59 891.26	90 230.39	509.52	53 882.06
6	71 217.86	105 891.18	601.26	67 642.89
7	77 099.00	114 010.70	654.37	75 609.35
8	84 531.91	124 264.14	719.73	85 412.96
9	94 216.41	137 612.84	829.93	101 942.87
10	107 673.40	156 146.78	971.86	123 232.18
11	118 081.75	170 473.58	1 086.48	140 425.17
12	121 744.46	175 513.84	1 226.25	161 391.45
13	127 464.36	183 383.85	1 309.63	173 898.37
14	135 928.72	195 027.62	1 438.62	193 247.21
15	146 361.09	209 375.48	1 605.10	218 218.76
16	156 975.28	223 970.49	1 722.61	235 845.04
17	169 490.14	241 176.01	1 854.57	255 638.47
18	175 754.42	249 787.14	1 931.92	267 240.81
19	178 606.64	253 707.72	1 973.69	273 506.92
20	183 832.39	260 890.60	2 071.20	288 133.99
21	193 355.62	273 979.55	2 186.79	305 472.61
22	196 208.72	277 900.69	2 252.87	315 384.56
23	206 354.80	291 844.26	2 401.58	337 689.89
24	211 148.57	298 431.91	2 538.54	358 233.76
25	216 946.85	306 399.68	2 682.93	379 893.38

由表 7.4 可知，在项目运营的第 1~7 年，由于交通量低于项目公司预计的最

低交通量，项目的实际运营收益低于项目公司能接受的最低运营收益，在这种情况下政府应给予项目公司一定的补贴以弥补项目公司的亏损，保证项目继续运营。在项目运营的第 8~14 年，实际交通量介于最低交通量和上限交通量之间，项目公司运营收益处在合理的范围之内，这种情况下政府既不需要对项目公司进行补贴，也不需要进行超额收益的分配。在项目运营的第 15 年之后，由于交通量出现较大幅度的增加，项目实际收益逐渐高于收益上限，项目出现超额收益，即 $\Delta R_i = R_{S_i} - R_{u_i} > 0$。下面对具有超额运营收益的年份进行分析，已知同类型项目平均消费者剩余率 $\chi^* = 0.58$，消费者愿意支付的最高价格为 $\overline{P} = 210$ 元/辆。

根据假设四和式（7.17）得到超额分配比例 α、政府分配的超额收益值 GR_i 和项目公司分配的超额收益值 PR_i，如表 7.5 所示。

表7.5　超额收益分配情况表

特许期	ΔR_i/万元	α	PR_i/万元	GR_i/万元
15	8 843.29	23.96%	6 724.52	2 118.77
16	11 874.55	33.90%	7 849.24	4 025.31
17	14 462.46	38.52%	8 891.85	5 570.61
18	17 453.66	43.25%	9 905.67	7 547.99
19	19 799.19	46.20%	10 652.32	9 146.87
20	27 243.38	52.53%	12 932.00	14 311.38
21	31 493.07	54.31%	14 388.51	17 104.56
22	37 483.87	56.80%	16 191.51	21 292.36
23	45 845.64	58.87%	18 854.88	26 990.75
24	59 801.85	61.52%	23 011.64	36 790.21
25	73 493.70	63.10%	27 115.96	46 377.73

表 7.5 展示了同类型项目基准消费者剩余率 $\chi^* = 0.58$ 时，不同年份超额收益比例分配情况，因为不同年份的运营收益上限和下限不相等，并且交通量需求不确定，超额收益大小也有所不同，而以上因素均会对超额收益的分配比例产生影响，因此比较不同年份下同类型 PPP 项目的平均消费者剩余率和超额收益值的变化对超额收益分配比例的影响不具有现实意义。下面将对同一年份中，不同类型项目基准消费者剩余率 χ^* 和超额收益 ΔR_i 对分配比例的影响展开案例分析。

4. 超额收益分配比例的分析

（1）以特许期第 20 年数据为例对不同 χ^* 对超额收益分配比例的影响进行分析。

假定特许期第 20 年的超额收益保持 $\Delta R_{20} = 27\,242.89$ 万元不变。基于超额收益上限的决策模型，项目公司所能接受的最低运营收益下限 R_d 和运营收益上限 R_u 均保持不变，由超额收益分配比例决策式（7.17）可知，超额收益分配比例 α 仅和同类型项目平均消费者剩余率 χ^* 有关。分析同类型项目基准消费者剩余率 χ^* 的不同取值下对超额收益分配比例的影响，如表 7.6 所示。

表7.6　不同 χ^* 取值下的超额收益分配比例值

χ^*	ΔR_{20} /万元	α	PR_{20} /万元	GR_{20} /万元
0.56	27 242.89	24.44%	20 584.07	6 658.81
0.57	27 242.89	38.73%	16 690.84	10 552.05
0.58	27 242.89	52.53%	12 931.86	14 311.03
0.59	27 242.89	65.86%	9 300.30	17 942.59
0.60	27 242.89	78.75%	5 789.79	21 453.10

由表 7.6 数据可以得出，随着同类型项目平均消费者剩余率的增大，超额收益分配比例也变大，即政府分配得到的超额收益值不断增加，相反，项目公司得到的超额收益值逐渐减小。这是因为同类型项目平均消费者剩余率 χ^* 表示该地区同类型 PPP 项目社会平均消费者剩余占社会福利的比，当同类型项目的平均消费者剩余率 χ^* 越大时，为了使本项目的消费者剩余率满足同类型项目基准水平，需要减少生产者剩余占总剩余的比重或提高消费者剩余占社会福利的比重。如果不增加超额收益的分配比例，则项目公司的生产者剩余占社会福利的比重会维持一个较高的水平，项目的实际消费者剩余率会低于同类型项目基准水平。因此，需要提高超额收益的分配比例，以保证项目的消费者剩余率满足同类型项目基准消费者剩余率。

（2）以特许期第 20 年数据为例对不同超额收益 ΔR_i 对超额收益分配比例的影响进行分析。

假定同类型项目的平均消费者剩余率 χ^* 在相当一段时间内不会发生变化，在同一运营年份中，基于超额收益上限的决策模型，项目公司所能接受的最低运营收益 R_d 下限和运营收益上限 R_u 保持不变，由收益表达式（7.1）和超额收益分配比例决策式（7.17）可知，α 与超额收益 ΔR 及实际交通量 Q_S 有关。同时，根据超额收益分配比例决策的分析，可知同类型项目平均消费者剩余率 χ^* 和收益上限消费者剩余率 χ' 的关系会影响 α 与超额收益值 ΔR 的变动关系。已知第 20 年收益上限的消费者剩余率 $\chi'=0.595\,4>\chi^*$，因此，随着超额收益的增大，超额收益分配比例会随之变大，即超额收益与分配比例呈正相关关系。数据验证分析如表 7.7 所示。

表7.7 不同超额收益值下的超额收益分配比例情况

$Q_{S_{20}}$/万辆	ΔR_{20}/万元	α	PR_{20}/万元	GR_{20}/万元
1 946.93	86 02.09	12.43%	7 532.54	1 069.85
2 009.06	17 922.49	42.91%	10 231.98	7 689.91
2 071.20	27 243.38	52.53%	12 931.86	14 311.03
2 174.76	42 776.89	59.25%	17 431.36	25 345.53
2 278.32	58 310.89	62.39%	21 930.86	36 380.02

通过表 7.7 可知，以第 20 年的交通量为基准，减少或者增加一定交通量，超额收益 ΔR_{20} 也发生变化，且与 $Q_{S_{20}}$ 呈正相关关系，且随着 ΔR_{20} 的增大，超额分配比例 a 变大，说明随着超额收益的增多，分配给政府的部分也变多，从而有效防止项目公司获取暴利，使社会公众的利益受损。

7.3.3 案例延伸

在案例延伸部分，将对模型分配比例方法与现有超额收益分配方法进行比较分析。由关于超额收益分配的国内外研究可以看出，目前相关学者对项目超额收益如何进行分配的研究还比较少，其中代表性的分配方法有协定超额收益在政府和私人资本之间进行均分或超额收益部分全额归于政府部门两种方法。下面将针对这两种情况和前文模型的分配比例进行对比分析，以验证该模型分配比例的适用性和合理性。

当超额收益部分在政府和私人资本之间均分时，$\alpha=0.5$，根据式（7.15）可以计算得出收益分配后的项目公司消费者剩余率。当超额收益部分全额归于政府部门时，$\alpha=1$，根据式（7.15）可以计算得出收益分配后的项目公司消费者剩余率。将其与按照前文模型中设定的动态分配比例的消费者剩余率进行对比，情况如表 7.8 所示。

表7.8 超额收益均分与动态分配对比分析表

特许期	方案：均分		方案：全额给政府		方案：动态分配	
	α	χ_i	α	χ_i	α	χ_i
15	0.5	0.588 2	1.00	0.604 5	23.96%	0.58
16	—	0.586 3	—	0.606 7	33.90%	—
17	—	0.585 1	—	0.608 2	38.52%	—
18	—	0.583 4	—	0.610 2	43.25%	—

续表

特许期	方案：均分		方案：全额给政府		方案：动态分配	
	α	χ_i	α	χ_i	α	χ_i
19	—	0.582 1	—	0.611 9	46.20%	—
20	—	0.578 1	—	0.617 3	52.53%	—
21	—	0.576 5	—	0.619 4	54.31%	—
22	—	0.573 7	—	0.623 3	56.80%	—
23	—	0.570 7	—	0.627 6	58.87%	—
24	—	0.565 2	—	0.635 7	61.52%	—
25	—	0.557 6	—	0.647 5	63.91%	—

从表7.8数据分析可知，在第15~18年，均分的分配比例远大于动态分配比例，此时均分情况下的项目消费者剩余率大于0.58，即大于同类型项目平均消费者剩余率，意味着项目超额收益额分配给政府的略多，间接削减了项目公司的利益，不利于提高项目公司管理运作效率和积极性；在第19年和第20年时，按照模型算出的分配比例为46.20%和52.53%，比较接近超额收益在政府和私人资本之间进行均分，此时均分情况下的项目消费者剩余率也接近0.58，即接近同类型项目平均消费者剩余率，均分的情况基本满足超额收益的科学合理分配；在第21~25年，均分的分配比例远小于动态分配比例（按照前文模型算出的分配比例），此时均分情况下的项目消费者剩余率小于0.58，即小于同类型项目平均消费者剩余率，如果不增加超额收益的分配比例，则项目公司的生产者剩余占社会福利的比重会维持一个较高的水平，项目的实际消费者剩余率会低于同类型项目基准水平，意味着项目超额收益额分配给项目公司的略多，损害了社会公众的利益。类似地，如果将超额收益部分全部交给政府，虽然能够有效避免项目公司获得暴利损害公众利益，但是从项目公司的角度来看，其剩余占社会福利的比重会维持一个较低水平，没有达到同类型项目的平均水平，却还要将本应得的收益全部分给政府以示公平，不利于提高项目公司管理运作效率和积极性。

综合以上分析，动态分配比例有利于根据超额收益情况兼顾项目公司和社会公众的利益，全部超额收益给政府则无法兼顾项目公司和社会公众的利益。

基于上述研究，可以提出以下管理启示。

（1）为了减轻收入高估及成本低估所带来的未来收益不确定性风险，政府和社会资本均应在项目前期决策中进行全面、详细的交通量需求预测和收益预测分析，提高对项目运营阶段运维成本的重视。尤其是社会资本在进行成本预测时，不能仅考虑建设成本的支出，还要综合考虑项目后期运营、维护、改造等所需的支出，合理评估项目的成本，减小因服务水平恶化导致的需求量风险和成本超支风险。政府和社会资本应在项目收入能够涵盖全部成本的基础上对项目的超额收益（即超额利润）部分进行分配。这是因为，交通项目的运维成本所占比重较大，在进行超额收入分配时，应将用于项目正常运营、维护和改造的成本扣除，对超额收益部分进行分配，否则可能导致分配不合理，影响项目后续的运维投资和服务质量。

（2）政府和项目公司在确定超额收益上限时，应充分考虑收益下限的大小、收益波动幅度等的影响，设计合理的收益上限。对 PPP 项目的收益风险进行分担时，超额收益的分配和收益不足的补贴并不是孤立存在的，两者共同构成收益的调节机制，既分别具有其独特性，又互相对冲。当项目收益下限较高时，社会资本实际收益低于收益下限的可能性变大，政府将面临较高的补贴风险。为了对冲收益不足的补贴风险，应设置较低的超额收益上限，在这种情形下，社会资本实际收益高于收益上限的可能性变大，政府分享超额收益的概率也随之变大。此外，政府分配得到的超额收益也可以用来补贴收益不足的运营年份。在实践中，部分 PPP 项目已采用收益调节基金来达到收益风险的合理分担，如香港地区的西区海底隧道和国家公园 3 号路段等项目，当项目年收入超过规定的最大值时，项目公司将超额部分纳入稳定基金池中，可用来补贴收入不足的年份或避免社会资本因收入不足而提高收费价格，从而维护社会公众的利益。

（3）政府和项目公司应根据超额收益值的变化连续，动态地设计分配系数。在实践中，部分 PPP 项目采用阶梯分配、平均分配或者由政府享有全部超额收益的方法来进行超额收益的分配，如澳大利亚的西悉尼隧道、兰谷隧道及巴西圣保罗地铁 4 号线项目等。然而，采用阶梯分配、平均分配等方法容易产生过度分配、分配不足或者投机行为等，为了解决这一系列问题，政府和项目公司应根据超额收益值连续、动态调整分配系数，既要维护社会公众的利益，也要避免因过度分配导致的社会资本低效率运营现象。这种动态分配机制将政府和社会资本分别承担的风险与社会资本投资回报大小相匹配，体现了公平分配的原则。

第 8 章　价格补贴和需求量补贴情形下 PPP 项目决策研究

8.1　价格补贴和需求量补贴情形下 Pareto 最优决策分析

在 PPP 项目的实际运营过程中，经常会出现收益不足的现象，需要提出有效激励社会资本的补贴机制，进而为实践提供指导。本章以交通类 PPP 项目为研究对象，着重分析价格补贴、需求量补贴两种情形下的 Pareto 最优决策问题，给出可行的 PPP 项目收费区间及合理的补贴机制。

8.1.1　基本模型构建

1. 模型基本假设

假设一：参考相同领域的研究，假设 PPP 项目的需求函数为简单的线性一次函数[6, 21, 22]，需求函数为 $q = A - bp(A > 0, b > 0)$，且需求量不受社会资本努力水平的影响。

假设二：政府仅在运营阶段对社会资本进行财政补贴。政府对交通类 PPP 项目的补贴方式主要有建设期补贴、运营期补贴，但是目前国内对交通类 PPP 项目的补贴，主要以运营阶段的补贴为主，因为它直接关系到交通类 PPP 项目的稳定运营及其服务效率[23, 24]，因此，本章重点研究交通类 PPP 项目在运营阶段的政府补贴问题。

假设三：政府与社会资本在谈判的过程中，双方对需求函数、社会资本的运营成本函数所掌握的信息是一样的，即双方信息是公开的。

假设四：假设政府根据其财政能力确定对社会资本的补贴，在该补贴决策基础上，政府和社会资本通过谈判方式对交通类 PPP 项目的收费价格进行决策，最终的收费价格由双方的谈判能力决定，且需求量会受项目收费价格的影响。

2. 模型参数定义

本节所建立的基准模型是在 PPP 项目运营期内政府不给予社会资本补贴的情形下，社会资本的利润模型和社会福利模型，在此基础上，针对政府分别给予社会资本价格补贴和需求量补贴两种情形，分析对社会资本的利润和社会福利的影响。需求量的表达式为

$$q = A - bp(A > 0, b > 0) \tag{8.1}$$

其中，$-b$ 表示上述需求函数的斜率；$\dfrac{A}{b}$ 表示需求函数的截距，其值恰好为需求量等于零时的收费价格；该函数表示需求量随价格的增加而减少。

PPP 项目的建设成本用固定值 C_0 表示，社会资本运营成本 $C(q)$ 与项目的需求量 q 相关，假设社会资本的运营成本为

$$C(q) = kq \ \ (0 < k < \frac{A}{b}) \tag{8.2}$$

其中，k 代表边际运营成本，表示随着每单位需求量增加而增加的运营成本；其为常数并满足 $0 < k < \dfrac{A}{b}$，即边际运营成本 k 小于使需求量为零的价格 $\dfrac{A}{b}$，代表边际运营成本 k 低于该 PPP 项目的最高收费价格；否则，若 $k > \dfrac{A}{b}$，会导致需求量在取任何值的情况下，社会资本通过运营获得的利润全为负值。

交通类 PPP 项目的生命期 T 由建设期 T_c 与运营期 $T - T_c$ 两阶段构成。在研究中，引入贴现因子 r，根据文献中对贴现因子的普遍用法，将 e^x 在 $x = 0$ 处进行泰勒展开，当 r 非常小时，即 $x = r$，e^r 同 $1 + r$ 相当接近，因此为了方便计算，用 e^{-rt} 表示第 t 年的贴现系数。

运营期内，将项目公司的运营成本转换为当期的成本，即

$$\int_{T_c}^{T} C(q) e^{-rt} dt = \int_{T_c}^{T} (kq) e^{-rt} dt$$

根据成本—收益分析的方法，在政府未给予社会资本补贴时，社会资本的利润函数是运营收入减去建设成本和运营成本，社会资本的利润函数为

$$\pi(p, q) = \int_{T_c}^{T} (pq - kq) e^{-rt} dt - C_0 \tag{8.3}$$

其中，等式右边 $\int_{T_c}^{T} pq\mathrm{e}^{-rt}\mathrm{d}t$ 表示社会资本在整个运营期内的收益；$\int_{T_c}^{T} kq\mathrm{e}^{-rt}\mathrm{d}t$ 表示社会资本在整个运营期内的运营成本；C_0 表示建设成本。

消费者剩余表示消费者的最高支付意愿与市场价格的差值，因此，在政府未给予社会资本补贴时，消费者剩余为

$$\mathrm{CS}(p,q)=\int_{T_c}^{T}\left(\int_{p}^{\frac{A}{b}}(A-bx)\mathrm{d}x\right)\mathrm{e}^{-rt}\mathrm{d}t \tag{8.4}$$

社会福利等于社会资本净利润和消费者剩余的和，因此 PPP 项目在单位时期内的社会福利可表示为

$$W=\pi(p,q)+\mathrm{CS}(p)$$

$$W=\int_{T_c}^{T}(pq-kq)\mathrm{e}^{-rt}\mathrm{d}t-C_0+\int_{T_c}^{T}\left(\int_{p}^{\frac{A}{b}}(A-bx)\mathrm{d}x\right)\mathrm{e}^{-rt}\mathrm{d}t \tag{8.5}$$

综上所述，本章模型参数定义如表 8.1 所示。

表8.1　补贴模型的参数定义

参数	具体含义	参数	具体含义
T_c	建设期	T	建设期和运营期
q	需求函数	e	社会资本的努力水平
p	收费价格	s	单位需求量的补贴价格
A	需求函数截距	m	未实现需求量的单位补贴
$-b$	需求函数斜率	v	需求量补贴标准
t	运营期内的第 t 年	θ	社会资本的保留效用
C_0	建设成本	π	项目公司的净利润函数
$C(q)$	运营成本函数	CS	消费者剩余函数
k	需求量边际运营成本	W	社会福利函数
r	贴现因子	σ	政府的谈判能力
ψ	税收的影子成本系数	$1-\sigma$	社会资本的谈判能力

表 8.1 列出了价格补贴、需求量补贴两种情形下的模型中所涉及的参数。在此基础上，下文分别建立了运营期间政府给予社会资本价格补贴的最优决策模型和政府给予社会资本需求量补贴的最优决策模型，根据构建出的社会资本的利润函数及社会福利函数，求解满足社会福利最大化且社会资本利润满足保留效用时的收费价格及补贴系数，以及满足上述条件时社会资本的最优努力水平，进而比较两种补贴情形对应的社会福利和社会资本利润。

8.1.2 价格补贴情形下的 Pareto 最优决策

1. Pareto 最优模型的建立

在市场需求较低的情况下，消费者的支付意愿处于较低水平。在该情况下，为确保社会资本持续、稳定地运营该项目，政府会给予社会资本一定的补贴，确保社会资本能够收回投资并获得相应的投资回报。政府的价格补贴机制是指在交通类 PPP 项目的运营期内，政府给予社会资本每单位需求量的价格补贴额 s ，随后，政府及社会资本通过协商确定收费价格 p ，该价格在一定程度上也反映了消费者的支付意愿。因此，在该部分的探讨中，由于政府和社会资本所追求的目标不同，引入政府和社会资本的谈判能力系数，以此显示双方的决策能力水平，进而探讨双方的谈判能力对收费价格、社会福利及社会资本利润的决策影响。

社会资本的利润函数等于其运营收入与政府财政补贴金额之和减去建设成本和运营成本，其表达式为

$$\pi_1=\int_{T_c}^{T}(pq+sq-kq)\mathrm{e}^{-rt}\,\mathrm{d}t-C_0 \tag{8.6}$$

其中，$\int_{T_c}^{T}(pq+sq)\mathrm{e}^{-rt}\,\mathrm{d}t$ 为社会资本在运营期内的收入，该收入包含两方面内容，即运营期内因实际需求量所带来的票务收入 $\int_{T_c}^{T}pq\,\mathrm{e}^{-rt}\,\mathrm{d}t$ 和因政府的价格补贴而产生的补贴收入 $\int_{T_c}^{T}sq\,\mathrm{e}^{-rt}\,\mathrm{d}t$ 。

政府给予社会资本价格补贴时，由于政府对 PPP 项目的补贴金额全部来自税收，需要减去税收带来的成本，进而消费者剩余可以表示为

$$\mathrm{CS}_1(p)=\int_{T_c}^{T}\left(\int_{p}^{\frac{A}{b}}(A-bx)\mathrm{d}x\right)\mathrm{e}^{-rt}\mathrm{d}t-(1+\psi)\int_{T_c}^{T}sq\mathrm{e}^{-rt}\mathrm{d}t$$

根据经济学原理，社会福利等于消费者剩余与生产者剩余之和，因此 PPP 项目在单位时期内的社会福利可表示为

$$W_1=\pi_1(p,q)+\mathrm{CS}_1(p)$$

将各参数代入上式，可得

$$W_1=\int_{T_c}^{T}(pq+sq-C(q))\mathrm{e}^{-rt}\,\mathrm{d}t-C_0+\int_{T_c}^{T}\left(\int_{p}^{\frac{A}{b}}(A-bx)\mathrm{d}x\right)\mathrm{e}^{-rt}\mathrm{d}t-(1+\psi)\int_{T_c}^{T}sq\mathrm{e}^{-rt}\mathrm{d}t \tag{8.7}$$

其中，等式右边的$\int_{T_c}^{T}(pq+sq-C(q))\mathrm{e}^{-rt}\,\mathrm{d}t-C_0$表示对于该 PPP 项目，政府给予社会资本价格补贴的情形下，社会资本获得的利润。$\int_{T_c}^{T}\left(\int_{p}^{\frac{A}{b}}(A-bx)\mathrm{d}x\right)\mathrm{e}^{-rt}\mathrm{d}t$表示项目的收费价格为 p 时的消费者剩余，$(1+\psi)\int_{T_c}^{T}sq\mathrm{e}^{-rt}\mathrm{d}t$为政府的转移补贴金额，由于政府对社会资本的补贴来源于财政收入，该收入由政府征税而来，需要考虑该部分产生的成本，ψ $(\psi>0)$为税收的成本系数。

在 PPP 模式中,社会资本与政府所追求的目标不同。社会资本建设交通类 PPP 项目，在特许期内通过运营该项目回收投资成本并获得利润，追求自身利润的最大化；政府考虑的是整个交通类 PPP 项目寿命内的社会福利，希望社会总福利最大化。因此，在价格补贴情形下，双目标规划模型为

$$\begin{cases} W_1=\int_{T_c}^{T}(pq+sq-C(q))\mathrm{e}^{-rt}\,\mathrm{d}t-C_0+\int_{T_c}^{T}\left(\int_{p}^{\frac{A}{b}}(A-bx)\mathrm{d}x\right)\mathrm{e}^{-rt}\mathrm{d}t-(1+\psi)\int_{T_c}^{T}sq\mathrm{e}^{-rt}\mathrm{d}t \\ \pi_1=\int_{T_c}^{T}(pq+sq-C(q))\mathrm{e}^{-rt}\,\mathrm{d}t-C_0 \end{cases}$$

将上述函数组合成为双目标规划模型，经计算得到的解能够有效地平衡政府和社会资本两方的利益。对应的双目标规划模型为

$$\max_{(p\geqslant 0,q\geqslant 0,s\geqslant 0)}\begin{pmatrix}\pi_1(p,q,s)\\ W_1(p,q,s)\end{pmatrix}$$
$$\text{s.t. } p>0,q>0,s\geqslant 0$$

计算出的解即为 Pareto 有效解，表示政府及社会资本均不能在不损失对方利益的情况下改善自身的利益。即存在$(p^*,q^*,s^*)\in\Omega(\Omega=\{(p,q,s):p\geqslant 0,q\geqslant 0,s\geqslant 0\})$是该情况下的 Pareto 有效解,不存在其他的$(p,q,s)\in\Omega$,使$\pi(p,q,s)\geqslant\pi(p^*,q^*,s^*)$及$W(p,q,s)\geqslant W(p^*,q^*,s^*)$。

在讨论 Pareto 最优政府补贴时，利用线性加权法对该问题进行分析，在目标函数中引入权重系数，将双目标规划的目标函数转变为单目标规划问题，从而进行后续求解计算。假设σ代表政府的谈判能力，$1-\sigma$代表社会资本的谈判能力，其中$\sigma\in[0,1]$，当$\sigma=1$时，表示政府完全主导市场定价；当$\sigma=0$时，表示社会资本完全主导市场定价。通常，政府会选择管理效率较高并且经验丰富的社会资本建设并运营 PPP 项目，因此社会资本会拥有一定的话语权，否则社会资本可能会拒绝与政府合作。对于一般情形，σ通常会大于某数值，这里仅讨论政府和社会资本通过谈判达成合作的情形。

在政府给予社会资本价格补贴的情形下，将双目标问题转化为单目标问题，转化后的目标函数可表示为

$$\max_{(p\geqslant 0,q\geqslant 0,s\geqslant 0)} \chi(p,q,s)=\sigma W_1(p,q,s)+(1-\sigma)\pi_1(p,q,s) \tag{8.8}$$

$$\text{s.t. } p>0,q>0,s\geqslant 0$$

由社会福利函数及社会资本利润函数的性质可得到，在给定$\sigma\in[0,1]$时，相应的$\chi(p,q,s)$存在唯一解。

在计算的过程中，用ξ表示时间相关系数，即$\xi=\int_{T_c}^{T}\mathrm{e}^{-rt}\mathrm{d}t=\frac{(\mathrm{e}^{-rT_c}-\mathrm{e}^{-rT})}{r}$，将各个参数代入式（8.8），可得化简后的单目标规划函数为

$$\chi_1=\sigma[-\xi s(\psi+1)(A-bp)+\xi\frac{1}{2b}(A-bp)^2]+\xi[(p+s-k)(A-bp)]-C_0$$

由最优化一阶条件可知

$$p_1(\sigma)=\frac{1}{2-\sigma}\left[\frac{(1-\sigma)A}{b}+\sigma s(\psi+1)-s+k\right] \tag{8.9}$$

考虑两种极端情况，由式（8.9）可知，项目的收费价格p由政府及社会资本的谈判能力σ及补贴s决定。当$\sigma=0$时，社会资本占绝对主导权，此时社会资本决策的最优收费价格为$p_\pi^1=\frac{1}{2}(\frac{A}{b}-s+k)$，对应的需求量为$q_\pi^1=\frac{1}{2}(A+bs-bk)$，社会资本的利润为$\pi^1=\frac{\xi}{4b}(A+bs-bk)^2-C_0$，此时的社会资本利润最大。社会资本的最优收费价格决策与政府给予社会资本的价格补贴相关，当价格补贴值越大时，社会资本会将价格定得越低，需求量会相应增加。当$\sigma=1$时，政府占绝对的主导权，此时对应的社会福利最大化，政府决策的最优收费价格为$p_W^1=\psi s+k$，其等于需求量边际运营成本与补贴税收成本的加总。该收费价格下对应的需求量为$q_w^1=A-b(\psi s+k)$，此时社会福利为$W^1=\frac{\xi}{2b}(A-b(\psi s+k))^2-C_0$。政府的最优收费价格决策与政府给予社会资本的价格补贴相关，当价格补贴值越大时，政府会将价格定得越高，需求量会相应降低。

命题 8.1 当$s<\frac{1}{2\psi+1}(\frac{A}{b}-k)$时，项目的收费价格$p$与政府的谈判能力$\sigma$成反比，即当政府的谈判能力越强时（$\sigma$越大），收费价格$p$越低；当社会资本的谈判能力越强时（$\sigma$越小），收费价格$p$越高。

证明：对$p_1(\sigma)$函数求解谈判能力系数σ的导数，可得$\frac{\partial p_1}{\partial\sigma}=\frac{1}{(2-\sigma)^2}(k-\frac{A}{b})+\frac{s(2\psi+1)}{(2-\sigma)^2}$；

当$s<\frac{1}{2\psi+1}(\frac{A}{b}-k)$时，有$\frac{\partial p_1}{\partial\sigma}<0$存在，即收费价格$p$是政府谈判能力系数

σ 的减函数，p 随着 σ 的增加而减小，因此可知，当政府的谈判能力越强时（σ 越大），社会资本谈判能力越弱，收费价格 p 越低；反之，政府的谈判能力越弱（σ 越小），社会资本谈判能力越强，收费价格 p 越高，证毕。

命题 8.1 表明在价格补贴情形下，当社会资本的最优收费价格大于政府最优的收费价格时，即价格补贴小于某确定值时，经政府和社会资本谈判，最终确定的收费价格受双方谈判能力影响，当政府的谈判能力逐渐增强，意味着收费价格沿着 Pareto 曲线逐渐下降；当社会资本的谈判能力逐渐增强，收费价格会沿着 Pareto 曲线逐渐增加，式（8.9）给出了收费价格与政府谈判能力的关系。

命题 8.2　当 $s<\dfrac{1}{2\psi+1}(\dfrac{A}{b}-k)$ 时，在价格补贴情形下，政府和社会资本决策的 Pareto 最优收费价格区间是 $[\psi s+k,\dfrac{1}{2}(\dfrac{A}{b}-s+k)]$。

证明：当 $s<\dfrac{1}{2\psi+1}(\dfrac{A}{b}-k)$ 时，$p_\pi^1>p_w^1$，$q_\pi^1<q_w^1$；由社会资本利润函数性质可知，当 $p_w^1\leqslant p\leqslant p_\pi^1$ 时，社会资本的利润函数是收费价格 p 的增函数，随着收费价格 p 的增加而增加，因此，社会资本利润在 $[p_w^1,p_\pi^1]$ 内单调递增，当 $p=p_\pi^1$ 时，社会资本的利润达到最大；由社会福利函数性质可知，当 $p_w^1\leqslant p\leqslant p_\pi^1$ 时，社会福利函数是收费价格 p 的减函数，随着收费价格 p 的增加而减小，因此，社会福利在 $[p_w^1,p_\pi^1]$ 区间内单调递减，当 $p=p_w^1$ 时，社会福利达到最大值。综上所述，可得当 $s<\dfrac{1}{2\psi+1}(\dfrac{A}{b}-k)$ 时，随着收费价格从 p_w^1 增加到 p_π^1 时，社会福利逐渐减小，而社会资本利润逐渐增加，因此在区间 $[p_w^1,p_\pi^1]$ 内，无论收费价格如何变化，均会损失政府或者社会资本其中一方的利益，由此得到政府和社会资本决策的 Pareto 最优收费价格区间是 $[\psi s+k,\dfrac{1}{2}(\dfrac{A}{b}-s+k)]$。

命题 8.2 表明政府和社会资本谈判确定收费价格过程中，收费价格的谈判区间是 $[\psi s+k,\dfrac{1}{2}(\dfrac{A}{b}-s+k)]$，在该区间内，收费价格的增加或减小对政府或社会资本任意一方有益，但若收费价格超出该范围，则会使双方的利益均受到损失，因此，在确定收费价格时，应在 Pareto 最优收费价格区间决策。

社会福利和社会资本利润受收费价格的影响，因此，谈判能力 σ 的取值会影响社会福利和社会资本利润，当 σ 的值越大，代表政府的谈判能力越强，此时社会福利会相应增加，而社会福利的增加会伴随着社会资本利润的降低；由此可知，在政府给予社会资本价格补贴情形下，政府的谈判能力 σ 与项目的收费价格 p 成反比，与社会资本利润成正比，即 σ 越大，项目的收费价格 p 越低，社会福利越大，社会资本利润越小；反之，σ 越小，收费价格 p 越高，社会福利越低，社会资本利润越大。Pareto 最优边界示意图如图 8.1 所示。

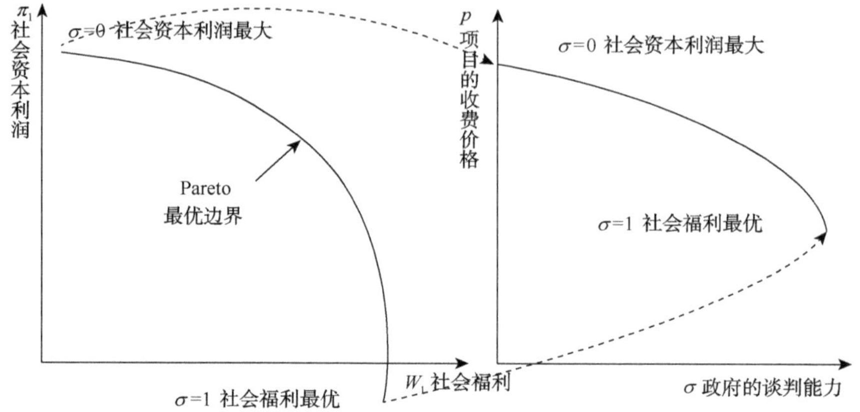

图 8.1　Pareto 最优边界示意图

当政府决策的价格补贴 $s \geqslant \dfrac{1}{2\psi+1}(\dfrac{A}{b}-k)$ 时，有 $p_{\pi}^{1} \leqslant p_{w}^{1}$，$q_{\pi}^{1} \geqslant q_{w}^{1}$；即当政府的补贴价格超过该值时，政府的 Pareto 最优定价会超过社会资本的 Pareto 最优定价。当 $s > \dfrac{1}{2\psi+1}(\dfrac{A}{b}-k)$ 时，政府的谈判能力 σ 与项目的收费价格 p 成正比，即当政府的谈判能力越强时（σ 越大），收费价格 p 越高；当社会资本的谈判能力越强时（σ 越小），收费价格 p 越低，且政府和社会资本决策的 Pareto 最优收费价格区间是 $[\dfrac{1}{2}(\dfrac{A}{b}-s+k), \psi s+k]$。但在 PPP 项目实际操作过程中，政府往往会考虑社会福利及消费者剩余，不会将补贴价格定在较高水平，避免收费价格过高，若 $s > \dfrac{1}{2\psi+1}(\dfrac{A}{b}-k)$，此时，政府定价对应的消费者剩余小于等于社会资本定价时的消费者剩余，政府会考虑将补贴价格控制在 $\dfrac{1}{2\psi+1}(\dfrac{A}{b}-k)$ 内。因此，主要考虑 $s < \dfrac{1}{2\psi+1}(\dfrac{A}{b}-k)$ 的情形。

2. 最优补贴决策及可行价格区间

1）最优补贴决策

在确定项目收费价格时，政府部门所追求的目标是实现社会福利的最大化，但在 PPP 项目的操作中，同时也存在社会资本参与约束的限制，即

$\pi_1 = \int_{T_c}^{T}(p+s-k)(A-bp)\mathrm{e}^{-rt}\,\mathrm{d}t - C_0 \geqslant \theta$。只有当社会资本获得的利润大于等于保留效用时，社会资本才会参与本项目，在此将社会资本所要求的保留效用以 θ 表示。假设政府按照使社会资本满足保留效用且社会福利最大化时对应的最优的补贴价格 s^* 确定给予社会资本的补贴额，则当政府完全主导项目决策时，收费价格为 $p_w^1 = k+\psi s$，此时，社会资本利润为 $\pi_w^1 = \xi(\psi+1)s[A-b(k+\psi s)]-C_0$，政府按照补贴价格 s^* 给予社会资本补贴，若 $\pi_w^1 \geqslant \theta$，表示社会资本利润满足其保留效用，则社会资本会接受政府的定价，且对应的社会福利达到最优水平。

若政府按照补贴价格 s^* 对社会资本补贴，有 $\pi(p_w^1)<\theta$ 且 $\pi(p_\pi^1)\geqslant\theta$ 存在，那么一定存在使社会资本利润刚好满足其保留效用的收费价格，假设该收费价格为 p_1^*。接下来讨论对收费价格 p_1^* 及最优的补贴价格 s^* 的求解。

在政府给予社会资本价格补贴情形下，政府部门追求社会福利最优，同时需要考虑社会资本的利润满足保留效用，因此，政府部门的最优化问题为

$$\max W_1 = \max[\pi_1(p,s)+\mathrm{CS}_1(p)]$$
$$\text{s.t.}\quad \pi_1(p,s)\geqslant\theta, s\geqslant 0$$

接下来，在社会福利最优下对该补贴模型进行求解，由于政府不给予社会资本补贴时，社会福利处于最大值，在该模型求解过程中，仅考虑当社会资本利润满足保留效用时，政府给予社会资本的补贴值。相当于求解等式约束下的极值问题。因此，利用拉格朗日乘数法，构造拉格朗日函数如下：

$$L(p,s,\lambda) = \pi_1 + \mathrm{CS}_1 + \lambda(\pi_1-\theta)$$
$$\text{s.t.}\ p\geqslant 0, s\geqslant 0$$
$$\begin{cases} \dfrac{\partial L(p,s,\lambda)}{\partial p}=0 \\ \dfrac{\partial L(p,s,\lambda)}{\partial s}=0 \\ \dfrac{\partial L(p,s,\lambda)}{\partial \lambda}=0 \end{cases}$$

将所涉及的参数代入上述方程，可得

$$\frac{\partial L}{\partial\lambda} = \pi_1-\theta = (p+s-k)(A-bp)\int_{T_c}^{T}\mathrm{e}^{-rt}\mathrm{d}t - C_0-\theta = 0$$

因此可得项目的收费价格 p 与价格补贴额 s 的关系为

$$s = \frac{C_0+\theta}{\xi(A-bp)} - p + k$$

由 $\dfrac{\partial L}{\partial s}=0$，可得 $\lambda=\psi$；将上式及 $\lambda=\psi$ 代入 $\dfrac{\partial L}{\partial p}=0$ 中，可求得最优解 p_1^*、q_1^*

和s^*为

$$\begin{cases} p_1^* = \dfrac{\psi A + (1+\psi)bk}{(2\psi+1)b} \\ q_1^* = \dfrac{(1+\psi)(A-bk)}{2\psi+1} \\ s^* = \dfrac{(C_0+\theta)(2\psi+1)}{\xi(A-bk)(1+\psi)} - \dfrac{(A-bk)\psi}{b(2\psi+1)} \end{cases}$$

根据上述计算可知，政府会根据社会福利最大化确定给予社会资本的补贴额。对于该补贴金额s^*，有如下关系成立：

（1）PPP 项目中政府对单位需求量的价格补贴额s与项目的建设成本C_0、社会资本保留效用θ呈正相关关系，即价格补贴额随着建设成本及社会资本保留效用增加而增加。

（2）PPP 项目中政府对单位需求量的价格补贴额s与运营期内的边际运营成本k呈正相关关系，即运营期内的边际运营成本越大，政府对单位需求量的价格补贴额越大。

上述最优补贴决策模型可以作为 8.2 节中激励模型研究的基础。

2）可行价格区间

在政府和社会资本谈判过程中，补贴额会随着双方的谈判能力而发生变化，但政府的财政能力往往有限，假设在价格补贴情形下，政府给予社会资本每单位的需求量补贴为$\overline{s}(\overline{s} < \dfrac{1}{2\psi+1}(\dfrac{A}{b}-k))$，该补贴值不随双方谈判能力发生改变。

（1）若$\overline{s} > s^*$，政府和社会资本在$[s^*, \overline{s}]$就补贴决策进行谈判；同时，关于收费价格决策，有如下关系成立：

当$s^* < \dfrac{1}{2\psi+1}(\dfrac{A}{b}-k)$时，此时有$p_w^1 \leqslant p_1^* \leqslant p_\pi^1$；当价格处于$[p_w^1, p_1^*)$时，社会资本的利润小于保留效用，不满足社会资本的参与约束。当价格处于$[p_1^*, p_\pi^1]$时，满足社会资本的参与约束，并且随着收费价格的增加，社会资本的利润也在随之增加，但社会福利较p_1^*时减小，在该情况下，可行的收费价格区间为$[p_1^*, \dfrac{1}{2}(\dfrac{A}{b}-s+k)]$，可行的需求量区间为$[\dfrac{1}{2}(A+bs-bk), q_1^*]$。

当补贴价格为$s^* = \dfrac{(C_0+\theta)(2\psi+1)}{\xi(A-bk)(1+\psi)} - \dfrac{(A-bk)\psi}{b(2\psi+1)}$时，收费价格根据 Pareto 最优边界由起始点逐渐移动到$\dfrac{\psi A+(1+\psi)bk}{(2\psi+1)b}$时，社会资本的利润刚好满足保留效用，满足社会资本的参与约束；因此p_1^*为社会资本参与该项目的最低收费价格，并且随着社会资本谈判能力的增加，收费价格逐渐增加。由社会资本利润函数的性质可知，在$[p_1^*,\frac{1}{2}(\frac{A}{b}-s+k)]$内社会资本的利润逐渐增加，收费价格高于$\frac{1}{2}(\frac{A}{b}-s+k)$时，社会资本的利润将减小；因此，社会资本不会使定价高于该临界值，进而可行的收费区间为$[p_1^*,\frac{1}{2}(\frac{A}{b}-s+k)]$，对应的可行需求量区间为$[\frac{1}{2}(A+bs-bk),q_1^*]$。由社会福利函数的性质可知，当收费价格在$[p_1^*,\frac{1}{2}(\frac{A}{b}-s+k)]$时，社会福利函数是收费价格 p 的减函数，因此社会福利随着收费价格的增加而减小，即社会资本利润增加的同时，社会福利减小，表明一方利益的改善必然会带来另一方利益的损失。若$\pi(p_\pi^1)>\pi(p_1^*)$，当$s^*\geqslant\frac{1}{2\psi+1}(\frac{A}{b}-k)$时，有$p_\pi^1\leqslant p_1^*\leqslant p_w^1$。当收费价格处于$[p_\pi^1,p_1^*]$时，社会资本的利润大于等于保留效用，满足社会资本的参与约束，随着价格增加，社会资本的利润逐渐减小。当收费价格处于$(p_1^*,p_\pi^1]$时，社会资本利润小于保留效用，不满足社会资本的参与约束。因此，此时可行的收费价格区间为$[p_1^*,\frac{1}{2}(\frac{A}{b}-s+k)]$，可行的需求量区间为$[\frac{1}{2}(A+bs-bk),q_1^*]$。说明当政府最优决策下的社会资本利润小于社会资本要求的保留效用，且社会资本在最优决策下的利润大于其要求的保留效用时，政府给予社会资本的补贴价格大于等于s^*。此时，政府与社会资本谈判确定项目收费价格时，可以在价格区间$[p_1^*,\frac{1}{2}(\frac{A}{b}-s+k)]$进行决策，当收费价格小于$p_1^*$时，社会资本利润达不到保留效用，社会资本不会参与 PPP 项目的建设与运营；当收费价格大于$\frac{1}{2}(\frac{A}{b}-s+k)$时，政府和社会资本的利益均会损失，因此，政府和社会资本在谈判过程中，应在可行的价格区间内决策最终的收费价格。

（2）若$\overline{s}\leqslant s^*$，政府按照$\overline{s}$给予社会资本补贴；此时，使社会资本满足参与约束的条件为

$$\pi_1=\int_{T_c}^{T}(pq+\overline{s}q-kq)\mathrm{e}^{-rt}\,\mathrm{d}t-C_0=\theta$$

对应的收费价格为$p_{\overline{s}}^*$，此时政府和社会资本针对收费价格的谈判区间为$[p_{\overline{s}}^*,p_\pi^1]$。

8.1.3 需求量补贴情形下的 Pareto 最优决策

需求量补贴模式是以 PPP 项目在运营期的需求量为基础指标而实行的补贴机制，其根本是从资金补贴的角度出发，根据市场实际需求情况计算补贴金额。本章对需求量补贴定义为：在交通类 PPP 项目的运营过程中，当 PPP 项目按照既定的收费价格进行收费时，实际需求量所带来的收入不能使社会资本收回投资，此时政府需要对项目运营期内的需求量进行补贴，以保证社会资本的收益大于等于其保留效用，并确保项目的持续运行。最终政府向社会资本进行的补贴以资金方式结算，该补贴额为政府对不足需求量的补贴价格与不足的需求量的乘积，该模式表述为需求量补贴。

在该情况下，政府和社会资本通过谈判，确定 PPP 项目的收费价格 p，政府通过其财政能力限制，确定对未实现需求量的补贴价格 m。当项目的收费价格为 p 时，对应的需求量为 q，设未实现的需求量为 $v-q$，即 v 为需求量补贴标准界限，在本节中统称最小需求量保证值。政府对未实现的需求量进行补贴，补贴的价格为 m，且 m 满足 $0<m\leqslant p-k$，即补贴值 m 小于或等于社会资本单位需求量获得的利润，否则社会资本会降低自身的努力水平，使需求量下降，以获得政府更多的补贴，并且项目公司不会努力运营该项目。当补贴值为 m^* 时，社会资本的直接票务收入与补贴收入相加使其利润满足保留效用。因此，关于交通类 PPP 项目的政府需求量补贴计算公式如下：

政府补贴额=（最小需求量保证值 v −实际的需求量 q ）× 政府针对未实现需求量的补贴价格 m

1. Pareto 最优模型的建立

在该情形下，政府对社会资本的补贴额为 $R=\begin{cases} m(v-q), & q<v \\ 0, & q\geqslant v \end{cases}$ ，表示政府对小于最小需求量保证值的部分给予社会资本补贴，单位需求量的补贴额为 m ，若实际的需求量超过最小需求量保证的值时，政府将不对社会资本进行任何补贴。本部分假设只考虑需求量低于标准值时的情况（ $q<v$ ），即政府需要给予社会资本需求量补贴，使其参与到 PPP 项目中。在需求量补贴情形下，社会资本的利润函数为

$$\pi=\int_{T_c}^{T}(pq+m(v-q)-C(q,t))\mathrm{e}^{-rt}\,\mathrm{d}t-C_0, q<v \qquad (8.10)$$

其中，$\int_{T_c}^{T}(pq+m(v-q))\mathrm{e}^{-rt}\,\mathrm{d}t$ 为社会资本在运营期内的收入，该收入包含两方面内容，即运营期内因实际需求量所带来的票务收入 $\int_{T_c}^{T}pq\,\mathrm{e}^{-rt}\,\mathrm{d}t$ 和因政府的需求量补贴而产生的补贴收入 $\int_{T_c}^{T}m(v-q)\mathrm{e}^{-rt}\,\mathrm{d}t$，即表示政府对未实现需求量部分的补贴。

社会福利为社会资本利润与消费者剩余的和，减去税收成本，函数表达式为

$$W=\int_{T_c}^{T}(pq+m(v-q)-C(q,t))\mathrm{e}^{-rt}\,\mathrm{d}t-C_0+\int_{T_c}^{T}(\int_{p}^{\frac{A}{b}}q\mathrm{d}x)\mathrm{e}^{-rt}\mathrm{d}t-(1+\psi)\int_{T_c}^{T}m(v-q)\mathrm{e}^{-rt}\mathrm{d}t \tag{8.11}$$

在本部分仅考虑实际需求量 q 低于需求量标准值时的情况。因此在需求量补贴情形下，双目标规划模型为

$$\begin{cases}W_2=\int_{T_c}^{T}(pq+m(v-q)-C(q,t))\mathrm{e}^{-rt}\,\mathrm{d}t-C_0\\ \qquad +\int_{T_c}^{T}(\int_{p}^{\frac{A}{b}}q\mathrm{d}x)\mathrm{e}^{-rt}\mathrm{d}t-(1+\psi)\int_{T_c}^{T}m(v-q)\mathrm{e}^{-rt}\mathrm{d}t\\ \pi_2=\int_{T_c}^{T}(pq+m(v-q)-C(q,t))\mathrm{e}^{-rt}\,\mathrm{d}t-C_0,q<v\end{cases}$$

将双目标问题转化为单目标问题，转化后的目标函数可表示为

$$\begin{gathered}\max_{(p\geqslant 0,q\geqslant 0,m\geqslant 0)}\chi(p,q,m)=\sigma W_2(p,q,m)+(1-\sigma)\pi_2(p,q,m)\\ \text{s.t.}\ \ p>0,q>0,m\geqslant 0\end{gathered} \tag{8.12}$$

将各个参数代入式（8.12），可得化简后的单目标规划函数为

$$\begin{aligned}\chi_2=&\sigma[-\xi(\psi+1)(m(v-(A-bp)))+\xi\frac{1}{2b}(A-bp)^2]+\xi[(p-k)(A-bp)\\&+m(v-(A-bp))]-\varpi-C_0\end{aligned}$$

由最优化一阶条件可知

$$p_2(\sigma)=\frac{1}{2-\sigma}[\frac{(1-\sigma)A}{b}-\sigma m(\psi+1)+k+m] \tag{8.13}$$

命题 8.3　在需求量补贴情形下，收费价格 p 与政府谈判能力系数 σ 成反比，即政府的谈判能力越强，收费价格越低；社会资本的谈判能力越强，收费价格越高。

证明：对于需求量补贴情形，收费价格 p 同样由政府及社会资本的谈判能力 σ 决定。计算收费价格对谈判能力 σ 的一阶微分，可得

$$\frac{\partial p_2}{\partial\sigma}=\frac{1}{(2-\sigma)^2}(k-\frac{A}{b})-\frac{(2\psi+1)}{(2-\sigma)^2}m<0 \tag{8.14}$$

由式（8.13）可知，收费价格 p 与政府谈判能力系数成反比，σ 越大，代表政府的谈判能力越强，则收费价格越低；反之，σ 越小，收费价格越高，$\sigma=1$ 和 $\sigma=0$ 分别对应着政府决策最优和垄断最优两种极端情况。

命题 8.3 表明在需求量补贴情形下，政府和社会资本谈判所确定的收费价格同样受双方谈判能力影响，且与价格补贴情形下的规律相同：当政府的谈判能力逐渐增强，谈判决策的收费价格沿 Pareto 曲线而下降；当社会资本的谈判能力逐渐增强，决策的收费价格沿着 Pareto 曲线递增，式（8.13）表示了收费价格与政府谈判能力的关系。

命题 8.4 在需求量补贴情形下，政府和社会资本决策的 Pareto 最优收费价格区间是 $[k-m\psi,\frac{1}{2}(\frac{A}{b}+k+m)]$。

证明：当 $\sigma=0$ 时，社会资本占绝对主导权，此时社会资本决策的最优收费价格为 $p_\pi^2=\frac{1}{2}(\frac{A}{b}+k+m)$，对应的需求量为 $q_\pi^2=\frac{1}{2}(A-bk-bm)$，社会资本的利润为 $\pi_\pi^2=\xi[\frac{(A-bk-bm)^2}{4b}+mv]-C_0$，此时的社会资本利润最大，社会福利为 $W_\pi^2=\xi[\frac{(A-b(k-m\psi))^2}{2b}-\frac{(A-b(k-m\psi)+mb(\psi+1))^2}{8b}-\psi mv]-C_0$。当 $\sigma=1$ 时，政府占绝对的主导权，此时对应的社会福利最大化，政府决策的最优收费价格为 $p_w^2=(k-m\psi)$，等于需求量边际运营成本减去单位补贴带来的税收成本。该收费价格下对应的需求量为 $q_w^2=A-b(k-m\psi)$，此时的社会福利为 $W_w^2=\xi[\frac{(A-b(k-\psi m))^2}{2b}-m\psi v]-C_0$，社会资本利润为 $\pi_w^2=\xi[mv-m(\psi+1)\times(A-b(k-m\psi))]-C_0$。由前提条件 $0<m\leqslant p-k$ 可知，存在 $p_\pi^2-p_w^2=\frac{1}{2}(\frac{A}{b}-k)+\frac{1}{2}m+m\psi>0$，因此，有 $p_\pi^2>p_w^2$，即社会资本决策的最优收费价格比政府决策的收费价格高。对于需求量，有 $q_w^2>q_\pi^2$，即社会资本决策的最优需求量比政府决策的最优需求量低。由社会福利函数的性质可知，当收费价格为 p_w^2 时，社会福利达到最大值，在 $[p_w^2,p_\pi^2]$ 区间内，社会福利函数是收费价格的减函数，社会福利随着收费价格的增加而减小，当收费价格为 p_π^2 时，社会福利最小；由社会资本利润函数的性质可知，当收费价格为 p_w^2 时，社会资本利润最小，在 $[p_w^2,p_\pi^2]$ 区间内，社会资本利润函数是收费价格的增函数，即社会资本利润随着收费价格的增加而增加，当收费价格为 p_π^2 时，社会资本利润达到最大值；因此，在当收费价格在 $[p_w^2,p_\pi^2]$ 区间内时，价格的变化会是政府或社会资本其中一方的利润损失，即在需求量补贴情形下，Pareto 最优收费价格区间为$[p_w^2, p_\pi^2]$，证毕。

命题 8.4 表明在需求量补贴情形下，政府和社会资本谈判确定收费价格时，收费价格的决策区间是$[k-m\psi, \frac{1}{2}(\frac{A}{b}+k+m)]$，若收费价格超出该范围，则会使双方的利益均受到损失。

2. 最优补贴决策及可行价格区间

1）最优补贴决策

当政府完全主导项目决策时，收费价格为$p_w^2=(k-m\psi)$，此时，社会资本利润为$\pi_w^2=\xi[mv-m(\psi+1)(A-b(k-m\psi))]-C_0$。可以看出当最小需求量保证$v$及需求量补贴单价$m$足够大时，社会资本利润满足保留效用。

假设政府按照使社会资本满足保留效用且社会福利最大化时对应的最优的补贴单价m^*及最小需求量保证值v^*，给予社会资本未实现的需求量进行补贴。在此情形下，当$\pi_w^2=\xi[mv-m(\psi+1)(A-b(k-m\psi))]-C_0 \geqslant \theta$时，社会资本会接受政府的定价，且此时的社会福利为$W_w^2=\xi\left[\frac{(A-b(k-\psi m))^2}{2b}-m\psi v\right]-C_0$，社会福利达到最大值。

当政府按照补贴单价m^*及需求量补贴标准v给予社会资本未实现的需求量进行补贴时，若有$\pi(P_w^2)<\theta$且$\pi(P_\pi^2)\geqslant\theta$，一定存在使社会资本利润刚好满足其保留效用的收费价格，假设该收费价格为p_2^*。当价格处于$[p_w^2, p_2^*)$时，社会资本的利润小于其保留效用，因此，不满足社会资本的参与约束。当价格处于$[p_2^*, p_\pi^2]$时，社会资本的利润大于等于其保留效用，因此，价格在该区间时满足社会资本的参与约束，并且随着收费价格的增加，社会资本的利润也在随之增加。接下来讨论对收费价格p_2^*及政府对未实现需求量的单位补贴价格m^*的求解。

在制定项目的收费价格时，政府部门所追求的目标是实现社会福利的最大化，但同时也存在社会资本参与约束的限制，即$\pi_2=\int_{T_c}^{T}((p-k)(A-bp)+m(v-(A-bp)))\mathrm{e}^{-rt}\,\mathrm{d}t-C_0\geqslant\theta$。于是，在政府给予社会资本需求量补贴情形下，政府部门追求社会福利最优，同时需要考虑社会资本的利润满足保留效用。因此，政府部门的最优化问题为

$$\max W_2=\max[\pi_2(p,q,m)+\mathrm{CS}_2(p,q)]$$
$$\text{s.t.}\quad \pi_2(p,q,m)\geqslant\theta$$
$$0<m\leqslant p-k$$

考虑社会福利最优问题，利用拉格朗日乘数法求解不等式约束下的极值问题，构造拉格朗日函数如下：

$$L(p,v,\lambda)=W_2+\lambda(\pi_2-\theta)$$

$$\text{s.t. } p\geqslant 0, 0<m\leqslant p-k$$

$$\begin{cases}\dfrac{\partial L(p,m,\lambda)}{\partial p}=0\\ \dfrac{\partial L(p,m,\lambda)}{\partial m}=0\\ \dfrac{\partial L(p,m,\lambda)}{\partial \lambda}=0\end{cases}$$

政府决策的最优解 p_2^*、q_2^* 和 m^* 为

$$\begin{cases}p_2^*=\dfrac{\psi A+(1+\psi)bk}{b(2\psi+1)}\\ q_2^*=\dfrac{(1+\psi)(A-bk)}{(2\psi+1)}\\ m^*=\dfrac{(C_0+\theta)}{\xi[v-(A-bp^*)]}-\dfrac{(p^*-k)(A-bp^*)}{[v-(A-bp^*)]}\end{cases}$$

由此可知，需求量补贴和价格补贴情形下，政府根据社会福利最大化决策的收费价格 p 是相同的；而在需求量补贴情形下，政府给予社会资本未实现需求量部分的单位补贴额 m 由需求量补贴标准 v 决定，且 m 与 v 成反比，政府设计的需求量补贴标准 v 越大，单位需求量补贴值 m 越小。

2）可行价格区间

在政府和社会资本谈判过程中，补贴会随着双方的谈判能力而发生变化；与价格补贴情形相同，政府的财政能力有限，设在需求量补贴情形下，政府给予社会资本未实现需求量的单位补贴为 m，该补贴值不随双方谈判能力发生改变。

（1）若 $\overline{m}>m^*$，政府和社会资本在 $[m^*,\overline{m}]$ 就补贴决策 m 进行谈判；同时，就收费价格决策，有如下关系成立：若 $\pi(p_\pi^2)>\pi(p_2^*)$，则在需求量补贴情形下，可行的收费价格区间为 $[p_2^*,\frac{1}{2}(\frac{A}{b}+k+m)]$，可行的需求量区间为 $[\frac{1}{2}(A-bk-bm),q_2^*]$。

证明：当需求量补贴标准为 $m^*=\dfrac{(C_0+\theta)}{\xi[v-(A-bp^*)]}-\dfrac{(p^*-k)(A-bp^*)}{[v-(A-bp^*)]}$ 时，收费价格根据 Pareto 最优边界由起始点逐渐移动到 $\dfrac{\psi A+(1+\psi)bk}{(2\psi+1)b}$ 时，社会资本的利润刚好满足保留效用，满足社会资本的参与约束；因此，p_2^* 为社会资本参与该项目的最低收费价格，随着社会资本谈判能力的增加，收费价格逐渐增加，由社会资本利

润函数的性质可知，在 $[p_2^*, p_\pi^2]$ 社会资本的利润逐渐增加，收费价格高于 $p_\pi^2 = \frac{1}{2}(\frac{A}{b} + k + m)$ 时，社会资本的利润将减小，因此社会资本不会使定价高于该值，可行的收费区间为 $[p_2^*, \frac{1}{2}(\frac{A}{b} + k + m)]$，对应的可行需求量区间即为 $[\frac{1}{2}(A - bk - bm), q_2^*]$。由社会福利函数的性质可知，当收费价格在 $[p_2^*, \frac{1}{2}(\frac{A}{b} + k + m)]$ 区间时，社会福利函数是收费价格 p 的减函数，社会福利随着收费价格的增加而减小，即在社会资本利润增加的同时，社会福利减小。综上所述，在需求量补贴情形下，当最小需求保证量设置为 v 时，政府给予社会资本未实现需求量的单位补贴额大于等于 $m^* = \frac{(C_0 + \theta)}{\xi[v - (A - bp^*)]} - \frac{(p^* - k)(A - bp^*)}{[v - (A - bp^*)]}$，此时，政府与社会资本确定收费价格时，应在价格区间 $[p_2^*, \frac{1}{2}(\frac{A}{b} + k + m)]$ 进行决策，当收费价格小于 p_2^* 时，不能满足社会资本的参与约束；当收费价格大于 $\frac{1}{2}(\frac{A}{b} + k + m)$ 时，政府和社会资本的利益均会损失。

（2）若 $\overline{m} \leqslant m^*$，政府按照 $\overline{m}$ 给予社会资本补贴；此时，使社会资本满足参与约束的条件为

$$\pi_1 = \int_{T_c}^{T} ((pq - kq) + \overline{m}(v - q)) \mathrm{e}^{-rt} \, \mathrm{d}t - C_0 = \theta$$

对应的收费价格为 $p_{\overline{m}}^*$，此时，政府和社会资本针对收费价格的谈判区间为 $[p_{\overline{m}}^*, p_\pi^2]$。

8.1.4　两种情形下决策比较分析

本节旨在比较价格补贴及需求量补贴两种情形下，政府和社会资本的决策行为。

1. Pareto 最优区间对比

当 $s < \frac{1}{2\psi + 1}(\frac{A}{b} - k)$ 时，价格补贴及需求量补贴两种情形下政府和社会资本的决策如表 8.2 所示。

表8.2　价格补贴及需求量补贴两种情形下决策比较

项目	价格补贴决策	需求量补贴决策
Pareto 最优收费价格区间	$[k+\psi s, \frac{1}{2}(\frac{A}{b}+k-s)]$	$[k-m\psi, \frac{1}{2}(\frac{A}{b}+k+m)]$
Pareto 最优需求量区间	$[\frac{1}{2}(A+bs-bk), A-b(\psi s+k)]$	$[\frac{1}{2}(A-bk-bm), A-b(k-m\psi)]$
社会资本利润区间	$[\xi s(\psi+1)(A-b(k+\psi s))-C_0, \xi\frac{(A+bs-bk)^2}{4b}-C_0]$	$[\xi mv-\xi m(\psi+1)(A-b(k-m\psi))-C_0, \xi\frac{(A-bk-bm)^2}{4b}+\xi mv-C_0]$
社会福利区间	$[\frac{\xi(A-b(k+\psi s))^2}{2b}-\frac{\xi(A-b(k+\psi s)-sb(\psi+1))^2}{8b}-C_0, \frac{\xi[A-b(\psi s+k)]^2}{2b}-C_0]$	$[\frac{\xi(A-b(k-m\psi))^2}{2b}-\frac{\xi(A-b(k-m\psi)+mb(\psi+1))^2}{8b}-\xi\psi mv-C_0, \frac{\xi(A-b(k-\psi m))^2}{2b}-\xi\psi mv-C_0]$
最优补贴价格	$s^*=\frac{(C_0+\theta)(2\psi+1)}{\xi(A-bk)(1+\psi)}-\frac{(A-bk)\psi}{b(2\psi+1)}$	$m^*=\frac{(C_0+\theta)}{\xi[v-(A-bp^*)]}-\frac{(p^*-k)(A-bp^*)}{[v-(A-bp^*)]}$

与价格补贴情形相比，在需求量补贴情形中，政府的最优决策下定价减少了 $\psi(s+m)$，社会资本的最优决策下定价增加了 $\frac{1}{2}(s+m)$，Pareto 最优收费价格区间扩大，表示在需求量补贴时，政府最优定价低，社会资本最优定价高。政府最优决策下需求量增加了 $\psi b(s+m)$，社会资本最优决策下需求量减少了 $\frac{1}{2}b(s+m)$，Pareto 最优需求量区间扩大，表示在需求量补贴时，政府最优决策下需求量高，社会资本最优决策下需求量低。

2. 补贴模式的对比

在价格补贴情形下，当政府按照单位需求量 r 给予社会资本补贴时，收费价格为 $p_1(\sigma)=\frac{1}{2-\sigma}[\frac{(1-\sigma)A}{b}+\sigma s(\psi+1)-s+k]$，需求量为 $q_1(\sigma)=\frac{A-b[\sigma s(\psi+1)+k-s]}{2-\sigma}$。

在需求量补贴情形下，当政府按照单位需求量 m 给予社会资本未实现需求量 $v-(A-bp)$ 补贴时，收费价格为 $p_2(\sigma)=\frac{1}{2-\sigma}[\frac{(1-\sigma)A}{b}-\sigma m(\psi+1)+m+k]$，需求量为 $q_2(\sigma)=\frac{A+b[\sigma m(\psi+1)-k-m]}{2-\sigma}$。将社会福利最大且社会资本利润满足保留效用时对应的政府谈判能力作为政府的最优可行谈判能力 σ^*。

命题 8.5 价格补贴情形和需求量补贴情形下，政府的最优可行谈判能力 σ^*

相同，均为 $\sigma^*=\dfrac{1}{\psi+1}$，且当政府的谈判能力为其最优可行谈判能力时，两种补贴机制的效果相同。

证明：对于价格补贴情形，当政府的谈判能力为最优的可行谈判能力 σ_1^* 时，有 $p_1(\sigma_1^*)=\dfrac{1}{2-\sigma_1^*}\left[\dfrac{(1-\sigma_1^*)A}{b}+\sigma_1^* s^*(\psi+1)-s^*+k\right]=\dfrac{\psi A+(\psi+1)bk}{(2\psi+1)b}$ 成立；对于需求量补贴情形，当政府的谈判能力为最优的可行谈判能力 σ_2^* 时，有 $p_2(\sigma_2^*)=\dfrac{1}{2-\sigma_2^*}\left[\dfrac{(1-\sigma_2^*)A}{b}-\sigma_2^* m^*(\psi+1)+m^*+k\right]=\dfrac{\psi A+(\psi+1)bk}{(2\psi+1)b}$ 成立，因此可知 $p_1(\sigma_1^*)=p_2(\sigma_2^*)$；当 $s<\dfrac{1}{2\psi+1}\left(\dfrac{A}{b}-k\right)$ 时，$p_1(\sigma)$ 和 $p_2(\sigma)$ 均是 σ 的减函数，存在 $\sigma=\dfrac{1}{\psi+1}$ 使 $p_1(\sigma)=p_2(\sigma)$，将 $\sigma=\dfrac{1}{\psi+1}$ 代入 $p_1(\sigma)$ 和 $p_2(\sigma)$ 的表达式，可得 $p_1(\sigma)=p_2(\sigma)=\dfrac{\psi A+(\psi+1)bk}{(2\psi+1)b}$，因此政府的最优可行谈判能力 σ^* 为 $\dfrac{1}{\psi+1}$，在价格补贴和需求量补贴情形下有 $p_1(\sigma^*)=p_2(\sigma^*)$ 存在；当两种补贴情形下的收费价格相同时，若社会资本利润也相同，那么必定存在政府的补贴总额、消费者剩余及社会福利也相同，因此当 $\sigma^*=\dfrac{1}{\psi+1}$ 时，两种补贴的效果是相同的，证毕。

命题 8.5 说明对于价格补贴和需求量补贴两种补贴情形，当政府的谈判能力为 $\dfrac{1}{\psi+1}$ 时，两种情形下的收费价格相等，且均为最优的收费价格，即使得社会资本利润均刚好满足其保留效用且社会福利达到最大。由此可知，当政府的谈判能力为 $\dfrac{1}{\psi+1}$ 时，不论选择价格补贴还是需求量补贴，两种补贴机制是不存在差异的。

命题 8.6　当政府谈判能力相同且小于政府的最优可行谈判能力 σ^* 时，价格补贴情形下的收费价格低于需求量补贴情形下的收费价格。

证明：当政府的谈判能力为政府的最优可行谈判能力时，有 $p_1(\sigma^*)=p_2(\sigma^*)$，$q_1(\sigma^*)=q_2(\sigma^*)$，$W_1(\sigma^*)=W_2(\sigma^*)$，$\pi_1(\sigma^*)=\pi_2(\sigma^*)=\theta$ 存在，由 $p_1(\sigma^*)-p_2(\sigma^*)=0$ 可得 $\sigma^* s^*(\psi+1)-s^*=-\sigma^* m^*(\psi+1)+m^*$。对于价格补贴和需求量补贴情形，当政府的谈判能力 σ 相同且小于政府的最优可行谈判能力 σ^* 时，有 $p_1(\sigma)>p_1(\sigma^*)$ 及 $p_2(\sigma)>p_2(\sigma^*)$ 成立。由于函数 $\sigma s(\psi+1)-s$ 是 σ 的增函数，当 $\sigma<\sigma^*$ 时，$\sigma s(\psi+1)-s<\sigma^* s(\psi+1)-s$；函数 $-\sigma m(\psi+1)+m$ 是 σ 的减函数，当 $\sigma<\sigma^*$ 时，$-\sigma m(\psi+1)+m>-\sigma^* m(\psi+1)+m$，有 $\sigma s(\psi+1)-s<-\sigma m(\psi+1)+m$，因此

$p_1(\sigma) - p_2(\sigma) = \dfrac{1}{2-\sigma}[(\sigma s(\psi+1) - s) - (-\sigma m(\psi+1) + m)] < 0$，即有 $p_1(\sigma) < p_2(\sigma)$ 成立，证毕。

命题 8.6 表明当政府的谈判能力比其最优的可行谈判能力小时，对于确定的政府谈判能力，价格补贴下的 Pareto 最优收费价格更低，因此对应的需求量更高，且消费者剩余更大。

命题 8.7　当政府的谈判能力相同且小于政府的最优可行谈判能力 σ^* 时，价格补贴情形下的社会福利较高，需求量补贴情形下的社会资本利润较高。

证明：根据价格补贴和需求量补贴两种情形下社会福利函数和社会资本利润函数的性质，可知其随收费价格的增加呈先增后减的趋势，并且收费价格应处于使社会福利最大化和使社会资本利润最大化的价格之间；通过社会福利函数和社会资本利润函数可知，价格补贴情形下社会福利函数的对称轴大于需求量补贴情形下社会福利函数的对称轴，需求量补贴情形下社会资本利润的对称轴大于价格补贴情形下社会资本利润函数的对称轴；同时，由于 $p_1(\sigma^*) = p_2(\sigma^*)$，$W_1(\sigma^*) = W_2(\sigma^*)$ 及 $\pi_1(\sigma^*) = \pi_2(\sigma^*)$，可知社会福利函数图象应在对称轴右边存在交点，社会资本利润函数应在对称轴左边存在交点，图 8.2 为价格补贴和需求量补贴两种情形下社会福利和社会资本利润的图象；由命题 8.6 可知，当政府谈判能力相同且小于可行的政府最优谈判能力时，价格补贴情形下的收费价格低于需求量补贴情形下的收费价格，由此可知，当政府谈判能力小于政府的最优谈判能力时，在相同的谈判能力下，价格补贴情形下的社会福利大于需求量补贴情形下的社会福利，价格补贴时的社会资本利润小于需求量补贴情形下的社会资本利润，证毕。

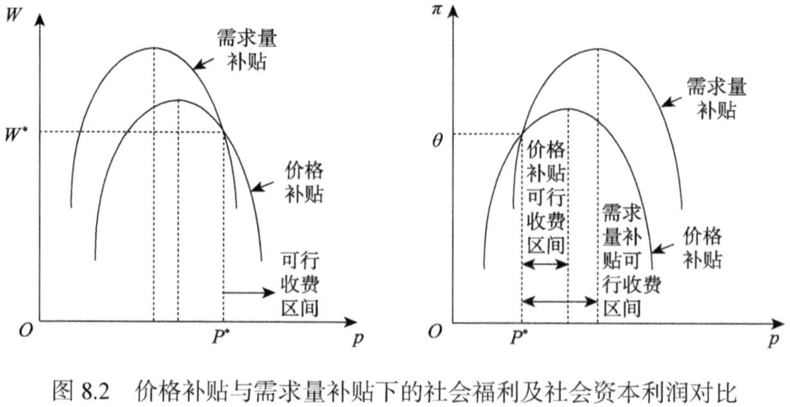

图 8.2　价格补贴与需求量补贴下的社会福利及社会资本利润对比

命题 8.7 表明当政府的谈判能力比其最优的可行谈判能力小时，对于确定的政府谈判能力，由于价格补贴情形下的社会福利大于需求量补贴情形下的，则选择价格补贴模式对于政府更有利，价格补贴会使社会福利较大；选择需求量补贴模式对社会资本更为有利，需求量补贴会使社会资本利润较大。

8.2　案例分析

8.2.1　案例背景

为了检验上述模型所得结论，本节以交通类 PPP 项目作为案例进行验证。在案例中，假设某一交通类项目通过 PPP 模式建设并运营，收费价格、单位需求量补贴价格、运营成本的单位均是元，每年项目需求量的单位是千万辆，建设成本、社会资本利润及社会福利的单位是亿元，项目的建设期为五年，特许运营期为 20 年（不含建设期），折现系数为 5%，因此 $\xi=\int_{T_c}^{T}\mathrm{e}^{-rt}\mathrm{d}t\approx 10$；项目的建设成本为 150 亿元，即 $C_0=150$；经过测算预估该交通 PPP 项目建成后，在运营期内需求函数为 $q=60-2p$，即 $A=60, b=2$；社会资本运营成本函数为 $C(q)=10q$，即 $k=10$；税收成本系数 ψ 为 0.2。

由此可知，在政府未给予社会资本补贴时，在特许期内社会资本的利润为 $\pi(p)=-2p^2+80p-750$；消费者剩余为 $\mathrm{CS}(p)=p^2-60p+900$；社会福利为 $W=-p^2+20p+150$。

8.2.2　Pareto 最优决策数值分析

1. 价格补贴情形下的 Pareto 最优决策

1）Pareto 最优区间数值分析

在政府给予社会资本价格补贴时，由上述数据可得，当 $s<7.14$ 时，社会资本在最优决策下的定价高于政府定价，此时的 Pareto 最优定价区间是 $[10+0.2s, 20-0.5s]$，需求量区间为 $[20+s, 40-0.4s]$，在社会资本最优决策下，

社会资本的利润为 $\pi_{\pi}^{1}=0.5s^{2}+20s+50$；在政府的最优决策下，社会福利为 $W_{w}^{1}=0.04s^{2}-8s+250$；当 $s>7.14$ 时，政府在最优决策下的定价高于社会资本定价，此时的 Pareto 最优定价区间、需求量区间、社会资本利润区间及社会福利区间均与上述相反，价格补贴情形下的 Pareto 最优区间如图 8.3 所示。

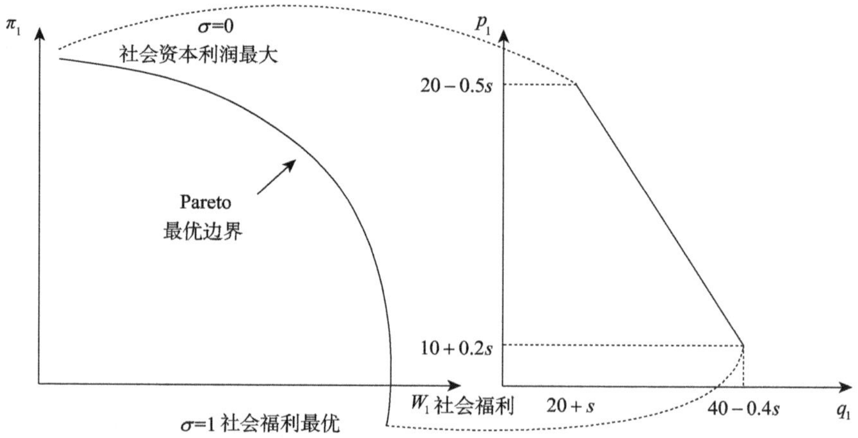

图 8.3 价格补贴情形下的 Pareto 最优区间

2）最优补贴价格及可行价格区间

假设社会资本的保留效用 $\theta=6$（投资收益率为 4%），则政府的最优化问题为

$$\begin{cases}\max\ W=-p^{2}+20p+\dfrac{2}{5}ps-12s+150\\ \text{s.t.}\quad \pi=-2p^{2}+80p-2ps+60s-750\geqslant 6\end{cases}$$

求解得

$$\begin{cases}p_{1}^{*}=12.86\\ s^{*}=1.69\end{cases}$$

因此，在政府给予社会资本价格补贴情形下，政府部门追求社会福利最优，同时需要考虑社会资本的利润满足保留效用下的收费价格为 12.86 元，单位需求量的补贴价格为 1.69 元，此时的需求量为 34.28 亿人次，社会福利为 230.23 亿元。

在不考虑社会资本利润时，政府在最优决策下的收费价格为 10.34 元，若政府按照单位需求量 1.69 元进行价格补贴，社会资本的利润为−70 亿元。由此，当完全按照政府最优决策下的收费价格定价时，社会资本达不到参与约束。因此，可行的价格区间为[12.86，19.16]，可行的需求量区间为[21.68，34.28]，社会资本的可行利润区间为[0，85.29]，社会福利可行区间为[158.93，230.23]。

3）谈判能力的作用

假设政府财政能力有限，给予社会资本单位需求量的补贴额 $\bar{s}$ 刚好为 1.69 元，当政府的谈判能力 σ 不同时，由收费价格与政府谈判能力的关系式 $p_1(\sigma)=\frac{1}{2-\sigma}[\frac{(1-\sigma)A}{b}+\sigma s(\psi+1)-s+k]$ 可知，$p_1(\sigma)=\frac{1}{2-\sigma}[30(1-\sigma)+1.2\sigma s-s+10]$，可得价格补贴情形下不同政府谈判能力的 Pareto 最优决策数值，如表 8.3 所示。收费价格 p 及社会资本利润 π 与政府的谈判能力 σ 成反比，社会福利 W 与政府的谈判能力 σ 成正比，当政府的谈判能力 σ 为 0.83 时，社会资本刚好满足其保留效用。

表8.3　价格补贴情形下不同政府谈判能力的Pareto最优决策数值

σ	0	0.2	0.4	0.6	0.8	1.0
p^*	19.16	18.18	16.95	15.38	13.28	10.34
q^*	21.68	23.64	26.10	29.24	33.44	39.32
W^*	158.77	175.10	192.88	211.17	227.94	236.59
π^*	85.23	83.33	75.50	56.73	16.20	−70.18

2. 需求量补贴情形下的 Pareto 最优决策

1）Pareto 最优区间数值分析

在政府给予社会资本需求量补贴时，由讨论可得，Pareto 最优定价区间是 $[10-0.2m,20+0.5m]$，需求量区间为 $[20-m,40+0.4m]$，在社会资本最优决策下，社会资本的利润为 $\pi_\pi^2=0.5m^2-20m+mv+50$；在政府的最优决策下，社会福利为 $W_w^2=0.04m^2+8m-0.2mv+250$，因此可得在需求量补贴情形下的 Pareto 最优区间，如图 8.4 所示。

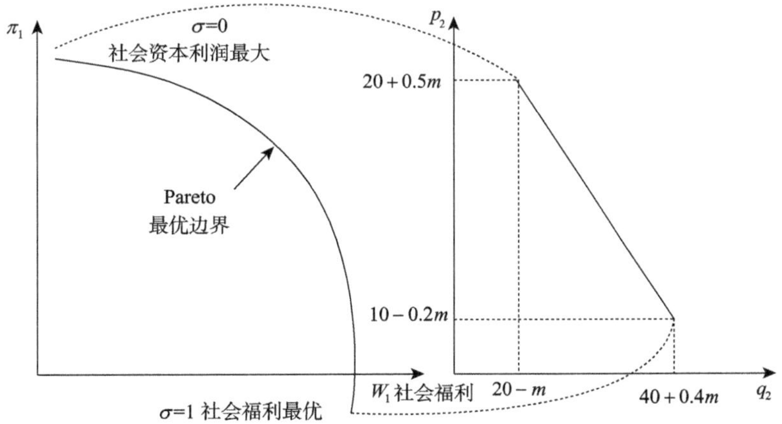

图 8.4　需求量补贴情形下的 Pareto 最优区间

2）最优补贴价格及 Pareto 可行区间

假设社会资本的保留效用$\theta=6$（投资收益率为 4%），政府需求量补贴标准$v=60$，则政府的最优化问题为

$$\begin{cases}\max\ W=-p^2+20p-0.4pm+12m-0.2mv+150\\ \text{s.t.}\quad \pi=-2p^2+80p+2pm-60m+mv-750\geqslant 6\end{cases}$$

求解得

$$\begin{cases}p_1^*=12.86\\ m^*=2.26\end{cases}$$

在政府给予社会资本需求量补贴情形下，政府部门追求社会福利最优，同时，需要考虑社会资本的利润满足保留效用，该情形下的收费价格为 12.86 元。需求量补贴情形与价格补贴情形下的收费价格相同，单位需求量的补贴价格为 2.26 元，此时的需求量为 34.28 亿人次，社会福利为 230.23 亿元，与价格补贴时的相同。由社会资本利润函数可知，当政府针对未实现的单位需求量补贴价格m越高且需求量补贴标准v越高时，社会资本将获得较高的收益。

在不考虑社会资本利润时，政府在最优决策下的收费价格为 9.55 元，若政府针对未实现的需求量按照单位补贴价格为 2.26 元进行补贴时，社会资本的利润为−125.24 亿元，因此，当完全按照政府最优决策下的收费价格定价时，社会资本达不到参与约束。进而，可行的价格区间为[12.86，21.13]，可行的需求量区间为[17.74，34.28]，社会资本的可行利润区间为[0，142.95]，社会福利可行区间为[107.02，230.23]。

3）谈判能力的作用

假设政府财政能力有限，给予社会资本未实现的需求量单位补贴$\bar{m}$刚好为 2.26 元，政府需求量补贴标准$v=60$，当政府的谈判能力σ不同时，由收费价格与政府谈判能力的关系式$p_2=\frac{1}{2-\sigma}[\frac{(1-\sigma)A}{b}-\sigma m(\psi+1)+k+m]$可得，需求量补贴情形下不同政府谈判能力的 Pareto 最优决策数值，如表 8.4 所示。在需求量补贴情形下，收费价格p及社会资本利润π与政府的谈判能力σ成反比，社会福利W与政府的谈判能力σ成正比，当政府的谈判能力σ为 0.83 时，社会资本刚好满足其保留效用，价格补贴和需求量补贴情形下，政府最优的可行谈判能力相等，且$\sigma=\frac{1}{1+0.2}=0.83$。

表8.4　需求量补贴情形下不同政府谈判能力的Pareto最优决策数值

σ	0	0.2	0.4	0.6	0.8	1.0
p^*	21.13	19.84	18.23	16.17	13.41	9.55
q^*	17.74	20.32	23.54	27.66	33.18	40.9
W^*	107.02	135.24	165.79	197.31	226.25	241.16
π^*	142.95	139.63	126.13	93.75	23.76	−125.24

对比表 8.3 和表 8.4 可知对于数值案例下，在可行区间内，当政府的谈判能力相同时，价格补贴情形下的社会福利较高，需求量补贴情形下的社会资本利润较高，因此政府和社会资本可以根据决策目标的权衡选择合适的补贴方式。

4）对需求量补贴标准的探讨

对政府需求量补贴标准 v 设定不同的值，在社会福利最优且社会资本满足其保留效用情形下，可以得到需求量补贴标准 v 对其他决策变量的影响，如表 8.5 所示。

表8.5　需求量补贴标准v对其他决策变量的影响

v	60	70	80	90	100
m	2.26	1.625	1.27	1.04	0.883
p_2	12.86	12.86	12.86	12.86	12.86
q_2	34.28	34.28	34.28	34.28	34.28
W_2	230.23	230.23	230.23	230.23	230.23
π_2	6.00	6.00	6.00	6.00	6.00

由表 8.5 可知，当政府设置的需求量标准 v 不同时，其针对未实现需求量的补贴价格 m 也不同。具体地，v 与 m 成反比，即 v 越大，补贴价格 m 越小；在可行的政府最优决策下，收费价格 p、需求量 q、社会福利 W 及社会资本利润 π 不受 v 和 m 影响。

当需求量标准 v 和补贴价格 m 不同时，不同政府谈判能力下的 Pareto 最优决策数值也会发生相应变化。在需求量补贴情形下，根据收费价格与谈判能力系数的表达式 $p_2=\dfrac{1}{2-\sigma}[30(1-\sigma)-1.2\sigma m+10+m]$、$W_2=-p_2^2+20p_2-0.4p_2m+12m-0.2mv+150$ 及 $\pi=-2p^2+80p+2pm-60m+mv-750=6$ 可知，随着最小需求量保证系数 v 的增加，政府对未实现需求量的补贴价格 m 随之减小。在社会福利最大且社会资本利润满足保留效用时，将对应的政府谈判能力作为可行的政府最优谈判能力，此时，如果政府的谈判能力小于可行的政府最优谈判能力，且当政府谈判能力系数 σ 确定时，收费价格 p 随着政府补贴 m 的减小而减小，需求量 q 随

着 m 的减小而增加，社会福利随着 m 的减小而增加，社会资本利润 π 随着 m 的减小而降低；如果政府的谈判能力大于可行的政府最优谈判能力，社会资本的利润小于其保留效用，社会资本不会参与该项目的建设和运营。各个参数之间的影响关系如表 8.6 所示。

表8.6　需求量补贴情形下不同政府谈判能力的Pareto最优决策数值

v=60，m=2.26						
σ	0	0.2	0.4	0.6	0.8	1.0
p	21.13	19.84	18.23	16.17	13.41	9.55
q	17.74	20.32	23.54	27.66	33.18	40.9
W	107.02	135.24	165.79	197.31	226.25	241.16
π	142.95	139.63	126.13	93.75	23.76	−125.24
v=70，m=1.625						
σ	0	0.2	0.4	0.6	0.8	1.0
p	20.81	19.575	18.03	16.04	13.39	9.675
q	18.375	20.85	23.94	27.92	33.225	40.65
W	116.31	142.35	170.58	199.85	226.57	240.356
π	132.57	129.51	117.065	87.00	22.31	−115.52
v=80，m=1.27						
σ	0	0.2	0.4	0.6	0.8	1.0
p	20.635	19.425	17.91	15.97	13.376	9.75
q	18.73	40.575	24.17	28.06	33.25	40.51
W	121.33	146.22	173.21	201.19	226.73	239.91
π	127.00	124.08	112.19	83.45	21.61	−110.13
v=90，m=1.04						
σ	0	0.2	0.4	0.6	0.8	1.0
p	20.52	19.33	17.84	15.92	13.37	9.79
q	18.96	21.34	24.32	28.16	33.26	40.42
W	124.55	148.71	174.91	202.06	226.86	239.64
π	123.34	120.50	108.96	81.06	21.04	−106.84
v=100，m=0.883						
σ	0	0.2	0.4	0.6	0.8	1.0
p	20.44	19.26	17.79	15.89	13.36	9.82
q	19.12	21.48	24.43	28.22	33.27	40.35
W	126.69	150.35	176.02	202.62	226.91	239.44
π	121.03	118.25	106.94	79.61	20.81	−104.46

将价格补贴与需求量补贴模式进行对比，通过表 8.3 和表 8.6 可知，当政府谈判能力相同且小于可行的最优政府谈判能力时，价格补贴情形下的收费价格较需求量补贴情形下的小。价格补贴较需求补贴情形下的需求量高，社会福利较大，而社会资本利润较小。因此，对于政府而言，选择价格补贴比需求量补贴更优，而对于社会资本而言，需求量补贴比价格补贴模式更优。

第 9 章　案例讨论——北京地铁 4 号线和大连地铁 4 号线

在第 8 章中，介绍了 PPP 项目需求不确定而导致的收益不足问题，研究了价格补贴和需求量补贴的最优决策机制。在实际 PPP 项目中，政府部门根据各地经济情况和项目特点，在特许权协议中明确规定了价格补贴和需求量补贴机制。本章通过两个 PPP 项目案例，对面临需求不确定条件下政府给予社会资本的多种补贴方式进行简要介绍。

9.1　北京地铁 4 号线

9.1.1　案例背景

北京地铁 4 号线是一条贯穿北京市南北城区的地铁线路，由北京市政府与香港地铁公司合作建成。4 号线南终点站位于大兴区天宫院，北终点站位于海淀区安河桥。该线于 2009 年 9 月 28 日开通运营首段（公益西桥站至安河桥北站），2010 年 12 月 30 日开通运营大兴线部分（新宫站至天宫院站），总线设车站 35 个，全长 50 千米。该项目首段工程建设期为 2005~2009 年，项目建设分为 A 和 B 两个部分，A 部分建设主要为地铁土建工程，包括地铁车站、车辆穿行的洞体等，投资额 107 亿左右，由政府部门投资成立的北京地铁 4 号线投资有限责任公司全权负责投资建设；B 部分建设主要为车辆设备、信号设置等。其中，土建部分由北京市政府投资，约占整个 4 号线总投资的 70%，而香港地铁公司在 B 部分全部投资 46 亿元左右，约占整个 4 号线总投资的 30%。4 号线建设时期，国内轨道交通 PPP 模式尚不成熟，定价机制和客流风险分担机制未完全建立，传统体制下国内地铁运营数据仍不透明，无法获取全面、准确、长周期的财务和运营数据，各项收入曲线和生命周期成本曲线难以建立，但为了方便乘客出行，站内设置有自动售票机、公用电话、自动取票机、电子信息牌、展览区、免费杂志等，丰富乘客出行体验。根据北京市政府与香港港铁首创的特许经营协议可知，北京地铁 4 号线的 PPP 模式采用地铁加物业的可行性缺口补助模式，由香港地铁、京投公司、首创集团出资成立京港地铁有限公司，并作为北京地铁 4 号线的 PPP 项目公司，负责 4 号线的投资、建设、运营。

9.1.2　补贴机制

北京地铁 4 号线 PPP 项目中政府方和社会资本的顺畅合作，得益于项目具有合理的收益分配机制及有效的风险分担机制。该项目通过票价机制和客流机制的巧妙设计，在社会资本的经济利益和政府方的公共利益之间找到了有效平衡点，在为社会资本带来合理预期收益的同时，提高了北京市轨道交通领域的管理和服务效率。

1. 票价补贴

4 号线运营票价实行政府定价管理，实际平均人次票价不能完全反映地铁线路本身的运行成本和合理收益等财务特征。此项目采用“测算票价”作为确定投资方运营收入的依据，同时建立了测算票价的调整机制。以测算票价为基础，特许经营协议中约定了相应的票价差额补偿和收益分享机制，构建了票价风险的分担机制。如果实际票价收入水平低于测算票价收入水平，市政府需就其差额给予特许经营公司补偿。如果实际票价收入水平高于测算票价收入水平，特许经营公司应将其差额的 70%返还给市政府。4 号线 PPP 项目票价补偿和返还机制如图 9.1 所示。

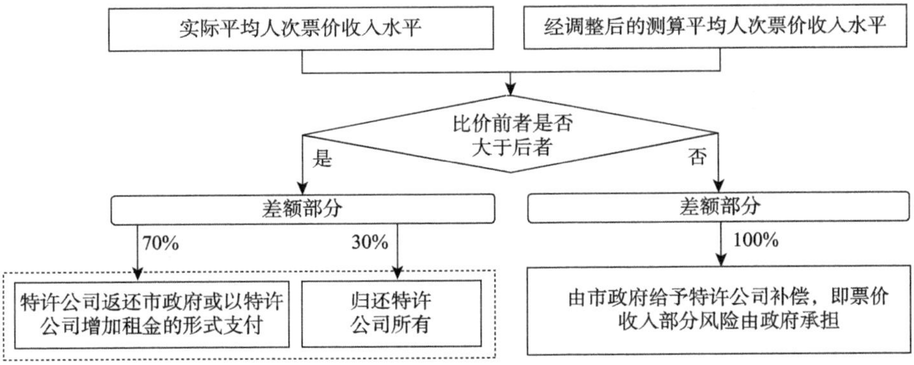

图 9.1　票价补偿和返还机制

2. 客流机制

票款是 4 号线实现盈利的主要收入来源，由于采用政府定价，客流量成为影响项目收益的主要因素。客流量既受特许公司服务质量的影响，也受市政府城市规划等因素的影响，因此，需要建立一种风险共担、收益共享的客流机制。4 号线项目的客流机制为：当客流量连续三年低于预测客流的 80%，特许经营公司可申请补偿，或者放弃项目；当客流量超过预测客流时，政府分享超出预测客流量 10%以内票款收入的 50%、超出客流量 10%以上的票款收入的 60%。4 号线项目的客流机制充分考虑了市场因素和政策因素，其共担客流风险、共享客流收益的原则符合轨道交通行业特点和 PPP 模式要求。

9.2 大连地铁 4 号线

9.2.1 案例背景

大连地铁 4 号线西起营城子，东至龙头石，一期线路长度 22.797 千米，设站 16 座（含换乘车站 7 座）；二期线路长度 5.026 千米，设站 3 座。大连地铁 4 号线采用 PPP 模式社会资本参与项目的投资、融资、建设、运营、更新维护和管理工作。地铁 4 号线 PPP 项目计划于 2017 年 5 月开工，2022 年 4 月底全线通车试运营，建设期 5 年。根据初设概算，地铁 4 号线一期和二期工程总投资约 204.69 亿元，其中一期工程总投资 175.67 亿元，二期工程总投资 29.01 亿元。项目建成后初期、近期、远期的全日客运量分别为 24.3 万人次/日、39.2 万人次/日、50.2 万人次/日。

9.2.2 补贴机制

在特许经营期内的各运营年度，如果当年实际平均人次票价收入水平低于当年约定平均人次票价收入水平，其差额由项目实施机构给予项目公司补偿。实际平均人次票价收入水平是指，项目公司在执行市政府行政主管部门制定的运营票价的前提下，以项目公司当年实际票款收入与当年实际客流量相除所得的平均人次票价收入水平。计算公式为

实际平均人次票价收入水平=当年实际票款收入÷当年实际客流量

票价差额补偿计算公式为

票价差额补偿=该运营年调整后的约定平均人次票价收入水平×当年协议客流量

－该运营年实际平均人次票价收入水平×当年实际客流量

其中，当年协议客流量为

如果当年实际客流量高于当年预测客流量的 85%（含 85%），但低于当年预测客流量的 100%（含 100%），则当年协议客流量即为当年实际客流量；

如果当年实际客流量高于当年预测客流量的 100%（不含 100%），则当年协议客流量即为当年预测客流量；

如果当年实际客流量低于当年预测客流量的 85%（不含 85%），且该年未被纳入到上一个检验周期，则自该年起连续三个运营年（含该年）作为一个检验周期，在每个检验周期内，按照如下方式确定该检验周期内任一运营年度的当年协议客流量：

（1）如果任一检验周期内，检验期年平均实际客流量低于检验期年平均预测客流量的 85%（不包括 85%），则该检验周期内，任一年协议客流量即为该年预测客流量的 85%；

（2）如果任一检验周期内，检验期年平均实际客流量高于检验期年平均预测客流量的 85%（包括 85%），则对于该检验周期内任何一个运营年的协议客流量即为当年实际客流量；如果当年实际客流量超过当年预测客流量的 100%（不含 100%），则该运营年的当年协议客流量即为当年预测客流量；

（3）检验期年平均实际客流量、检验期年平均预测客流量定义如下：

检验期年平均实际客流量=（同一检验周期内第一年的实际客流量+同一检验周期内第二年的实际客流量+同一检验周期内第三年的实际客流量）÷3

上述公式中，当某一年的实际客流量高于当年预测客流量 100%时，实际客流量需用当年预测客流量替换。

检验期年平均预测客流量=（同一检验周期内第一年的预测客流量+同一检验周期内第二年的预测客流量+同一检验周期内第三年的预测客流量）÷3

当 PPP 项目面临较大的需求不确定风险，项目使用者付费不足以满足项目公司收回成本和合理回报，需要政府提供相应的补贴。由以上两个案例可以看出，政府可针对价格进行补贴或者针对需求量进行补贴。除此之外，根据不同项目特征，政府可设置更多更具灵活性的补贴方式。合理的政府补贴不仅有利于政府控制财政支出预算，而且有利于实现社会资本的合理回报，在保障公众利益的前提下满足商业诉求。

本篇参考文献

[1] Engel E，Fischer R，Galetovic A. Least-present-value-of-revenue auctions and highway franchising [J]. Journal of Political Economy，2001，109（5）：993-1020.

[2] Albalate D，Bel G. Regulating concessions of toll motorways：an empirical study on fixed vs. variable term contracts [J]. Transportation Research Part A，2009，43（2）：219-229.

[3] Xu Y L, Sun C S, Skibniewski M J, et al. System Dynamics(SD)-based concession pricing model for PPP highway projects [J]. International Journal of Project Management，2012，30（2）：240-251.

[4] Blank F F，Baidya T，Dias M. Real options in public private partnership-case of a toll road concession[C]. The 13th Annual International Conference on Real Options，2009.

[5] Ashuri B，Kashani H，Molenaar K，et al. A valuation model for choosing the optimal minimum revenue guarantee（MRG）in a highway project：a real option approach[C]. Construction Research Congress 2010，2010，(4)：1244-1253.

[6] 王东波，宋金波，戴大双，等. 弹性需求下交通 BOT 项目特许期决策[J]. 管理工程学报，2011，25（3）：116-122.

[7] 郭健，尹洁林，林则夫. 期权视角下高速公路 BOT 项目风险分担策略研究[J].科技管理研究，2013，(13)：223-228.

[8] 郭健. 公路基础设施 PPP 项目交通量风险分担策略研究[J]. 管理评论，2013，7：11-19，37.

[9] 金宇翔. 基于实物期权的 PPP 项目特许价格决策研究[D]. 西南交通大学硕士学位论文，2014.

[10] 杨宏伟，何建敏，周晶. 在 BOT 模式下收费道路定价和投资的博弈决策模型[J].中国管理科学，2003，(2)：30-33.

[11] 赵立力，游琦. 高速公路 BOT 项目调节基金决策机制研究[J]. 管理工程学报，2013，27(3)：81-86.

[12] 杨卫华. 基于风险分担的高速公路 BOT 项目特许定价研究[D]. 大连理工大学博士学位论文，2007.

[13] Boljkovac C，Kolk J van D. United Nations institute for training and research[A]. Chemicals，Environment，Health，2011，(32)：443-451.

[14] Tan Z J，Yang H. Flexible build-operate-transfer contracts for road franchising under demand uncertainty [J]. Transportation Research Part B，2012，46（10）：1419-1439.

[15] 杨卫华，戴大双，韩明杰. 基于风险分担的污水处理 BOT 项目特许价格调整研究[J]. 管理学报，2008，5（3）：366-370.

[16] 宋金波，靳璐璐，付亚楠. 公路 BOT 项目收费价格和特许期的联动调整决策[J]. 系统工程理论与实践，2014，34（8）：2045-2053.

[17] Kang C C，Feng C M，Huang S C. A new financial engineering model for analyzing the royalty of BOT projects：the Taiwan case[C]. IEEE International Conference on Industrial Engineering and Engineering Management，2007：277-281.

[18] 杨宏伟，周晶，何建敏. 基于博弈论的交通 BOT 项目特许权期的决策模型[J]. 管理工程学报，2003，17（3）：93-95.

[19] 舒浩. 基于实物期权的 PPP 项目政府最低产品需求量担保与收益限制水平决策研究[D]. 西南交通大学硕士学位论文，2013.

[20] Nombela G，Rus G. Flexible-term contracts for road franchising[J]. Transportation Research Part A，2004，38（3）：163-179.

[21] Tan Z. Capacity and toll choice of an add-on toll road under various ownership regimes[J]. Transportation Research Part E：Logistics and Transportation Review，2012，48（6）：1080-1092.

[22] Taylor T A. Supply Chain coordination under channel rebates with sales effort effects[J]. Management Science，2002，48（8）：992-1007.

[23] 靳璐璐. 基于实物期权的公路 BOT 项目超额收益决策研究[D]. 大连理工大学硕士学位论文，2015.

[24] Song J B，Jin L L，Dong W L. Excess revenue allocation for build-operate-transfer highway projects[J]. Journal of Transport Economics and Policy，2016，50（3）：304-324.

第四篇　PPP 项目的政府保证机制

第10章　最小需求量与排他性双重政府保证下的 Pareto 最优决策

当政府给予私人企业保证时，私人企业承担的项目风险将减小，其参与项目建设及运营的积极性会随之增加[1~3]。例如，香港西区海底隧道 PPP 项目中的政府保证对项目成功运作起到了积极促进作用[4]；智利交通项目中的最低收入保证降低了运营风险，同时激励了私人企业参与[5]；墨尔本 CityLink 项目中的最低收入保证促进了项目公司改善经营，并使政府能够更有效地配置资源[6]；巴西收费公路项目中的最小需求量保证吸引了私人投资者参与建设高风险基础设施项目[7]。

一些学者分析了政府保证对项目风险及私人企业决策行为的影响，如高峰等指出合理确定保证水平和保证上限有利于项目风险和收益的合理分配[8]；Wang 和 Liu[9]认为政府提供给私人企业的最低收入保证可以降低 PPP 项目的市场风险；Feng 等[10]从私人企业角度考察了不同政府保证对公路通行费、质量及容量的影响，研究结果表明最小交通量保证会导致公路通行费上升、公路质量下降，而价格补贴保证降低了通行费的同时提高了公路质量与公路容量；Sun 和 Zhang[11]基于修正的 NPV 财务评价模型和蒙特卡罗仿真方法，确定了 PPP 项目中的最低收入保障水平和税率之间的最优组合模型，以此来减少特许经营者获得超额利润或遭受亏损的情况。已有研究证实了具有政府保证的 PPP/BOT 项目成功的可能性更大，但大多数研究仅考虑了单一政府保证下的私人企业决策行为，而对多种政府保证行为共同作用的研究不足，尤其缺乏不同政府保证组合对私人企业利润及社会福利影响差异的分析。在 PPP 实践中，往往会出现多重保证组合的情形，如闽江四桥项目的最低收入保证与排他性保证组合，长春汇津污水处理厂的照付不议保证与调价保证组合。

考虑到既有文献中关于政府保证组合研究的不足，下文将拓展 PPP 项目中关于政府保证的研究。在实践中，实际需求量不足往往是私人企业运营过程中需要解决的问题之一，能否拥有垄断经营的特权也是私人企业是否参与项目的主要因素之一。因此，本章以最小需求量保证和排他性保证两种保证行为作为研究对象，通过构建多目标规划模型，对比分析排他性保证情形、最小需求量保证垄断情形、最小需求量保证竞争情形下政府和私人企业的最优决策结果，进而得到社会福利最大化的最优保证组合。本章是对 PPP 项目中政府保证契约理论的进一步研究与探索，所得出的结论可以为合理设计 PPP 项目契约中的政府保证条款提供理论依据。

10.1 Pareto 最优决策模型的构建

10.1.1 基本假设

假设一：政府和私人企业都是有限理性的，政府目标是社会福利最大化，私人企业追求自身利润最大化，二者分别按照各自利益目标进行决策。

假设二：PPP 项目在运营期内的需求函数为 $d(p)$，其中，d 为项目所面临的需求量；p 为项目收费价格。为了简化分析，使用线性形式的需求函数，即 $d(p)=a-bp$，这种形式的需求函数已被广泛地应用于基础设施项目研究中[12~14]。线性形式的需求函数满足经济学中关于需求函数的一般假定及基本性质，能够很好地解释模型所得出结果的经济含义。在此需求函数中，a 为需求曲线的截距，b 为需求曲线的斜率，$a>0$、$b>0$，即需求量是价格的减函数。

假设三：私人企业的总成本由两部分构成：建设成本 M，运营成本 $C'=ed(0<e<\frac{a}{b})$，其中，e 为边际运营成本，$e<\frac{a}{b}$ 表示边际运营成本不能超过项目的最高收费价格，$e>0$ 说明运营成本是项目需求量的递增函数。总成本为 $C=ed+M$，将需求量代入成本函数，得到 $C=e(a-bp)+M$。

10.1.2 排他性保证情形下的 Pareto 最优决策分析

1. 模型的建立

排他性保证是指在 PPP 项目建设及运营期内，政府禁止其他企业建设类似项目来给予其垄断特许经营的权利。在此情形下，整个市场仅有一家私人企业提供服务，作为垄断者，其决策目标是选择使自身利润最大化的收费价格。由以上假

设，在不考虑折现的情形下，私人企业的利润函数为

$$\pi^1 = pd(p) - C \tag{10.1}$$

其中，π^1 表示排他性保证情形下私人企业利润；等式右边的第一项为运营收益；第二项为总成本。相比于私人企业利润决策目标，政府决策目标是选择使社会福利最大化的收费价格，社会福利一般由消费者剩余与私人企业利润之和来表示。社会福利函数可以表示为

$$W^1 = \mathrm{CS}^1 + \pi^1 \tag{10.2}$$

其中，W^1 表示排他性保证情形下的社会福利；等式右边的第一项为消费者剩余；第二项为私人企业利润。联立式（10.1）和式（10.2），可得如下双目标规划模型：

$$\begin{cases} \pi^1 = (p-e)(a-bp) - M \\ W^1 = \mathrm{CS}^1 + \pi^1 = \int_p^{\frac{a}{b}} (a-bx)\mathrm{d}x + (p-e)(a-bp) - M \end{cases} \tag{10.3}$$

考虑私人企业和政府分别决策时的结果。由利润函数最大化的一阶条件可知，私人企业设定的最优收费价格为 $p_\pi^1 = \dfrac{a+be}{2b}$ ，需求量为 $d_\pi^1 = \dfrac{a-be}{2}$ ，利润为 $\pi^1 = \dfrac{(a-be)^2}{4b} - M$ 。由社会福利函数最大化的一阶条件可知，政府设定的最优收费价格为 $p_W^1 = e$，需求量为 $d_W^1 = a - be$，社会福利为 $W^1 = \dfrac{(a-be)^2}{2b} - M$ 。由假设 $e < \dfrac{a}{b}$ 可知，政府设定的最优收费价格低于私人企业设定的最优收费价格，这是因为私人企业出于自身利润最大化设定了垄断价格，而政府出于社会福利最大化采取了边际运营成本定价。此外可知，较高的垄断收费价格对应较低的需求量，当需求函数为线性时，私人企业决策的最优需求量仅为政府决策的最优需求量的 $\dfrac{1}{2}$ 。上述分析说明，如果没有政府干预，私人企业决策下部分消费者无法享受 PPP 项目提供的服务，会造成消费者剩余的损失。由上述结果可以得到如下命题：

命题 10.1　双目标规划模型（10.3）下的 Pareto 最优收费价格区间为 $[e, \dfrac{a+be}{2b}]$，Pareto 最优需求量区间为 $[\dfrac{a-be}{2}, a-be]$。

证明：由式（10.1）可知，私人企业的利润函数 π^1 在收费价格区间 $[e, \dfrac{a+be}{2b}]$ 单调递增，由式（10.2）可知，社会福利函数 W^1 在收费价格区间 $[e, \dfrac{a+be}{2b}]$ 单调递

减。对于任一满足双目标规划模型（10.3）的最优收费价格 $p_1^{**} \in [e, \frac{a+be}{2b}]$，当 p_1^{**} 沿着 $\frac{a+be}{2b}$ 方向递增时，私人企业的利润 π^1 增加，社会福利 W^1 降低；当 p_1^{**} 沿着 e 方向递减时，私人企业的利润 π^1 降低，社会福利 W^1 增加。p_1^{**} 的任何改变或者使私人企业的利润降低，或者使得社会福利降低，不存在同时趋好的情形，故区间 $[e, \frac{a+be}{2b}]$ 为 Pareto 最优收费价格区间。同理可证区间 $[\frac{a-be}{2}, a-be]$ 为 Pareto 最优需求量区间。

由命题 10.1 所绘制出来的 Pareto 最优解集可以表示为图 10.1。在社会最优收费价格水平下，私人企业利润为负，故 Pareto 最优边界有一部分位于利润轴的负半轴。

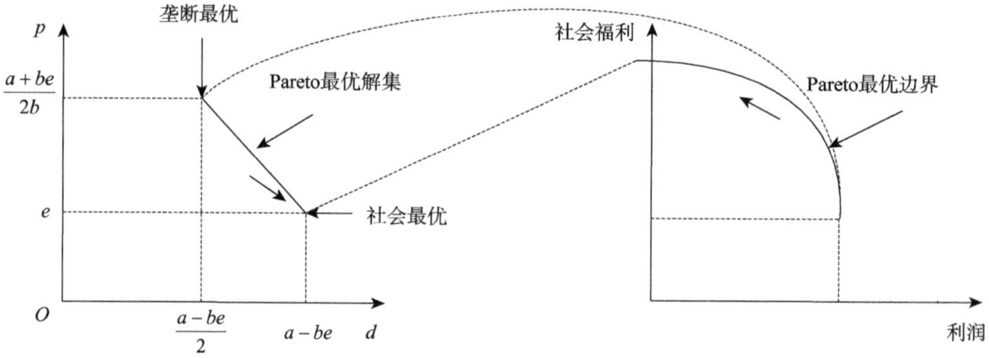

图 10.1　Pareto 最优边界

由命题 10.1 可知，任何低于 e 或高于 $\frac{a+be}{2b}$ 的定价都不是 Pareto 最优收费价格。这是因为不在 Pareto 最优契约曲线上的收费价格向 Pareto 最优契约曲线移动时，既可以增加私人企业的利润，又可以增加社会福利，即存在 Pareto 改进，表明 Pareto 最优契约曲线之外的收费价格都不是政府与私人企业的最优选择。然而，在 Pareto 最优契约曲线上，任一给定收费价格的变化至少会损害一方（政府或者私人企业）的利益，故政府和私人企业可以通过讨价还价方式达成一个对双方有利的收费价格和需求量。此外，图 10.1 右边的 Pareto 最优边界曲线给出了随着收费价格的变化，社会福利与私人企业利润之间的边际转换率。由 $\frac{d^2W^1}{d(\pi^1)^2} = \frac{b(be-a)}{(a-2bp+be)^3} < 0$ 可知，为了增加额外一单位私人企业的利润，所需要损失的社会福利是越来越多的，即社会福利与私人企业利润之间的边际转换率绝对值是递增的。

2. 利润、社会福利分析及可行收费价格区间的设定

如果私人企业按照政府设定的最优收费价格 $p_W^1 = e$ 运营，社会福利达到最大值，但此时私人企业的利润 $\pi_W^1 = -M < 0$，并不满足参与约束条件。反过来，若政府给予私人企业决策权，其会设定较高的垄断收费价格，垄断收费价格下的社会福利为 $W_\pi^1 = \frac{3(a-be)^2}{8b} - M$，其比政府设定最优收费价格下的社会福利降低了 $\frac{(a-be)^2}{8b}$。可见，在 Pareto 最优收费价格区间的两个端点进行合同签订会严重损害其中一方的利益。

分析表明，区间 $[e, \frac{a+be}{2b}]$ 虽然是 Pareto 最优收费价格区间，但并不一定是可行的收费价格区间。进一步分析，由于 $\pi^1(e) < 0$，且当 $\pi^1(\frac{a+be}{2b}) > 0$，在收费价格区间 $[e, \frac{a+be}{2b}]$，由零值定理可知，一定存在某个 p_1^* 满足 $\pi^1(p_1^*) = p_1^* d(p_1^*) - C = 0$。在收费价格区间 $[e, p_1^*)$ 内，私人企业的利润为负，其并不会参与项目的建设与运营（参与约束条件不满足）；在收费价格区间 $[p_1^*, \frac{a+be}{2b}]$ 内，私人企业的利润为正，且沿着 Pareto 最优契约曲线由点 p_1^* 移动到点 $\frac{a+be}{2b}$，私人企业的利润逐渐增加。

根据以上讨论可知，政府与私人企业通过讨价还价能够达成一致的收费价格区间为 $[p_1^*, \frac{a+be}{2b}]$，在此区间内私人企业能够获得正的利润。此时私人企业将会参与项目，但为了达成协议，社会福利必然会降低，且减少的主要为消费者剩余。令 d_1^* 为与 p_1^* 对应的需求量，则政府决策下的可行需求量区间为 $[\frac{a-be}{2}, d_1^*]$，私人企业可实现的利润区间为 $[0, \frac{(a-be)^2}{4b} - M]$，政府可实现的社会福利区间为 $[\frac{3(a-be)^2}{8b} - M, \frac{(a-bp_1^*)^2}{2b}]$。

上述分析表明，Pareto 最优收费价格不一定是可行的。这主要是因为在某些 Pareto 最优收费价格下并不满足私人企业的参与约束；当政府在设定收费价格时，满足社会福利最大化的同时必须保证私人企业利润为正。

10.1.3 最小需求量保证垄断情形下的 Pareto 最优决策分析

1. 模型的建立

为了分担 PPP 项目风险并激励私人企业参与，政府事前承诺给予私人企业最小需求量保证。最小需求量保证是指当消费者的实际需求不足时，政府承诺对未实现的需求量按照某个单位价格进行补贴。若实际需求量高于最小需求量保证水平，政府对私人企业的补贴为 0；若实际需求量低于最小需求量保证水平，政府要根据保证需求量与实际需求量的差额给予私人企业一定的补贴。最小需求量保证与排他性保证组合即为垄断情形下的最小需求量保证。本节主要进行确定性情形下的最小需求量保证行为分析。假设事前合同中政府设定的最小需求量保证水平为 $\underline{d}$，对未实现需求量的单位补贴为 α。那么，政府对私人企业的补贴支出为 $\alpha(\Delta\underline{d}^{+})=\begin{cases}\alpha[\underline{d}-d(p)], d(p)<\underline{d}\\ 0, d(p)>\underline{d}\end{cases}$，其中，$d(p)<\underline{d}$ 表示实际需求量低于保证需求量，$d(p)>\underline{d}$ 表示实际需求量高于保证需求量。将 $\alpha(\Delta\underline{d}^{+})$ 代入私人企业利润函数与社会福利函数（仅考虑 $d(p)<\underline{d}$ 情形），可得到最小需求量保证垄断情形下私人企业与政府的双目标决策模型为

$$\begin{cases}\pi^2=pd(p)-C+\alpha(\Delta\underline{d}^{+})=(p-e)(a-bp)-M+\alpha\left[\underline{d}-(a-bp)\right]\\ W^2=\mathrm{CS}^2+\pi^2=\int_p^{\frac{a}{b}}(a-bx)\mathrm{d}x+(p-e)(a-bp)-M-\alpha(\lambda-1)\left[\underline{d}-(a-bp)\right]\end{cases} \tag{10.4}$$

其中，λ 表示由政府保证支出所产生的边际社会成本，政府给予私人企业的保证支出主要来源于公共财政资金，而公共财政资金由政府向消费者征税所得。由于税收会导致额外的社会成本，这里假定 $\lambda>1$ [15, 16]，即 1 单位的税收将导致 $\lambda>1$ 单位的额外社会成本。此外，α 应该满足条件 $0<\alpha\leqslant\frac{a}{b}-e$，其中，$\frac{a}{b}$ 为需求曲线的纵轴截距，表示私人企业可设定的最高收费价格，其与边际运营成本 e 的差为私人企业可获得的最大单位利润。若 α 超过 $\frac{a}{b}-e$，则私人企业从政府获得的单位保证收入高于因需求下降而减少的单位利润，私人企业有主动降低需求的激励。

在有限理性假设条件下，私人企业遵循利润最大化的原则进行收费价格 p 、需求量 d 的决策，政府遵循社会福利最大化的原则进行 p 、d 的决策。由此可得双目标规划模型（10.4）中目标函数的一阶条件为

$$\begin{cases} \dfrac{\partial \pi^2}{\partial p} = -2bp + \alpha b + be + a = 0 \\ \dfrac{\partial W^2}{\partial p} = -bp + b(e - \alpha(\lambda - 1)) = 0 \end{cases} \tag{10.5}$$

私人企业的 Pareto 最优二元组为 $(p_\pi^2, d_\pi^2) = (\dfrac{a + b(\alpha + e)}{2b}, \dfrac{a - b(\alpha + e)}{2})$，政府的 Pareto 最优二元组为 $(p_W^2, d_W^2) = (e - \alpha(\lambda - 1), a - b(e - \alpha(\lambda - 1)))$。私人企业决策下的利润为 $\pi^2 = \dfrac{(a - b(\alpha + e))^2}{4b} + \alpha \underline{d} - M$，政府决策下的社会福利为 $W^2 = \dfrac{(a - b(e - \alpha(\lambda - 1)))^2}{2b} - \alpha(\lambda - 1)\underline{d} - M$。根据 α 所满足的条件 $0 < \alpha \leqslant \dfrac{a - be}{b}$ 及 $\lambda > 1$，显然 $p_\pi^2 - p_W^2 = \dfrac{a - be}{2b} + \alpha\left(\lambda - \dfrac{1}{2}\right) > 0$，由此可知，私人企业设定的最优收费价格 p_π^2 高于政府设定的最优收费价格 p_W^2。由上述分析可得如下命题：

命题 10.2 在最小需求量保证垄断情形下，Pareto 最优收费价格区间为 $\left[e - \alpha(\lambda - 1), \dfrac{a + b(\alpha + e)}{2b}\right]$，Pareto 最优需求量区间为 $[\dfrac{a - b(\alpha + e)}{2}, a - b(e - \alpha(\lambda - 1))]$，私人企业决策下的最优需求量不足政府决策下的最优需求量的 $\dfrac{1}{2}$。

证明：通过分析可知利润函数 π^2 为区间 $\left[e - \alpha(\lambda - 1), \dfrac{a + b(\alpha + e)}{2b}\right]$ 上的增函数，社会福利函数 W^2 为区间 $\left[e - \alpha(\lambda - 1), \dfrac{a + b(\alpha + e)}{2b}\right]$ 上的减函数。对于任一双目标规划模型（10.4）的最优解 p_2^{**}，当 p_2^{**} 递增时，私人企业的利润 π^2 增加，社会福利 W^2 减少；当 p_2^{**} 递减时，私人企业的利润 π^2 减少，社会福利 W^2 增加。p_2^{**} 的任何变化都使得至少一方的利益受到损害，因此 p_2^{**} 就是 Pareto 最优解，区间 $\left[e - \alpha(\lambda - 1), \dfrac{a + b(\alpha + e)}{2b}\right]$ 为 Pareto 最优收费价格区间。同理可证，区间 $\left[\dfrac{a - b(\alpha + e)}{2}, a - b(e - \alpha(\lambda - 1))\right]$ 为 Pareto 最优需求量区间。

此情形下的 Pareto 最优解集可以表示为图 10.2。图中 $d_\pi^2 = \dfrac{a-b(\alpha+e)}{2}$，$d_W^2 = a-b(e-\alpha(\lambda-1))$。位于利润轴负半轴的 Pareto 最优边界表示当收费价格较低时，私人企业的利润为负。

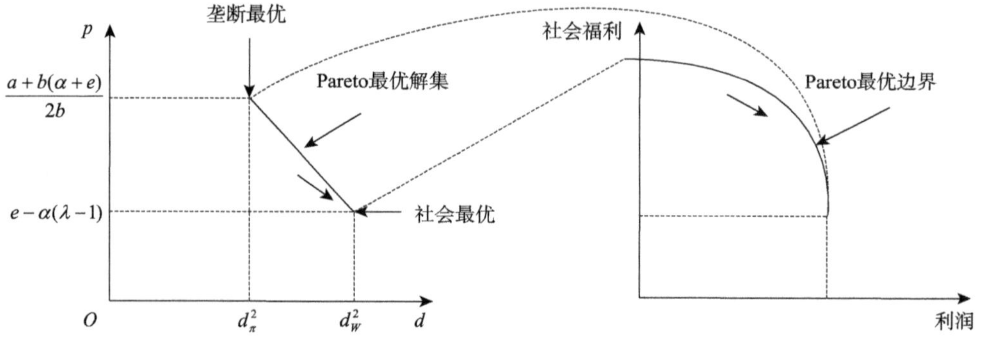

图 10.2　Pareto 最优边界（ $\alpha\underline{d}-\alpha\lambda(a-b(e-\alpha(\lambda-1)))<M$ ）

命题 10.2 给出了最小需求量保证垄断情形下的 Pareto 最优收费价格区间与需求量区间。Pareto 最优契约曲线上的点均为模型 10.4 的解。相比于 Pareto 最优契约曲线之外的点，Pareto 最优契约曲线上的点对于政府和私人企业都是最优的；沿着 Pareto 最优契约曲线移动到点 $\left(\dfrac{a+b(\alpha+e)}{2b}, d_\pi^2\right)$ 或点 $(e-\alpha(\lambda-1), d_W^2)$，都会严重损害其中一方的利益。因此，政府和私人企业之间的讨价还价可以将收费价格确定在对双方均有利的任何一点上。另外，由于 $\dfrac{d^2W^2}{d(\pi^2)^2} = \dfrac{b(be-a)+b^2\alpha(1-2\lambda)}{(a+b(e+\alpha)-2bp)^3} < 0$，可知 Pareto 最优边界仍然是凹向原点的，说明社会福利和私人企业利润之间的边际转换率绝对值是递增的，即为了增加额外一单位私人企业的利润，所需要减少的社会福利逐渐增加。

2. 利润、社会福利分析及可行收费价格区间的设定

若政府接受私人企业设定的最优收费价格，此时社会福利最小，为 $W_\pi^2 = \dfrac{(a-b(e-\alpha(\lambda-1)))^2}{2b} - \dfrac{(a-b(e-\alpha(\lambda-1))+\alpha b\lambda)^2}{8b} - \alpha(\lambda-1)\underline{d} - M$，比政府设定的最优收费价格下的社会福利下降了 $\dfrac{(a-b(e-\alpha(\lambda-1))+\alpha b\lambda)^2}{8b}$，可见最小需求量保证垄断情形下私人企业定价会造成社会福利的损失。若私人企业接受政府设定的最优收费价格 p_W^2，其利润为 $\pi_W^2 = \alpha\underline{d} - \alpha\lambda(a-b(e-\alpha(\lambda-1))) - M$。当最小需求量 $\underline{d}$ 与单位补贴 α 足够大且满足 $\alpha\underline{d} - \alpha\lambda(a-b(e-\alpha(\lambda-1))) > M$ 时，私人企业

的利润为正，其会接受政府设定的收费价格 p_W^2。此时，可行收费价格为政府设定的收费价格 $e-\alpha(\lambda-1)$，既满足私人企业的参与约束，又可使消费者剩余最大。

当 $\alpha\underline{d}-\alpha\lambda(a-b(e-\alpha(\lambda-1)))<M$ 且 $\pi^2\left(\dfrac{a+b(\alpha+e)}{2b}\right)>0$ 时，由零值定理可知，存在收费价格 p_2^* 满足 $\pi^2(p_2^*)=(p_2^*-e-\alpha)(a-bp_2^*)+\alpha\underline{d}-M=0$。当收费价格在区间 $[e-\alpha(\lambda-1),p_2^*)$ 时，私人企业的利润为负，参与约束不成立；当收费价格在区间 $\left[p_2^*,\dfrac{a+b(\alpha+e)}{2b}\right]$ 时，私人企业的利润为正，且沿着 Pareto 最优契约曲线由点 p_2^* 移动到点 $\dfrac{a+b(\alpha+e)}{2b}$，私人企业的利润逐渐增加，社会福利逐渐降低。当私人企业的利润为正时，其有参与项目的积极性。因此，政府设定的可行收费价格区间为 $\left[p_2^*,\dfrac{a+b(\alpha+e)}{2b}\right]$。令 p_2^* 对应的需求量为 d_2^*，则与可行收费价格区间对应的可行需求量区间为 $\left[\dfrac{a-b(\alpha+e)}{2},d_2^*\right]$。

当 $\alpha\underline{d}-\alpha\lambda(a-b(e-\alpha b(\lambda-1)))>M$ 时，私人企业能够获取的利润为 $\alpha\underline{d}-\alpha\lambda(a-b(e-\alpha(\lambda-1)))-M$，政府可实现的社会福利为 $\dfrac{(a-b(e-\alpha(\lambda-1)))^2}{2b}-\alpha(\lambda-1)\underline{d}-M$；当 $\alpha\underline{d}-\alpha\lambda(a-b(e-\alpha(\lambda-1)))<M$ 时，私人企业可实现的利润区间为 $\left[0,\dfrac{(a-b(\alpha+e))^2}{4b}+\alpha\underline{d}-M\right]$，政府可实现的社会福利区间为 $\left[\dfrac{(a-b(e-\alpha(\lambda-1)))^2}{2b}-\dfrac{(a-b(e-\alpha(\lambda-1))+\alpha b\lambda)^2}{8b}-\alpha(\lambda-1)\underline{d}-M,\dfrac{(a-bp_2^*)^2}{2b}-\lambda\alpha(\underline{d}-a+bp_2^*)\right]$（$\dfrac{(a-bp_2^*)^2}{2b}-\lambda\alpha(\underline{d}-a+bp_2^*)$ 是与 p_2^* 相对应的社会福利值）。

上述分析说明了若政府给予私人企业合理的最小需求保证量与单位补贴，当私人企业的利润为正时，政府可以设定一个较低的收费价格，从而增加消费者剩余。在这种情形下，最小需求量保证完全分担了私人企业的收入风险，可以提高私人企业参与项目的积极性。因此，政府应该根据其想要设定的收费价格来选择最小需求保证量与单位补贴。当政府设定一个较低的收费价格，其必须设定一个较高的最小需求保证量或单位补贴；当政府设定一个适中的收费价格，其可以设定一个中等的最小需求保证量或单位补贴。

10.1.4 最小需求量保证竞争情形下的 Pareto 最优决策分析

1. 模型的建立

为了降低私人企业决策下的收费价格、提高消费者剩余，政府可能放弃对私人企业的排他性保证，这主要是因为在实际运营的项目中，排他性保证条款已经被证实会造成社会福利的损失，如美国加利福尼亚 91 号快速路项目和深圳梧桐山隧道项目。因此，本节假定政府允许以竞争的方式建设、运营类似项目。这里主要讨论两家私人企业进行竞争的情形，对于多家私人企业竞争的情形可以依次类推。需要说明的是，在后续分析过程中，一家称为私人企业，另一家称为竞争企业，政府对两家企业均给出最小需求量保证。

以上面的分析为基础，本节建立了寡头竞争定价下的古诺模型，将此情形下的私人企业决策转换为私人企业与竞争企业的双寡头竞争问题。需指出的是，这里将收费价格表示为需求量的反函数，即$p=\frac{a}{b}-\frac{1}{b}(d_1+d_2)$，其中$d_1$和$d_2$分别表示私人企业和竞争企业所面临的需求量。私人企业的成本函数遵循上述分析，仍为$C_1=ed_1+M$；假定竞争企业与私人企业拥有同样的边际运营成本，竞争企业的成本函数为$C_2=ed_2+M_0$，其中M_0表示竞争企业的建设成本，且$M_0\neq M$。根据私人企业和竞争企业追求利润最大化、政府追求社会福利最大化的原则，所构造的多目标规划模型为

$$\begin{cases}\pi_1^3=p(d_1,d_2)d_1-C_1+\Delta\underline{d}_1=\dfrac{ad_1-d_1^2-d_1d_2}{b}-ed_1-M+\alpha(\underline{d}-d_1)\\\pi_2^3=p(d_1,d_2)d_2-C_2+\Delta\underline{d}_2=\dfrac{ad_2-d_2^2-d_1d_2}{b}-ed_2-M_0+\alpha(\underline{d}-d_2)\\W^3=\mathrm{CS}_1^3+\mathrm{CS}_2^3+\pi_1^3+\pi_2^3-\lambda\alpha(2\underline{d}-d_1-d_2)\end{cases}\quad(10.6)$$

其中，α仍为政府对未实现需求量的单位补贴；$\underline{d}$为政府保证的最小需求量。首先考虑极端的情形，若完全由两家公司决策，私人企业会根据对竞争企业需求量的预测及政府保证的最小需求量进行决策；竞争企业也会根据对私人企业需求量的预测及政府保证的最小需求量进行决策，在古诺竞争下，两家企业的反应函数分别为

$$\begin{cases}2d_1+d_2-a+b(e+\alpha)=0\\d_1+2d_2-a+b(e+\alpha)=0\end{cases}\quad(10.7)$$

由式（10.7）可知，反应曲线向右下方倾斜，说明两家企业所面临的需求量存在替代关系。求解式（10.7）可得，私人企业的最优需求量为$d_{\pi1}^3=\dfrac{a-b(e+\alpha)}{3}$，

竞争企业的最优需求量为 $d_{\pi 2}^3=\dfrac{a-b(e+\alpha)}{3}$，最优收费价格为 $p_{\pi}^3=\dfrac{a+2b(e+\alpha)}{3b}$。此时，私人企业的利润为 $\pi_1^3=\dfrac{(a-b(e+\alpha))^2}{9b}+\alpha\underline{d}-M$，竞争企业的利润为 $\pi_1^3=\dfrac{(a-b(e+\alpha))^2}{9b}+\alpha\underline{d}-M$，且 $\dfrac{(a-b(e+\alpha))^2}{9b}+\alpha\underline{d}>M_0$ 可以看作是竞争企业的进入条件。古诺竞争下的社会福利为 $W_{\pi}^3=\dfrac{4(a-b(e+\alpha))^2}{9b}+\dfrac{2}{3}\lambda\alpha(a-b(e+\alpha))-2\alpha\underline{d}(\lambda-1)-M-M_0$。

若由政府来决策收费价格，式（10.6）中的社会福利函数可简化为

$$W^3=-\frac{(d_1+d_2)^2}{2b}+\left(\frac{a}{b}-e+\alpha(\lambda-1)\right)(d_1+d_2)-2\alpha(\lambda-1)\underline{d}-M-M_0 \quad (10.8)$$

社会福利函数最大化的一阶条件为

$$\begin{cases}\dfrac{\partial W^3}{\partial d_1}=-\dfrac{d_1+d_2}{b}+\dfrac{a}{b}-e+\alpha(\lambda-1)=0\\[2ex]\dfrac{\partial W^3}{\partial d_2}=-\dfrac{d_1+d_2}{b}+\dfrac{a}{b}-e+\alpha(\lambda-1)=0\end{cases} \quad (10.9)$$

由式（10.9）可知，政府决策下的最优需求量为 $d_1+d_2=a-b(e-\alpha(\lambda-1))$，对应的社会最优收费价格为 $p_W^3=e-\alpha(\lambda-1)$，低于两家企业的边际运营成本。由于 $p_{\pi}^3-p_W^3=\dfrac{a-be+2b\alpha}{3b}+\alpha(\lambda-1)$，可知社会最优收费价格低于古诺竞争下的收费价格。在社会最优收费价格下，私人企业和竞争企业的利润分别为 $\pi_{1W}^3=\alpha\underline{d}-\alpha\lambda\dfrac{a-b(e-\alpha(\lambda-1))}{2}-M$ 和 $\pi_{2W}^3=\alpha\underline{d}-\alpha\lambda\dfrac{a-b(e-\alpha(\lambda-1))}{2}-M_0$。政府设定社会最优价格下的社会福利为 $W^3=\dfrac{(a-b(e-\alpha(\lambda-1)))^2}{2b}-2\alpha(\lambda-1)\underline{d}-M-M_0$。

命题 10.3　在最小需求量保证竞争情形下，Pareto 最优收费价格区间为 $\left[e-\alpha(\lambda-1),\dfrac{a+2b(e+\alpha)}{3b}\right]$；Pareto 最优需求量区间为 $\left[\dfrac{2}{3}(a-b(e+\alpha)),a-b(e-\alpha(\lambda-1))\right]$。

此命题的证明类似于命题 10.2，限于篇幅，这里不再给出具体的证明过程。比较命题 10.2 和命题 10.3 可以发现，当完全由政府来决策时，在最小需求量保证垄断情形与最小需求量保证竞争情形中，最优的社会收费价格及其对应的最优需求量是一致的。但在最小需求量保证竞争情形下，两家企业分别承担总需求量的 $\dfrac{1}{2}$。由命题 10.3 所画出的 Pareto 最优边界如图 10.3 所示。

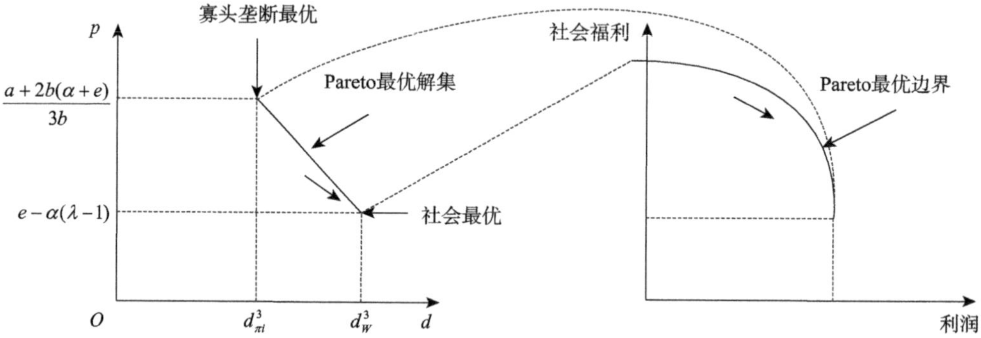

图 10.3　Pareto 最优边界（ $\alpha(\underline{d}-\lambda d_2)-M_0<0$ ）

命题 10.3 的分析类似于命题 10.1 和命题 10.2 的分析。命题 10.3 给出了最小需求量保证竞争情形下 Pareto 最优收费价格区间和最优需求量区间。如果政府占优决策过程，Pareto 最优收费价格移向 $e-\alpha(\lambda-1)$，私人企业的利润逐渐降低，消费者剩余增加，且消费者剩余的增加大于私人企业利润的降低，从而使社会福利增加。相比于 Pareto 最优契约曲线之外的点，政府和私人企业在 Pareto 最优契约曲线上的点进行收费价格的讨价还价都是有效的。如果私人企业占优决策过程，Pareto 最优收费价格移向 $\frac{a+2b(\alpha+e)}{3b}$，私人企业的利润增加，但消费者剩余下降的幅度较大，从而导致社会福利下降。最后，图 10.3 中的 Pareto 最优边界说明，为了增加额外一单位私人企业利润所需要减少的社会福利是递增的，即增加私人企业的利润是以牺牲消费者剩余为代价的。

2. 私人企业的利润、社会福利分析及可行价格区间的设定

若政府设定收费价格，私人企业与竞争企业的利润分别为 $\pi_{1W}^3=\alpha\underline{d}-\alpha\lambda\frac{a-b(e-\alpha(\lambda-1))}{2}-M$ 和 $\pi_{2W}^3=\alpha\underline{d}-\alpha\lambda\frac{a-b(e-\alpha(\lambda-1))}{2}-M_0$。当 $\alpha\underline{d}-\alpha\lambda\frac{a-b(e-\alpha(\lambda-1))}{2}>\max\{M,M_0\}$ 时，两家企业将会接受政府的定价，可行收费价格区间为 $\left[e-\alpha(\lambda-1),\frac{a+2b(\alpha+e)}{3b}\right]$；当 $0<\alpha\underline{d}-\alpha\lambda\frac{a-b(e-\alpha(\lambda-1))}{2}-\min\{M,M_0\}<\tilde{M}$ 时，其中 $\tilde{M}=\max\{M,M_0\}-\min\{M,M_0\}$，建设成本较高的企业并不会接受政府定价，政府必须将收费价格调整到 p_3^* 以满足高建设成本企业非负利润的要求，可行收费价格区间为 $\left[p_3^*,\frac{a+2b(\alpha+e)}{3b}\right]$，对应的可行需求量区间为 $\left[\frac{2}{3}(a-b(e+\alpha)),a-bp_3^*\right]$，政府可实现的最大社会福利为 $W^{3*}=\frac{(a-bp_3^*)^2}{2b}+\tilde{M}$

$-\lambda\alpha(2\underline{d}-a+bp_3^*)$；当 $\alpha\underline{d}-\alpha\lambda\dfrac{a-b(e-\alpha(\lambda-1))}{2}<\min\{M,M_0\}$ 时，两家企业不会接受政府定价，此时政府需要进一步提高收费价格至 p_3^* 使每一家企业的利润非负，可行收费价格区间为 $\left[p_3^{**},\dfrac{a+2b(\alpha+e)}{3b}\right]$，对应的可行需求量区间为 $\left[\dfrac{2}{3}(a-b(e+\alpha)),a-bp_3^{**}\right]$，政府可实现的最大社会福利为 $W^{3**}=\dfrac{(a-bp_3^{**})^2}{2b}+\tilde{M}$ $-\lambda\alpha(2\underline{d}-a+bp_3^{**})$。若完全由两家企业来设定收费价格，相比于政府设定的社会最优收费价格，社会福利降低了 $\dfrac{(a-b(e+\alpha))^2}{18b}-\dfrac{\alpha\lambda(a-b(e+\alpha))}{6}+\dfrac{b\alpha^2\lambda^2}{2}$。

上述分析给出了可行收费价格区间与政府设定的最小需求保证量及单位补贴之间的关系。可以发现，当最小需求量保证收入可以弥补两家企业的建设成本时，政府可以设定一个低于边际运营成本的收费价格。此时，虽然两家企业的运营利润是负的，但政府保证收入使得其总利润为正，两家企业会参与项目。如果政府不想承担较高的社会成本，其设定的最小需求保证量与单位补贴不足以弥补两家企业的建设成本，那么政府必须选择一个高于社会最优定价的收费价格来保证两家企业获得一个合理的投资回报率，从而使企业有参与项目的积极性。

研究得到的管理启示有以下几方面。

（1）在收费公路 PPP 项目实践中，为了预防盲目决策，政府应提供带条件的排他性保证以应对需求量超额情况的发生，当实际需求量较高并造成拥挤时，政府应放弃排他性保证并允许新建类似项目来缓解拥挤。具体而言，政府事前与项目公司签订排他性保证协议时，应提出附加条件，一旦面临需求量激增造成交通拥挤并增加时间成本、损害使用者的利益，那么政府有权在项目公司回收其部分投资后，以合理的价格回购该项目或取消排他性保证协议，结束项目公司垄断运营的局面，以满足使用者的利益。

（2）为了缓解交通拥挤，允许多家项目公司参与收费公路项目造成各项目公司被分配的需求量不足时，政府可以选择最小需求量保证来补偿需求不足的部分。在所分配的需求量下，若项目公司获取的运营收益不足以弥补其付出的成本，很容易导致项目公司退出公路的运营并引致再谈判，因此，当不存在排他性保证时，政府事前应承诺对每一家项目公司需求不足部分给予补偿。这种组合保证机制不仅可以缓解单一公路下的拥挤问题，还可以提高项目公司参与收费公路建设的积极性。

（3）当需求量低于一定水平时，政府应设置排他性保证限制新建类似的收费公路项目。当实际需求量较低时，若政府放弃排他性保证协议而允许新项目公司的进入，将会造成资源的浪费，从而间接地增加社会成本。此时，若项目公司的运营收益不足，政府可以提供最小需求量保证实现其投资回报。

（4）政府应提高其相对谈判力，占优决策过程，通过设定一个合理的通行费以平衡项目公司的利润、使用者的效用与社会福利。当项目公司的相对谈判力较强，占优决策过程时，其往往会设定一个较高的通行费，不仅会降低需求量、损害使用者的效用，还会增加政府需求量保证的支出，因此，为了提高社会福利、降低需求量保证的负外部性，政府应主导定价过程。

10.2 案 例 分 析

为了检验上述三种保证情形下的结论，以 PPP 收费公路项目为例进行案例分析。假设 A、B 两个城市之间存在一条收费公路，预测得知公路建成之后单位时间内的需求函数为 $d(p)=60-2p$，单位时间内公路的运营成本为 $C'=10d(p)$，前期建设成本为 $M=150$。

10.2.1 排他性保证下的 Pareto 最优决策数值分析

根据上述假定可以得到，Pareto 最优收费价格区间为 $[5,17.5]$，Pareto 最优需求量区间为 $[25,50]$。若由私人企业决策，私人企业的利润为 $\pi^1=162.5$，对应的社会福利为 $W_\pi^1=318.75$；若由政府决策，私人企业的利润为 $\pi_W^1=-150$，最大化的社会福利为 $W^1=475$。可见，若政府考虑社会福利最大化，私人企业的利润必然为负。如果考虑私人企业的参与约束，政府设定的可行收费价格为 $p_1^*=8.5$，对应的需求量为 $d_1^*=43$，私人企业的利润为 0，对应的社会福利为 462.25。在上述参数设定下，可行价格区间为 $[8.5,17.5]$，可行需求量区间为 $[25,43]$，私人企业可实现的利润区间为 $[0,162.5]$，政府可实现的社会福利区间为 $[318.75,462.25]$，具体数值的确定取决于双方的讨价还价能力。

10.2.2 最小需求量保证垄断情形下的 Pareto 最优决策数值分析

假定政府给予私人企业最小需求量保证水平为 $\underline{d}=50$，单位补贴为 $\alpha=5$，边

际社会成本为 $\lambda = 1.2$ 。联立前面给定的参数可以得到，Pareto 最优收费价格区间为 $[4,20]$ ，Pareto 最优需求量区间为 $[20,52]$ ，可见，政府决策时会降低收费价格并使其低于边际运营成本，而私人企业决策下会提高收费价格。政府定价下私人企业的利润为 $\pi_W^2 = -312$ ，对应的社会福利为 $W^2 = 496$ ；私人企业定价下其利润为 $\pi^2 = 300$ ，对应的社会福利为 $W_\pi^2 = 220$ 。考虑私人企业的参与约束之后，政府设定的可行收费价格为 $p_2^* = 7.8$ ，小于 $p_1^* = 8.5$ ，对应的可行需求量为 $d_2^* = 44.4$ ，私人企业的利润为 0，政府可实现的社会福利为 459.24。因此，可行收费价格区间为 $[7.8,20]$ ，可行需求量区间为 $[20,44.4]$ ，私人企业可实现的利润区间为 $[0,300]$ ，政府可实现的社会福利区间为 $[220,459.24]$ 。

当 α 在区间 $[0,8]$ 内变动、$\underline{d}$ 在区间 $[40,60]$ 内变动时，图 10.4 给出了 α 和 $\underline{d}$ 联动调整时对私人企业利润及社会福利的影响。图 10.4 表明，私人企业决策下较高的 α 和 $\underline{d}$ 产生较高的利润与较低的社会福利；政府决策下私人企业可以实现正常利润，但较高的 α 和 $\underline{d}$ 同样会导致较低的社会福利。

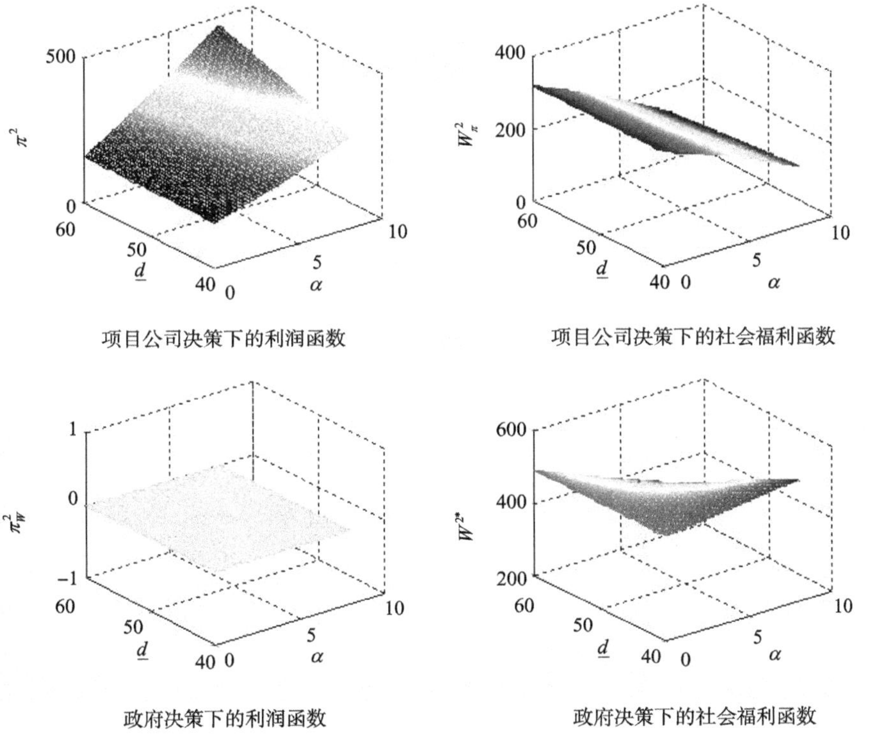

项目公司决策下的利润函数　　项目公司决策下的社会福利函数

政府决策下的利润函数　　政府决策下的社会福利函数

图 10.4　α 和 $\underline{d}$ 联动调整时对私人企业利润及社会福利的影响

10.2.3 最小需求量保证竞争情形下的 Pareto 最优决策数值分析

假设竞争企业的建设成本为$M_0=180>M$，其他参数不变，计算可得，Pareto 最优收费价格区间为$[4,16.7]$，Pareto 最优需求量区间为$[26.7,52]$，政府决策下收费价格仍低于边际运营成本，两家企业决策下的收费价格也低于垄断情形。政府决策下私人企业和竞争企业的利润分别为$\pi_1^3=-56$、$\pi_{2W}^3=-86$，对应的社会福利为$W^3=246$；两家企业决策下其利润分别为$\pi_1^3=188.89$、$\pi_2^3=158.89$，对应的社会福利为$W_\pi^3=85.56$。政府决策下可行收费价格为$p_3^{**}=7.0$，对应的可行需求量为 46，私人企业可实现的利润区间为$[30,188.89]$，政府可实现的社会福利区间为$[85.56,235]$。

图 10.5 给出了α、$\underline{d}$联动调整时对私人企业利润、社会福利变化的影响。图 10.5 表明，私人企业决策下较高的α和$\underline{d}$使私人企业获取较高的利润，同时使社会福利降低；政府决策下私人企业可获取正常利润，但较高的α和$\underline{d}$同样导致较低的社会福利。

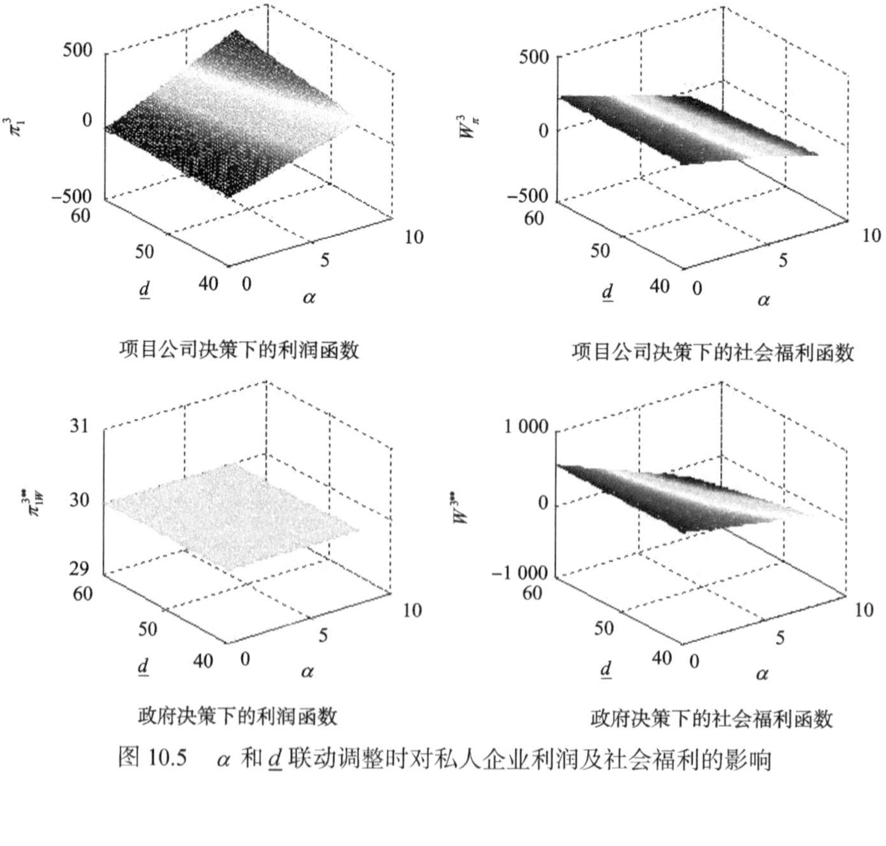

图 10.5 α 和 $\underline{d}$ 联动调整时对私人企业利润及社会福利的影响

案例分析表明，当政府给予较高的单位补贴及最小需求保证量时，私人企业可以实现正常利润甚至更高的利润，但社会福利水平将会显著地下降且消费者剩余可能变为负值。因此，政府必须在满足私人企业正常利润的同时，合理地设定单位补贴及最小需求保证量。

针对 PPP 项目谈判中多重政府保证的设计问题，本章构建了排他性保证情形、最小需求量保证垄断情形、最小需求量保证竞争情形下的多目标规划模型，得到了政府和项目公司的最优决策二元组与 Pareto 最优可行价格区间、需求量区间、利润区间及社会福利区间。研究表明，当政府给予较高的单位补贴或最小需求保证量时，项目公司可以获取较高的利润，同时使消费者剩余减少、社会福利水平降低。因此，政府在决策时需要制定合理的单位补贴额及最小需求保证量以避免项目公司获取超额利润。

第 11 章　最小需求量保证与弹性需求量保证设计

政府保证是分担 PPP 项目风险的有效方式之一，而合理的风险分担又是项目成功的关键[17]。作为实践中常用的一种政府保证，需求量保证可以通过降低需求风险来促进项目公司参与项目的积极性，因此，合理地设计需求量保证对于指导项目公司的投资实践及成功运营具有重要的理论和现实意义。

为了探索不同的需求量保证在分担项目公司面临的需求风险并激励其努力提高运营绩效时社会福利的差异，本章以交通 PPP 项目为例，通过构建理论模型考察两种需求量保证的影响，即最小需求量保证与弹性需求量保证对政府与项目公司决策行为的影响，重点分析了政府应如何设计最优的需求量保证水平，使得项目公司实现保留效用的同时能够选择一个最优的努力水平来最大化社会福利的问题。

最小需求量保证是指政府根据需求的不确定事前设定一个需求量保证水平，项目公司在运营过程中，如果实际需求量低于保证水平，政府要对未实现的需求量给予补偿[7,18]。最小需求量保证是一种典型的政府承担全部需求风险的保证方式。到目前为止，最小需求量保证已被广泛地应用于实践中[19,20]，同时也得到了一些学者的关注[2,10,21]。然而最小需求量保证中政府承担全部需求风险的性质，使其遇到了一些问题，其中一个严重问题是其对项目公司运营绩效的逆向激励作用。也就是说，在一个较高的需求量保证水平下，实际需求量更可能低于保证水平；当信息不对称时，项目公司存在投机行为，即付出较少的努力以便从政府那里获得较多的保证收入。为了解决这一问题，本章引入项目公司努力水平变量，并将需求量保证水平内生化，从信息对称及信息不对称两种情形下分别考察最小需求量保证下最优保证水平的设计。所得到的结论不仅是对既有理论研究的补充，还能为政府如何设计需求量保证水平从而使项目公司选择最优的努力水平提供参考。

相比于最小需求量保证，弹性需求量保证是指政府基于不同阶段的需求量给予项目公司补偿的一种保证方式，其特点为政府与项目公司共同承担需求风险。具体来说，在弹性需求量保证下，除了设定需求量保证水平之外，政府还需要设定一个门槛水平；如果实际需求量低于保证水平但高于门槛水平，政府补偿未实现的需求量部分；如果实际需求量低于门槛水平，政府补偿保证水平与门槛水平之间的部分。到目前为止，弹性需求量保证较少被应用于 PPP 公路项目实践中，其应用的典型案例是我国贵州省金沙县到桐梓县之间的高速公路 PPP 项目。而在理论研究中，弹性需求量保证更是未曾涉及，因此，本章是理论上第一次对弹性需求量保证展开分析，分别考察了对称信息与不对称信息下弹性需求量保证的设计问题，从而为进一步分析关于弹性需求量保证的理论与实践应用奠定基础。

本章基于委托—代理理论，构建了两种需求量保证下的最优化模型，分别考察了信息对称及信息不对称下的决策问题，主要研究内容包括：11.1 节给出了基本假设与参数设定，为后续建模提供了基础；11.2 节构建了最小需求量保证模型并对其进行了讨论；11.3 节构建了弹性需求量保证模型并对其进行了讨论。

11.1　基本假设与参数设定

考虑一条 PPP 收费公路项目，由项目公司投资并建设这一公路，作为回报，政府允许项目公司运营并收取一个合理的通行费。借鉴 Xiao 等[22]与 Wang 等[23]的研究，假定交通需求量 q 是通行费的减函数，即 $q=a-p$，其中参数 a 代表收费公路市场规模[24]。此外，除通行费之外，研究还考虑了在决定交通需求量时项目公司的努力水平 e。项目公司为提高需求量而做出的努力可以表现在提高公路质量、降低事故率、提高社会福利等方面。根据 Feng 等[25]的研究结果，为了吸引更多的通勤者，项目公司将付出更多的努力来保持一个较高的公路质量；Qiu 和 Wang[26]也认为项目公司可以通过努力来提高需求量与社会福利。

在一个较长的特许期内，需求量面临着各种各样的不确定性，因此将需求量的不确定性嵌入到 PPP 交通项目的决策分析中已经成为一种趋势[27~29]。在已有的 PPP 公路项目实践中也证明了需求量不确定性是符合实际的。Flyvbjerg 等[30]的估计表明在 50%的公路项目中，实际的需求量偏离预测的需求量超过 20%。Erhun 等[31]也指出 PPP 收费公路面临着较大的需求不确定性。当考虑努力水平与需求不确定性对需求量的影响后，需求函数可以被重新定义为 $q=a-p+e+\varepsilon$。需要说明的是，这一需求函数设定隐含的假设不考虑时间价值对交通需求量的影响。

当项目公司努力提高需求量时会引致一定的努力成本，为了分析方便，假设其努力成本为e^2，这表明项目公司的努力成本是一个凸增函数，努力成本的二次函数形式在已有研究中是非常普遍的[32]。此外，假设随机变量ε服从区间$[-\varepsilon_0,\varepsilon_0]$上的均匀分布，$\varepsilon$的期望和方差可以分别表示为$E(\varepsilon)=0$和$\mathrm{var}(\varepsilon)=\frac{(\varepsilon_0)^2}{3}$。为了简化分析，本章不考虑货币的时间价值，即不考虑折现问题；同时，假设政府和项目公司都是风险中性的。

11.2　最小需求量保证机制设计

最小需求量保证下政府与项目公司的决策顺序可以被表述为如下过程：首先，在签署协议时，政府在需求不确定情形下选择一个通行费和一个需求量保证水平来最大化社会福利；其次，在建设与运营期内，项目公司选择一个努力水平通过提高公路质量来提高需求量；最后，需求不确定实现，如果实际需求量低于保证水平，根据最小需求量保证协议政府补偿未实现的需求量，在这种情形下，政府将承担全部的需求风险，否则，如果实际需求量高于保证水平，最小需求量保证协议失效，政府不补偿项目公司。特别地，最小需求量保证可用图 11.1 来表示。当通行费为p_1时，若实际需求量为q_1，政府给予项目公司补偿的部分为$y-q_1$；若实际需求量为q_2时，政府不提供补偿。

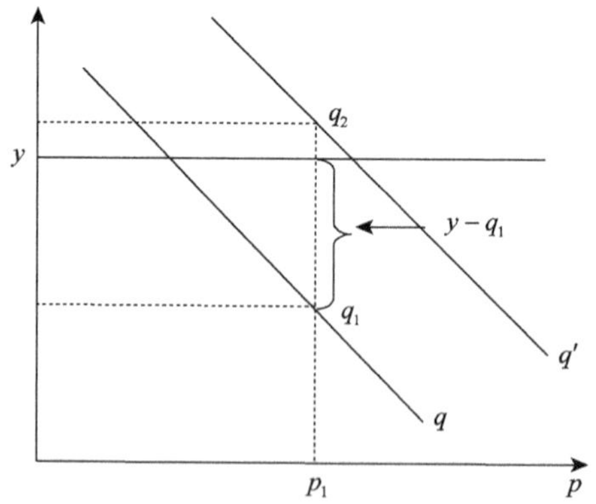

图 11.1　最小需求量保证的图形表示

当最小需求量保证起作用时，让v表示转移给项目公司的单位补贴，y表示需求量保证水平。因此，来自政府的预期补偿可以表示为$vE(y-q)^+$，当$y>q$时，

$(y-q)^+=y-q$，E 表示期望算子。联立需求函数与保证收入，项目公司的预期利润可以表示为

$$\Pi_b(p,y,e)=E(pq)+vE[(y-q)^+]-e^2-I \tag{11.1}$$

其中，下标 b 表示最小需求量保证；等号右边第一项和第二项代表项目公司的总收入；参数 I 为项目公司的建设成本，被假设为外生给定的。值得注意的是，式（11.1）中并没有考虑运营成本，而是给出了项目公司提高需求量而付出努力的成本。这是因为考虑运营成本将只会使分析变复杂但并不会影响模型的结果。此外，正如 Tan 等[33]及 Guo 和 Yang[34]的研究中所指出的，由于运营成本相比于较大的建设成本可以忽略不计，所以不考虑运营成本也是合理的。最后，假设 $v<4\varepsilon_0$，从而保证了利润函数 $\Pi_b(p,y,e)$ 是项目公司努力水平 e 的凹函数。

作为社会福利的重要组成部分，消费者剩余可以被定义为需求曲线以下通行费以上部分的面积。基于需求函数，预期的消费者剩余可以表示为

$$\mathrm{CS}(p,e)=E\left[\int_0^q(a-\omega+e+\varepsilon)d\omega-q(a-q+e+\varepsilon)\right]=\frac{1}{2}\left((a-p+e)^2+\frac{\varepsilon_0^{\ 2}}{3}\right) \tag{11.2}$$

需要说明的是式（11.2）中使用了方差计算公式，即 $E(\varepsilon^2)=\mu_\varepsilon^{\ 2}+\sigma_\varepsilon^{\ 2}$。可以发现，消费者剩余随着项目公司努力水平的提高而增加。这是因为，随着项目公司提高努力水平，对于任意给定的通行费，需求量将增加，需求曲线向右上方移动将使消费者剩余增加。此外，由于本研究考察的是需求量不足时的保证问题，故在计算消费者剩余时隐含假设了公路容量足够大，即实际需求量不会超过公路容量。

社会福利可以表示为项目公司的利润与消费者剩余之和再减去政府转移给项目公司的补贴所产生的成本。转移给项目公司的政府补贴主要来源于公共财政资金[35, 36]，而公共财政资金又来源于消费者税收，因此，每一单位的补贴支出将产生额外的成本[16]。一些研究在测算政府补贴的边际成本后发现，在发展中国家一单位政府补贴产生的额外成本为 0.9，而在发达国家中一单位政府补贴产生的额外成本为 0.3[37]。让 λ（$\lambda>1$）表示政府每一单位补贴支出的总成本，λ 包括单位补贴与相对的额外成本，因此，政府补贴产生的总成本为 $\lambda vE[(y-q)^+]$，社会福利函数可以表示为

$$W_b(p,y,e)=\Pi_b(p,y,e)+\mathrm{CS}(p,e)-\lambda vE[(y-q)^+] \tag{11.3}$$

11.2.1　信息对称情形下的分析

当信息对称时，政府可以观察到项目公司的努力水平，即政府可以要求项目

公司选择一个最大化社会福利的努力水平。借鉴 Qiu 和 Wang[26]的研究，在对称信息下，政府通过同时确定(p,y,e)来最大化社会福利。特别地，命题 11.1 给出了关于(p,y,e)的最优解。

命题 11.1　最小需求量保证下，使社会福利最大化的最优解为$(p_{bs},y_{bs},e_{bs})=(0,2a-\varepsilon_0,a)$。

命题 11.1 说明社会最优的通行费应等于 0。这是因为在数学表达式上，社会福利是通行费的减函数，即当公路免费通行时，将存在一个较高的需求量，从而提高了消费者剩余，当所增加的消费者剩余大于所减少的项目公司利润时，社会福利将提高。此外，命题 11.1 说明了社会最优的保证水平应等于政府保证总支出等于 0 的实际需求量。实际上，由于政府给予项目公司每一单位的补贴将引起额外的成本，故当政府保证支出为 0 时，可以避免因补贴所引致的社会成本，从而提高社会福利。命题 11.1 还表明社会最优的努力水平等于市场规模a。这是因为虽然较高的努力水平需要项目公司付出更多的努力成本，但一个较高的努力水平将通过提高需求量来增加消费者剩余，当所增加的消费者剩余大于项目公司付出的努力成本时，社会福利将提高。

由命题 11.1 可以得到如下关于社会最优的保证水平y_{bs}与努力水平e_{bs}的推论。

推论 11.1　社会最优的需求量保证水平y_{bs}和努力水平e_{bs}分别独立于单位补贴v与边际社会成本λ。

推论 11.1 表明社会最优的保证水平与努力水平独立于单位补贴与边际社会成本。这一推论的潜在逻辑是为了最大化社会福利，政府应尽可能地降低因转移给项目公司的补贴所引致的社会成本，这就意味着最优的需求量保证水平应恰好等于实际需求量。因此，根据补贴引致的总成本表达式$\lambda v E[(y-q)^+]=0$，可以发现社会成本为 0 且社会最优的需求量保证水平独立于v和λ。此外，由于社会最优的通行费等于 0，项目公司的运营收益为 0，政府只需要通过最大化消费者剩余来最大化社会福利。在这种情形下，政府应要求项目公司付出较高的努力来增加消费者剩余，即$e_{bs}=a$，这也意味着社会最优的努力水平独立于v和λ。

11.2.2　信息不对称情形下的分析

在不对称信息下，政府无法观察到项目公司的努力水平，即努力水平是项目公司的私人信息。因此，政府需设定一个通行费和需求量保证水平的组合来激励项目公司选择一个使社会福利最大化的努力水平。为了得到次优情形下政府和项目公司的最优决策，所构建的最优化模型为

$$\begin{aligned} &\max_{(p,y)} \ W_b(p,y,e) \\ &\text{s.t. } \Pi_b(p,y,e) \geqslant \bar{\Pi} \\ &\Pi_b(p,y,e) \geqslant \Pi_b(p,y,e'), e \neq e' \\ &p>0, y>0, e>0 \end{aligned} \tag{11.4}$$

其中，第一个与第二个约束条件分别表示项目公司的参与约束与激励相容约束。项目公司的参与约束说明其利润不能低于其保留效用 $\bar{\Pi}$，而激励相容约束说明对于任一给定的努力水平 e'，e 是使其利润最大化的最优努力水平。

通过分析项目公司的激励相容约束，下面的引理给出了最优的努力水平 e 及其比较静态分析的结果。

引理 11.1　当政府设定 (p,y) 时，项目公司的最优努力水平 $e_b(p,y)$ 应满足 $e_b(p,y)=\dfrac{2\varepsilon_0 p - v(y-a+p+\varepsilon_0)}{4\varepsilon_0 - v}$；①当 $y>a-\varepsilon_0-\dfrac{p}{2}$ 时，项目公司最优的努力水平是 v 的减函数；②项目公司最优的努力水平是 y 的减函数；③当 $v<2\varepsilon_0$ 时，项目公司最优的努力水平是 p 的增函数。

政府补贴对项目公司努力水平的影响是很直观的。一般来说，当存在较高的单位补贴时，项目公司将付出较少的努力来提高需求量，以便从政府获取更多的补贴收入。值得注意的是引理 11.1②说明了政府设定较高的保证水平将抑制项目公司付出较多的努力来提高需求量，这说明最小需求量保证对项目公司的努力水平存在反向激励作用。这主要是因为在一个较高的需求量保证水平下，项目公司提高努力水平时需要放弃的补贴收入也是较高的。然而，一个较高的通行费是否将激励项目公司付出更多的努力来提高需求量，根据引理 11.1③，这要依赖于所设定的单位补贴的大小。实际上，当单位补贴水平充分高时，较高的通行费将使项目公司降低努力水平；这是因为项目公司是否愿意提高努力水平依赖于他对项目运营收入与政府补贴收入的比较。因此，当单位补贴充分高时，项目公司将付出较少的努力，从而以牺牲一部分项目运营收入来获取更多的保证收入。

通过求解模型（11.4），命题 11.2 给出了最优解。

命题 11.2　当信息不对称时，最优的通行费 p_b^* 可由式（11.5）确定，且最优的保证水平 y_b^* 满足 $y_b^* = a-\varepsilon_0-\dfrac{p_b^*}{2}+\sqrt{\dfrac{4\varepsilon_0 - v}{v}\Lambda(p_b^*)}$。

$$((12\varepsilon_0\lambda - 2\varepsilon_0 - v)p_b^* + 4\varepsilon_0 a(1-2\lambda))\sqrt{\frac{\Lambda(p_b^*)}{v(4\varepsilon_0 - v)}} - \frac{3}{2}(p_b^*)^2 + 3ap_b^* - a^2 - \bar{\Pi} - I = 0 \tag{11.5}$$

其中，$\Lambda(p)=\dfrac{3}{4}p^2 - ap + \bar{\Pi} + I$。

将 p_b^* 和 y_b^* 代入到 $e_b(p,y)$ ，项目公司的最优努力水平为 $e_b^* = \frac{p_b^*}{2} - \sqrt{\frac{v}{4\varepsilon_0 - v}\Lambda(p_b^*)}$ 。

11.3 弹性需求量保证机制设计

虽然固定合同已被广泛应用于PPP项目实践中，但它也面临着一些争议。最典型的争议之一是固定合同在项目运营期内无法调整以应对不确定性事件的发生，Guasch[38]认为再谈判在固定合同中更容易发生。为了克服固定合同中存在的不足，弹性合同在实践中的应用受到了越来越多的关注。

弹性需求量保证是一种典型已被应用于PPP公路项目实践中的弹性合同，其具体的实施过程可以被归纳为，除了需求量保证水平 y ，政府还需要设定一个门槛水平 $(1-k)y$ $\left(0<k<\min\left[1,\frac{2\varepsilon_0}{\varepsilon_0+v(\lambda-1)}\right]\right)$ 来确定政府与项目公司之间的需求风险分担机制，在后续分析中，参数 k 被称为门槛系数。在运营期内，如果实际需求量 q 高于门槛水平 $(1-k)y$ 但低于需求量保证水平 y ，那么政府对未实现的需求量补贴并承担全部的需求风险，项目公司获取的补贴收入为 $v(y-q)$ ；如果实际需求量 q 低于门槛水平 $(1-k)y$ ，那么政府只需要补贴部分未实现的需求量，即政府仅补贴项目公司未实现需求量中的 ky 部分，项目公司获取的补贴为 vky ，在这种情形下，政府承担保证水平与门槛水平之间的需求风险，而项目公司承担门槛水平以下的需求风险。特别地，图11.2描述了弹性需求量保证，当实际需求量为 q_1 时，项目公司获取补偿的需求量部分为 ky ，而当需求量为 q_2 时，项目公司获得补偿的需求量部分为 $y-q_2$ 。

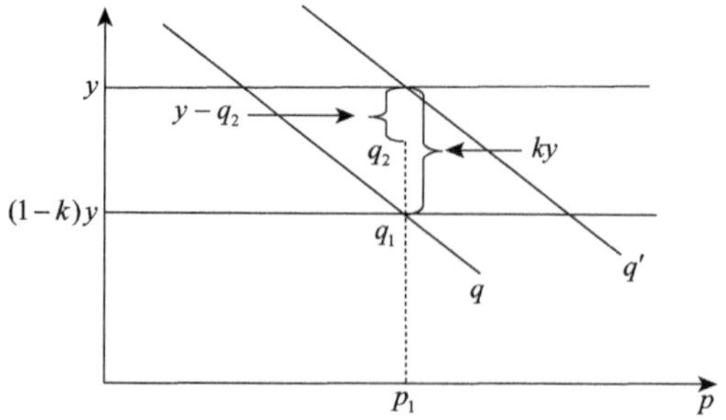

图 11.2 弹性需求量保证的图形表示

根据上述决策过程可以计算出弹性需求量保证下转移给项目公司的总补贴。如果需求量 q 位于区间 $(0,(1-k)y)$ 内，即 $\varepsilon<(1-k)y-a+p-e$，政府的补贴为 $v\int_{-\varepsilon_0}^{(1-k)y-a+p-e}\frac{ky}{2\varepsilon_0}\mathrm{d}\varepsilon$；如果需求量 q 位于区间 $((1-k)y,y)$ 内，即 $(1-k)y-a+p-e<\varepsilon<y-a+p-e$，政府的补贴为 $v\int_{(1-k)y-a+p-e}^{y-a+p-e}\frac{y-q(e)}{2\varepsilon_0}\mathrm{d}\varepsilon$；故预期的总补贴可以表示为 $v\int_{-\varepsilon_0}^{(1-k)y-a+p-e}\frac{ky}{2\varepsilon_0}\mathrm{d}\varepsilon+v\int_{(1-k)y-a+p-e}^{y-a+p-e}\frac{y-q(e)}{2\varepsilon_0}\mathrm{d}\varepsilon$。在弹性需求量保证下，项目公司的预期利润为

$$\Pi_Q(p,y,e)=E(pq)+v\int_{-\varepsilon_0}^{(1-k)y-a+p-e}\frac{ky}{2\varepsilon_0}\mathrm{d}\varepsilon+v\int_{(1-k)y-a+p-e}^{y-a+p-e}\frac{y-q(e)}{2\varepsilon_0}\mathrm{d}\varepsilon-e^2-I \quad (11.6)$$

其中，第一项表示项目公司的运营收入；第二项与第三项分别为当需求量 q 低于或者高于门槛水平 $(1-k)y$ 时项目公司所得到的补贴收入。

由于需求函数不变，弹性需求量保证下的消费者剩余等于最小需求量保证下的消费者剩余，即 $\mathrm{CS}(p,e)=\frac{1}{2}\left((a-p+e)^2+\frac{\varepsilon_0^{\ 2}}{3}\right)$。结合项目公司的利润与消费者剩余，预期的社会福利为

$$W_Q(p,y,e)=\Pi_Q(p,y,e)+\mathrm{CS}(p,e)-\lambda\left(v\int_{-\varepsilon_0}^{(1-k)y-a+p-e}\frac{ky}{2\varepsilon_0}\mathrm{d}\varepsilon+v\int_{(1-k)y-a+p-e}^{y-a+p-e}\frac{y-q(e)}{2\varepsilon_0}\mathrm{d}\varepsilon\right) \quad (11.7)$$

类似于对最小需求量保证的分析，仍先考察对称信息下弹性需求量保证的最优决策问题，进而考察不对称信息下弹性需求量保证的机制设计问题。

11.3.1　信息对称情形下的分析

政府可以观察到项目公司的努力水平，因此，政府将选择一个最优的 (p,y,e) 组合来最大化社会福利。特别地，命题 11.3 给出了对称信息情形下的最优解。

命题 11.3　弹性需求量保证下，使社会福利最大化的通行费、需求量保证水平与项目公司的努力水平为 $(p_{Qs},y_{Qs},e_{Qs})=\left(0,\frac{2\varepsilon_0(2a-\varepsilon_0)}{2\varepsilon_0-k\varepsilon_0-vk(\lambda-1)},a+\frac{vk(\lambda-1)(2a-\varepsilon_0)}{2\varepsilon_0-k\varepsilon_0-vk(\lambda-1)}\right)$。

类似于命题 11.1，即一个较低的通行费引致较高的消费者剩余，命题 11.3 也说明在弹性需求量保证下，社会最优的通行费应等于 0。此外，命题 11.3 也给出

了社会最优需求量保证水平与项目公司的努力水平，可以发现保证水平与项目公司的努力水平取决于单位补贴、边际社会成本及门槛系数等参数。特别地，由命题 11.3 可以得到下面的推论。

推论 11.2 社会最优的需求量保证水平 y_{Qs} 与项目公司的努力水平 e_{Qs} 是 v 、λ 与 k 的增函数。

推论 11.2 给出了一些重要的参数对社会最优的需求量保证水平及努力水平的影响，其潜在逻辑为，由总的政府补贴引致的社会成本关于单位补贴 v 、边际社会成本 λ 与门槛系数 k 均是递增的，为了抵消社会成本的增加从而提高社会福利，项目公司应付出更多的努力来提高需求量，而随着需求量的增加，政府又可以通过提高需求量保证水平来降低总补贴。

11.3.2 信息不对称情形下的分析

由于政府不能观察到项目公司的努力水平，其需要设定一个最优的 (p,y) 组合来激励项目公司选择一个最大化社会福利的努力水平，政府面临如下的最优化问题。

$$
\begin{gathered}
\max_{(p,y)} \quad W_Q(p,y,e) \\
\text{s.t.} \quad \Pi_Q(p,y,e) \geqslant \bar{\Pi} \\
\Pi_Q(p,y,e) \geqslant \Pi_Q(p,y,e'), e \neq e' \\
p>0, y>0, e>0
\end{gathered} \tag{11.8}
$$

其中，第一个与第二个约束条件分别为项目公司的参与约束与激励相容约束。通过对激励相容约束进行分析，引理 11.2 给出了项目公司最优努力水平的决策。

引理 11.2 对于任一给定的 (p,y) 组合，项目公司的最优努力水平 $e_Q(p,y)$ 为 $e_Q(p,y)=\dfrac{p}{2}-\dfrac{vky}{4\varepsilon_0}$，①项目公司的努力水平关于单位补贴 v 是递减的；②项目公司的努力水平关于需求量保证水平 y 是递减的；③项目公司的努力水平关于门槛系数 k 是递减的；④项目公司的努力水平关于通行费 p 是递增的。

在弹性需求量保证下，需求量保证水平对项目公司努力水平的影响类似于引理 11.1②中最小需求量保证下保证水平对努力水平的影响。此外，引理 11.2 说明了一个较高的门槛系数（即较小的 k 值）将使项目公司付出一个较高的努力水平。这是因为当门槛系数 k 较低时，项目公司承担全部需求风险的概率更大，因此，项目公司有激励付出更多的努力来提高需求量。这一逻辑也可以被应用于通行费对项目公司努力水平影响的分析中。特别地，如果门槛水平充分高（即 $ky<2\varepsilon_0$），

在一个较高的通行费下，项目公司更愿意付出较多的努力来提高需求量；否则，当门槛水平充分低（即 $ky > 2\varepsilon_0$），政府将承担全部的需求风险，而项目公司将付出较少的努力来提高需求量。

通过求解模型（11.8），命题 11.4 给出了最优解。

命题 11.4　在弹性需求量保证下，最优的通行费 p_Q^* 可以由下面的等式确定，最优的需求量保证水平为 $y_Q^* = \dfrac{2\varepsilon_0}{\rho}\Gamma(p_Q^*)$。

$$\left(a-\frac{p_Q^*}{2}-\frac{vk}{2\rho}\Gamma(p_Q^*)+\lambda(3p_Q^*-2a)\right)\sqrt{\left(a-\frac{p_Q^*}{2}-\varepsilon_0\right)^2+\frac{\rho}{vk}\Lambda(p_Q^*)}$$
$$-\left(a-\frac{3p_Q^*}{2}+\frac{vk}{2\rho}\Gamma(p_Q^*)\right)\left(a-\frac{p_Q^*}{2}+(\lambda-\frac{1}{2})\frac{vk}{\rho}\Gamma(p_Q^*)\right)=0$$

其中，$\rho = 8\varepsilon_0 + vk - 4\varepsilon_0 k$，$\Gamma(p) = 2a - p - 2\varepsilon_0 + \sqrt{(2a-p-2\varepsilon_0)^2 + \dfrac{4\rho}{vk}\Lambda(p)}$。

将 p_Q^* 和 y_Q^* 代入到 $e_Q(p,y)$ 中，项目公司的最优努力水平为 $e_Q^* = \dfrac{\rho p_Q^* - vk\Gamma(p_Q^*)}{2\rho}$。

本章考虑了项目公司的努力水平对提高交通需求量的影响，设计了两种需求量保证——最小需求量保证与弹性需求量保证。以社会福利最大化为目标，构建了最小需求量保证模型，并对信息对称及信息不对称两种情形下的最优决策进行了分析：在信息对称情形下，社会最优的通行费等于 0，且社会最优的需求量保证水平与项目公司的努力水平独立于单位补贴与边际社会成本；在信息不对称情形下，即政府不能观察到项目公司的努力水平，一个较高的需求量保证水平将抑制项目公司付出更多的努力，从而说明最小需求量保证具有反向激励作用。以社会福利最大化为目标，构建了弹性需求量保证模型：在信息对称情形下，社会最优的通行费等于 0，而社会最优的需求量保证水平与项目公司的努力水平关于单位补贴、边际社会成本及门槛系数是递增的；在信息不对称情形下，项目公司的最优努力水平关于需求量保证水平与门槛系数是递减的。

研究得到的管理启示有以下几方面。

（1）最小需求量保证可能对项目公司产生负向激励，因此，在满足项目公司参与约束的基础上，政府应通过设定合理的通行费与保证水平，以及全面的运维标准与绩效考核条款来促进项目公司提高努力水平。

在收费公路 PPP 项目建设与运营过程中，政府和项目公司在很多情形下往往掌握不同的信息。一般来说，作为代理人的项目公司掌握的信息往往更多，而作为委托人的政府由于监管机制的不完善，其掌握的信息相对较少。当政府无法观察到项目公司的实际行为时，为了降低收益风险并获取更多的保证收入，项目公司倾向于降低努力水平。因此，在提供最小需求量保证时，政府应设定较低的保证水平从而防止项目公司事后出现不努力的投机行为。如果政府不能有效地监督项目公司的努力水平，且在事前设定了一个较高的保证水平，政府应提出附加协议，如通过考察项目公司的实际运营绩效来转移给项目公司相应的需求量保证收入。

（2）政府补偿给项目公司的固定需求量差额部分越小，弹性需求量保证越优；当差额部分较大时，项目公司的努力水平较低，最小需求量保证较优。特别地，存在一个临界的弹性系数使得两种需求量保证是等效用的。

当预测新建收费公路 PPP 项目中的需求量较低时，政府应选择弹性需求量保证。在这一保证下，政府应设定一个较小的门槛系数，以降低对项目公司固定需求部分的补偿，并设定一个最优的保证水平激励项目公司选择一个自我强制实施的努力水平，从而最大化社会福利，这说明当存在较小的门槛系数时，弹性需求量保证适用于实际需求量相对较低的收费公路 PPP 项目。反之，当预测新建收费公路 PPP 项目中的需求量较高时，政府应选择最小需求量保证而非弹性需求量保证，这意味着最小需求量保证适用于实际需求量相对较高的收费公路 PPP 项目。实际上，由于弹性需求量保证下的社会福利关于门槛系数单调递减，随着门槛系数的增加，最小需求量保证与弹性需求量保证之间一定存在一个平衡，当应用于不同需求水平的收费公路 PPP 项目时，两种需求量保证存在效用相同的情形，即政府对于两种需求量保证的选择是无差异的。

第 12 章　案例讨论——某污泥处理厂和加利福尼亚 91 号快速路

本章将从某污泥处理厂和加利福尼亚 91 号快速路两个实际案例出发，分别对最小需求量保证下和排他性政府保证下的 PPP 项目进行讨论。

12.1　某污泥处理厂案例

辽宁省某污泥处理厂在 2009 年 4 月到 2018 年 4 月以 BOT 模式对城区及其他区（市）污水处理厂的污泥进行了处理，但污泥量仅为 258 吨/日，远低于设计处理量 600 吨/日，导致实际运营收入不足以支付其建设期和运营期支出，需要政府对该部分给予补偿。为了提高项目公司的积极性，一般而言，在 PPP/BOT 协议中政府会设定保底量对该部分污泥以市场价格给予补贴，将该约定称为最小需求量保证。由此可见，对保底量的确定将影响项目公司的营利能力进而成为谈判关键。

本部分以该污泥处理厂的数据为例，展示在决策阶段如何确定保底量即政府补贴，因项目运营过程中建设成本、运营成本、税费、沼液收入、沼气收入等会综合影响项目收益，且多个因素间具有关联关系，系统动力学可以展示因素间因果关系并进行模拟，故下文将利用系统动力学研究政府补贴与营利能力间的关系。

1. 模型构建

以运营期内的 NPV 作为衡量营利能力的标准。NPV 为考虑折现率后总收入与总成本的差额，其中，成本包括建设成本和年运营成本，年运营成本包括电耗、药剂费、财务费用、维护修理费、工资及福利费、管理费（未考虑税费）；年收入包括沼液收入、沼气收入和政府补贴。据此构建该污泥处理厂各变量间的因果关系图，如图 12.1 所示，图中箭头上的符号“+”和“−”分别表示正因果关系和负因果关系。相应的系统动力学模型如图 12.2 所示，其中建设成本作为 NPV 的初始值，在动力学模型中不作单独变量。模型中的变量在表 12.1 中给予解释。

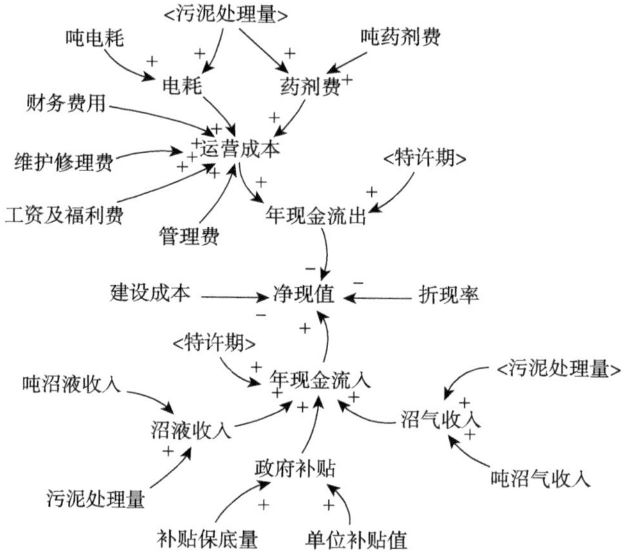

图 12.1　污泥处理厂净收益系统因果关系图

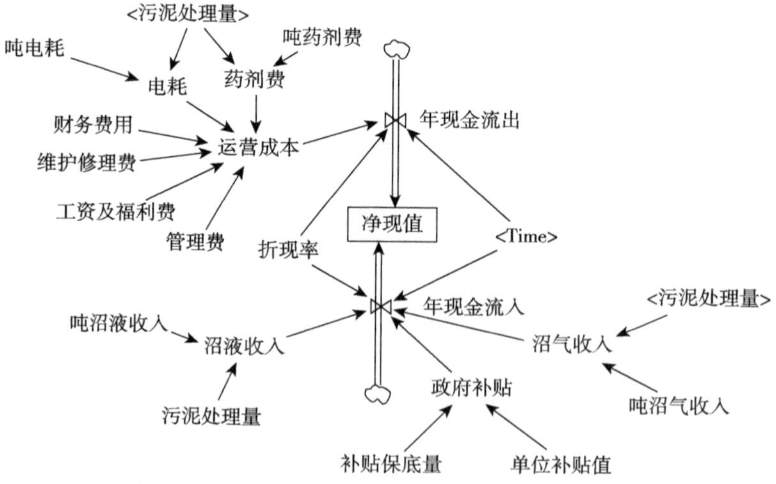

图 12.2　污泥处理厂净收益系统动力学流图

表12.1　变量定义及说明

变量类型	变量符号	变量名称	变量类型	变量符号	变量名称
状态变量	NPV	净现值	常量	CC	建设成本
				C_3	财务费用
速率变量	NCFC	年现金流出		C_4	管理费
	NCFI	年现金流入		C_5	维护修理费
辅助变量	C_1	药剂费		C_6	工资及福利费
	C_2	电耗		a	吨药剂费
	CO	运营成本		b	吨电耗
	IL	沼液收入		c	吨沼液收入
	IG	沼气收入		d	吨沼气收入
	G	政府补贴		e	单位补贴值
				Q	污泥处理量
				Q_b	补贴保底量
				i	折现率

模型中涉及的主要变量可表示为如下公式：

$$R = \text{IF THEN ELSE}\left(\text{Time} > 1, \frac{1}{(1+i)^{\text{time}-1}}, 1\right) \tag{12.1}$$

$$\text{NCFC} = -\text{CO} \tag{12.2}$$

$$\text{NCFI} = \text{IL} + \text{IG} + G \tag{12.3}$$

$$\text{NPV} = (\text{INTEG}((\text{NCFI} + \text{NCFC}) \times R, 0), -\text{CC}) \tag{12.4}$$

其中，R 为折现系数。

$$\text{CO} = C_1 + C_2 + C_3 + C_4 + C_5 \tag{12.5}$$

$$C_1 = a \times Q(\text{Time}) \tag{12.6}$$

$$C_2 = b \times Q(\text{Time}) \tag{12.7}$$

污泥可回收沼液和沼气，获得相应收入为

$$\text{IL} = c \times Q(\text{Time}) \tag{12.8}$$

$$\text{IG} = d \times Q(\text{Time}) \tag{12.9}$$

一般污泥（水）处理 PPP 项目中，污泥（水）量远低于设计回收量，导致项目成本高于收入，故需要政府设定特许期保底量对公司进行补贴，计算公式如下：

$$G = e \times Q_b \tag{12.10}$$

其中，e 为每吨补贴值，取值为商业运营时的价格；Q_b 为保底量，本章中将其设定为需要决策的变量。

此外，表 12.1 中折现率 i 取值通常为行业基准收益率；特许期 T 由特许经营协议确定；吨药剂费 a、吨电耗 b、吨沼液收入 c、吨沼气收入 d、财务费用 C_3、管理费 C_4、维护修理费 C_5、工资及福利费 C_6 均可按实际测算取为常数，如发生变化，可在项目特许期内根据特许经营协议进行调整。

2. 参数确定

基于该污泥处理厂的数据和已有经验，确定类似污泥处理 PPP 项目模型中的参数。表 12.2 中数据表明污泥处理量 Q 呈现逐渐上升的趋势，但最大值不得超过设计值 600 吨/天，污泥处理量计算公式如下：

$$Q = \text{MIN}(600, \text{RANDOM NORMAL}(100, 600, 258, 25.8, 100) \times (1.12 \wedge \text{Time})) \times 365 / 10\,000 \tag{12.11}$$

其中，RANDOM NORMAL(100,600,258,25.8,100) 表示利用均值为 258，标准差为 25.8 的正态分布随机确定基准处理量，增速经计算确定为 1.12，但实际污泥处理量不能超过 600 吨/日，故设置仿真值的最大值为 600 吨/日，将日污泥量随机值换算为年污泥量（单位：万吨）。项目的其他基本数据如表 12.2 所示。

表12.2　污泥处理厂基本数据

项目	数据	备注
1）建设成本	15 000 万元	
2）运营成本		
电耗	10.74 元/吨	
药剂费	39.28 元/吨	
维护修理费	540 万元/年	
工资及福利费	85.05 万元/年	
管理费	315 万元/年	
财务费用	151.32 万元/年	主要用来支付利息
3）运营收入		
沼气收入	31.24 元/吨	
沼液收入	9 元/吨	
政府补贴	125.9 元/吨	
4）污泥量（日）		
2009 年 4~12 月	150 吨/年	设计处理能力的 25%
2010~2017 年	250 吨/年	设计处理能力的 41%
2018 年年初至 2018 年 4 月 20 日	480 吨	设计处理能力的 80%
均值	258 吨	设计处理能力的 43%
增速	1.12	
5）折现率	6%	

3. 结果分析

取仿真单位为年，仿真区间为特许经营期 25 年，因设计污水处理量为 600 吨/天，故保底量 Q_b 设定为 600 吨/天、500 吨/天、400 吨/天，对污泥厂的 NPV 加以模拟，得到表 12.3 和图 12.3。

表12.3　不同保底量下污泥处理厂NPV（一）（单位：万元）

特许期	400 吨/天	500 吨/天	600 吨/天
0	−15 000.00	−15 000.00	−15 000.00
1	−14 334.10	−13 874.20	−13 414.30
2	−13 686.40	−12 766.60	−11 846.80
3	−13 098.50	−11 744.90	−10 391.20
4	−12 539.20	−10 776.20	−9 013.24
5	−12 021.30	−9 872.17	−7 723.05
6	−11 567.20	−9 053.78	−6 540.38
7	−11 167.80	−8 310.77	−5 453.70
8	−10 791.10	−7 609.81	−4 428.54
9	−10 435.70	−6 948.53	−3 461.40
10	−10 100.40	−6 324.69	−2 549.00
11	−9 784.05	−5 736.15	−1 688.25
12	−9 485.63	−5 180.93	−876.22
13	−9 204.11	−4 657.13	−110.16
14	−8 938.52	−4 162.99	612.54
15	−8 687.96	−3 696.81	1 294.34
16	−8 451.59	−3 257.02	1 937.54
17	−8 228.59	−2 842.13	2 544.33
18	−8 018.22	−2 450.72	3 116.78
19	−7 819.76	−2 081.46	3 656.83
20	−7 632.53	−1 733.11	4 166.30
21	−7 455.90	−1 404.48	4 646.94
22	−7 289.26	−1 094.44	5 100.37
23	−7 132.06	−801.958	5 528.14
24	−6 983.76	−526.03	5 931.69
25	−6 843.85	−265.72	6 312.40

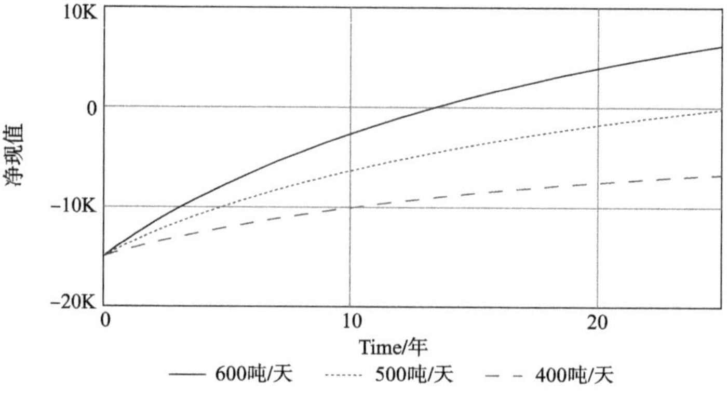

图 12.3　不同保底量下污泥处理厂 NPV

从表 12.3 中可得出，在本案例中，若保底量取为设计值 600 吨/天，特许期结束时 NPV 约为 6 312 万元，盈利水平较高；保底量取值略高于 500 吨/天时，项目基本达到盈亏平衡。为了得到具体的保底量值，设定保底量 Q_b 分别为 505 吨/天和 510 吨/天，模拟污泥处理厂在仿真区间内的 NPV，如表 12.4 所示。结果发现保底量为 505 吨/天，基本在特许期结束时实现收支持平，后续可以采用逼近法确定更为准确的保底量。

表12.4　不同保底量下污泥处理厂NPV（二）（单位：万元）

特许期	500 吨/天	505 吨/天	510 吨/天
0	−15 000.00	−15 000.00	−15 000.00
1	−13 874.20	−13 851.20	−13 828.20
2	−12 766.60	−12 720.60	−12 674.60
3	−11 744.90	−11 677.20	−11 609.50
4	−10 776.20	−10 688.10	−10 599.90
5	−9 872.17	−9 764.71	−9 657.25
6	−9 053.78	−8 928.11	−8 802.44
7	−8 310.77	−8 167.91	−8 025.06
8	−7 609.81	−7 450.75	−7 291.68
9	−6 948.53	−6 774.18	−6 599.82
10	−6 324.69	−6 135.90	−5 947.11
11	−5 736.15	−5 533.75	−5 331.36
12	−5 180.93	−4 965.69	−4 750.45
13	−4 657.13	−4 429.78	−4 202.43
14	−4 162.99	−3 924.21	−3 685.43
15	−3 696.81	−3 447.25	−3 197.69

续表

特许期	500 吨/天	505 吨/天	510 吨/天
16	−3 257.02	−2 997.30	−2 737.56
17	−2 842.13	−2 572.81	−2 303.48
18	−2 450.72	−2 172.34	−1 893.97
19	−2 081.46	−1 794.55	−1 507.63
20	−1 733.11	−1 438.14	−1 143.17
21	−1 404.48	−1 101.90	−799.33
22	−1 094.44	−784.70	−474.95
23	−801.95	−485.45	−168.94
24	−526.03	−203.14	119.74
25	−265.72	63.18	392.09

从图 12.3 中看出，随着保底量的不断提高，项目的 NPV 也随之提高，保底量与项目的营利能力呈正相关。故在 PPP 项目中，政府与项目公司达成的最小需求量保证将影响公司的盈利水平，是谈判中的关键。

12.2　加利福尼亚 91 号快速路案例

加利福尼亚 91 号快速路位于美国加利福尼亚南部，从里弗赛德县延伸到北橙县，并最终连接到洛杉矶 405 号州际公路，是连接橙县商业中心和河岸县居民区的交通要道。修建 91 号快速路的缘由要追溯到 20 世纪 80 年代末 90 年代初，由于当地快速的经济发展和人口膨胀，极大地增加了对公共交通基础设施的需求，橙县境内的 91 号公路变得异常拥堵，但改善基础设施提供资金的公共收入却跟不上交通需求增加的步伐。为了解决这一问题，加利福尼亚州政府提出采用 PPP 模式新建 91 号快速路项目的想法。

91 号快速路项目是在现有 91 号公路两向车道的中间地带（修建时已经预留出来）增加双向共四条车道的收费快速公路。由加利福尼亚州交通部与加利福尼亚私人交通公司（California Private Transportation Company，CPTC，是由三家私人合作方的子公司所组成的一家有限责任公司，为后续事件的发展埋下伏笔）以合作伙伴关系共同开发建设，并于 1990 年 12 月签订特许经营合同。根据合同，由 CPTC 全权负责 91 号快速路的建设，包括项目的设计、融资、建造及运营和维护。同时规定在 91 号快速路建成并投入使用之后，CPTC 将获得 35 年的特许经营权及独享该项目的全部收益；此外，双方还签署了一项排他性保证条款，即加利福尼亚州交通部承诺在特许经营期内不会在 91 号快速路沿线两侧 1.5 英里的走廊内修建任何具有竞争性质的公路，或者升级、拓宽具有竞争性的现有道路，并由加利福尼亚州交通部在补偿的基础上提供交通执法和设施维护。这在当时国际上的高速公路 PPP 项目中是一种常见的做法。

91 号快速路的建设开始于 1993 年 9 月，并于 1995 年 12 月顺利完工，项目的总造价约 1.3 亿美元,其中包括 3 000 万来自 CPTC 的直接投资,其余来自 CPTC 的银行贷款。项目于 1995 年 12 月投入使用，它是美国国内第一条完全自动化和收费可变的高速公路。具体地说，其收费标准与时间段、工作日及旅行方向等相关，介于 1 美元到 4.75 美元间，可以反映邻近免费公路车道上拥堵所导致的延误程度。

在运营的最初几年，91 号快速路被大部分人视为一项纯粹的公益性项目。前期的公众满意度调查显示使用 91 号快速路的大部分旅客支持现有的定价方案。相关研究显示，91 号快速路大幅提升了高峰时段内的通行速度，使得临近免费公路的交通拥堵现象得到了显著的改善，有效提高了行车安全。运营前六年，项目累计为橙县贡献了 680 万美元的税收收入。此外，对 CPTC 而言，收费公路带来的经济收益也较为可观，在运营的第三年实现了现金流的收支平衡。

尽管存在着一系列创新，91 号快速路还是遇到了始料未及的问题。由于橙县在 20 世纪 90 年代末快速地发展，交通出行量随之不断攀升，交通拥堵成为政府亟待解决的问题。然而 91 号快速公路的排他性条款限制了交通设施的改善，加利福尼亚州交通部授予 CPTC 的特许经营权的本质就成为公众激烈争论的主题。这场争论引起了当地媒体的广泛关注，在相关报道中将 PPP 描绘成公共利益与私人利益、安全与利润、交通与高速公路、税收与私有制、非营利组织与营利性组织之间的冲突。而对于“收费”公路竞争的“免费”道路改善的限制被媒体描述为“垄断”。

迫于当地民众的压力,加利福尼亚州交通部于 1999 年 1 月公开宣布将考虑各种措施以改善交通拥堵和安全问题,包括在 91 号公路上新建车道并连接到附近的另一条公路上，但相关措施的提出并没有与 CPTC 进行协商。为了维护自身权益，CPTC 于 1999 年 3 月提起了诉讼，因加利福尼亚州交通部拓宽 91 号公路的计划违反了排他性条款，要求赔偿造成的损害。

在此期间，CPTC 集团的内部合作伙伴也开始产生分歧。由于收入低于预期及未来市场低迷,部分合作方认为如果他们继续参与 91 号快速路项目将会面临更大的风险。因此，CPTC 有了出售 91 号快速路给一家非营利公司的想法。经过多次谈判，加利福尼亚州交通部与橙县交通局最终于 2002 年以近 2.075 亿美元（比原来的项目造价多了近 7 250 万美元）的价格回购了加利福尼亚 91 号快速路，才得以解决排他性条款的限制。根据协议，橙县交通局承担了 1.35 亿美元的现有债务，并通过内部借款的方式一次性支付了 7 250 万美元。自 2003 年起，加利福尼亚 91 号快速路作为一个政府收费公路项目由橙县交通局来运营管理。

上文以加利福尼亚 91 号快速路的失败案例为研究基础，着重分析了 PPP 项目中排他性保证条款的设计对政府、私人企业及社会公众的利益所造成的影响。一方面，当政府给予私人企业排他性保证时，将会带给私人企业高额的垄断利润；另一方面，当由私人企业来定价时，私人企业将会选择一个较高的价格，这又会损害消费者的利益及社会福利。

由于 PPP 项目具有运营周期较长、不确定性因素较多、涉及的利益相关者较多等特点，当 PPP 项目中存在排他性保证时，增加私人企业的利润和提高社会福利成为一对相互矛盾的目标。故政府在设计排他性保证合同条款时，应限制私人企业获得超额收益，重视保护社会公共利益，提高社会福利，尽可能地综合考虑收费价格、预期交通量、居民满意度等因素，以为将来可能出现的情况、变化及不确定因素留下协商和调整的空间。

本篇参考文献

[1] Kumaraswamy M M，Zhang X Q. Governmental role in BOT-led infrastructure development[J]. International Journal of Project Management，2001，19（4）：195-205.

[2] Wibowo A. Valuing guarantees in a BOT infrastructure project[J]. Engineering，Construction and Architectural Management，2004，11（6）：395-403.

[3] Irwin T. Government Guarantees：Allocating and Valuing Risk in Privately Financed Infrastructure Projects[M]. The World Bank，2007.

[4] Tam C M. Build-operate-transfer model for infrastructure developments in Asia：reasons for successes and failures[J]. International Journal of Project Management，1999，17（6）：377-382.

[5] Vassallo J M，Soliño A S. Minimum income guarantee in transportation infrastructure concessions in Chile[J]. Transportation Research Record，2006，1960（1）：15-22.

[6] Alonso-Conde A B，Brown C，Rojo-Suarez J. Public private partnerships：Incentives，risk transfer and real options[J]. Review of Financial Economics，2007，16（4）：335-349.

[7] Brandao L E T，Saraiva E. The option value of government guarantees in infrastructure projects[J]. Construction Management and Economics，2008，26（11）：1171-1180.

[8] 高峰，郭菊娥，龚利.基础设施项目政府担保的双障碍期权价值研究[J]. 管理工程学报，2008，22（3）：19-23.

[9] Wang Y L，Liu J C. Evaluation of the excess revenue sharing ratio in PPP projects using principal-agent models[J]. International Journal of Project Management，2015，33（6）：1317-1324.

[10] Feng Z，Zhang S B，Gao Y. Modeling the impact of government guarantees on toll charge，road quality and capacity for Build-Operate-Transfer（BOT）road projects[J]. Transportation Research Part A：Policy and Practice，2015，78：54-67.

[11] Sun Y，Zhang L. Balancing public and private stakeholder interests in Bot concessions：minimum revenue guarantee and royalty scheme applied to a water treatment project in china[J]. Journal of Construction Engineering and Management，2015，141（2）：04014070.

[12] Xiao F，Yang H，Han D. Competition and efficiency of private toll roads[J]. Transportation Research Part B：Methodological，2007，41（3）：292-308.

[13] Xiao Y，Fu X，Zhang A. Demand uncertainty and airport capacity choice[J]. Transportation Research Part B：Methodological，2013，57：91-104.

[14] Matsushima N，Takauchi K. Port privatization in an international oligopoly[J]. Transportation Research Part B：Methodological，2014，67：382-397.
[15] Palma A，Lindsey R，Proost S. Investment and the use of tax and toll revenues in the transport sector：the research agenda[J]. Research in Transportation Economics，2007，19：1-26.
[16] Engel E，Fischer R，Galetovic A. The basic public finance of public-private partnerships[J]. Journal of European Economic Association，2013，11（1）：83-111.
[17] 郭健. 公路基础设施 PPP 项目交通量风险分担策略研究[J]. 管理评论，2013，25（7）：11-19.
[18] 吴贞瑶，帅斌，胡鹏.高速公路 PPP 项目中的政府保障研究[J].系统工程理论与实践，2018，38（10）：2652-2658.
[19] Chang Z. Public–private partnerships in China：a case of the Beijing No. 4 Metro line[J]. Transport Policy，2013，30：153-160.
[20] Blank F F，Baidya T，Dias M. Real options in public private partnership-case of a toll road concession[C]. The 13th Annual International Conference on Real Options，2009.
[21] Song J，Zhao Y，Jin L，et al. Pareto optimization of public-private partnership toll road contracts with government guarantees[J]. Transportation Research Part A：Policy and Practice，2018，117：158-175.
[22] Xiao Y，Fu X，Zhang A. Airport capacity choice under airport-airline vertical arrangements[J]. Transportation Research Part A：Policy and Practice，2016，92：298-309.
[23] Wang F，Xiong M，Niu B，et al. Impact of government subsidy on BOT contract design：price，demand，and concession period[J]. Transportation Research Part B：Methodological，2018，110：137-159.
[24] Zhang Y，Feng Z，Zhang S. The effects of concession period structures on BOT road contracts[J]. Transportation research part A：Policy and Practice，2018，107：106-125.
[25] Feng Z，Zhang S B，Gao Y，et al. Subsidizing and pricing private toll roads with noncontractible service quality：a relational contract approach[J]. Transportation Research Part B：Methodological，2016，91：466-491.
[26] Qiu L D，Wang S. BOT projects：incentives and efficiency[J]. Journal of Development Economics，2011，94（1）：127-138.
[27] Tan Z，Yang H. Flexible build-operate-transfer contracts for road franchising under demand uncertainty[J]. Transportation Research Part B：Methodological，2012，46（10）：1419-1439.
[28] Niu B，Zhang J. Price，capacity and concession period decisions of Pareto-efficient BOT contracts with demand uncertainty[J]. Transportation Research Part E：Logistics and Transportation Review，2013，53：1-14.
[29] Lu Z，Meng Q. Analysis of optimal BOT highway capacity and economic toll adjustment provisions under traffic demand uncertainty[J]. Transportation Research Part E：Logistics and Transportation Review，2017，100：17-37.
[30] Flyvbjerg B，Holm M K S，Buhl S L. How（in）accurate are demand forecasts in public works projects? The case of transportation[J]. Journal of The American Planning Association，2005，71（2）：131-146.

[31] Erhun F，Keskinocak P，Tayur S. Dynamic procurement in a capacitated supply chain facing uncertain demand[J]. IISE Transactions，2008，40（8）：733-748.

[32] Wang Y，Cui P，Liu J. Analysis of the risk-sharing ratio in PPP projects based on government minimum revenue guarantees[J]. International Journal of Project Management，2018，36（6）：899-909.

[33] Tan Z，Yang H，Guo X. Properties of pareto-efficient contracts and regulations for road franchising[J]. Transportation Research Part B：Methodological，2010，44（4）：415-433.

[34] Guo X，Yang H. Analysis of a build–operate–transfer scheme for road franchising[J]. International Journal of Sustainable Transportation，2009，3（5）：312-338.

[35] Baron D P，Myerson R B. Regulating a monopolist with unknown costs[J]. Econometrica：Journal of the Econometric Society，1982，50（4）：911-930.

[36] Gagnepain P，Ivaldi M，Martimort D. The cost of contract renegotiation：evidence from the local public sector[J]. The American Economic Review，2013，103（6）：2352-2383.

[37] Snow A，Warren R S. The marginal welfare cost of public funds：theory and estimates[J]. Journal of Public Economics，1996，61（2）：289-305.

[38] Guasch J L. Granting and Renegotiating Infrastructure Concessions：Doing It Right[M]. The World Bank Institute，2004，1-25.

第五篇　PPP 项目的提前终止补偿机制

第 13 章　PPP 项目提前终止关键影响因素——基于多案例的研究

本章选择了不同领域的多个 PPP 项目提前终止案例为对象展开系统研究，挖掘出我国实践操作中 PPP 项目提前终止影响因素的内在特点和相互关联，以期为政府部门与私人资本开展特许经营协议中提前终止条款的设计提供指导。

13.1　研 究 方 法

13.1.1　多案例研究方法

要研究我国 PPP 项目提前终止关键影响因素，就要回答项目为什么发生提前终止，是怎么样的因素导致项目提前终止？这是关于“为什么”和“怎么样”的问题，适宜选用案例研究方法[1]。此外，由于 PPP 项目提前终止的相关研究仍处于起步阶段，尚未形成有代表性的理论成果，相较于其他研究方法，案例研究适用于全新的或现有理论阐述不足的研究领域[2]。为提高关键影响因素辨识的有效性和可靠性，本节拟采用多案例研究方法针对我国 PPP 项目提前终止的案例展开研究。

13.1.2　案例选择

本节的目的是探讨我国PPP项目提前终止的关键影响因素，基于典型性原则[3]，所选择的案例必须满足以下四个条件：①项目案例采用 PPP、BOT、BOO 等模式运作并提前终止，代表性和借鉴性强；②项目案例位于我国多个省市和地区，覆盖交通、供水/污水处理、垃圾焚烧发电等主要应用领域；③项目案例提前终止影响因素可以被识别和归纳；④项目案例能够保证相应数据和资料获取的便捷性与准确性。

根据上述条件，最终选取了闽江四桥、沪青平高速公路、南京长江隧道、深圳梧桐山隧道、上海大场水厂、沈阳第九水厂、武汉汤逊湖污水处理厂、长春汇津污水处理厂、常州横山桥污水处理厂、昆明五华垃圾焚烧电厂、北京六里屯垃圾焚烧发电厂、江苏吴江平望垃圾焚烧发电厂、秦皇岛西部垃圾焚烧发电厂共 13 个 PPP 项目作为研究对象。上述项目案例基本信息如表 13.1 所示[4~9]。

表13.1　案例基本信息

编号	项目名称	投资者	特许期	提前终止情况
1	闽江四桥	香港秀明国际投资有限公司、福州市城乡建设发展总公司	28 年（1997~2025 年）	2005 年正式签署解除合作项目的协议书
2	沪青平高速公路（2009 年更名为沪渝高速）	上海茂盛企业发展（集团）有限公司、上海城建（集团）公司、上海建工股份有限公司	25 年（2000~2025 年）	2008 年政府收回收费经营权
3	南京长江隧道	中国铁道建筑总公司、南京市交通集团、浦口区国有资产经营有限公司	30 年（2010~2040 年）	2010 年政府回购
4	深圳梧桐山隧道	盐田港股份、香港达佳集团	30 年（1997~2027 年）	2011 年政府回购
5	上海大场水厂	泰晤士水务公司、英国宝维士公司、上海市北自来水公司	20 年（1998~2018 年）	2004 年政府回购
6	沈阳第九水厂	汇津中国有限公司、沈阳市自来水总公司	20 年（1996~2016 年）	2000 年变更合同，2001 年、2006 年分两次回购
7	武汉汤逊湖污水处理厂	凯迪电力、武汉高科国有控股集团公司	20 年（2001~2021 年）	2004 年整体移交
8	长春汇津污水处理厂	汇津中国有限公司、长春市排水公司	20 年（2000~2020 年）	2005 年 8 月终止，政府分三次回购
9	常州横山桥污水处理厂	上海同济环保实业有限公司	30 年（2005~2035 年）	2011 年 6 月政府暂时接管
10	昆明五华垃圾焚烧电厂	美国再生资源国际有限公司、昆明大滇实业有限公司、昆明市五华区环卫处	2003 年签约，2005 年 12 月奠基后并未动工建设	2006 年美方撤资
11	北京六里屯垃圾焚烧发电厂	—	2007 年 3 月计划动工	2007 年国家环境保护总局下令缓建，2011 年弃建
12	江苏吴江平望垃圾焚烧发电厂	吴江丝绸股份有限公司	2008 年 5 月动工建设（BOO）	2009 年停止建设
13	秦皇岛西部垃圾焚烧发电厂	浙江伟明环保股份有限公司	2008 年 11 月签约，2011 年 8 月计划竣工	2010 年停止建设

注：北京六里屯垃圾焚烧发电项目终止于项目决策阶段，尚未决定具体运营模式和投资者，但不影响案例分析

13.1.3　数据收集与分析

为了保证研究的信度和效度，本节采用一手资料采集和二手资料收集相结合的方法。

1）一手资料采集

一手资料的获得有两种方式：

（1）实地考察与调研：课题组到样本企业和项目所在地的政府部门（国家发改委、交通局/城建局、财政局等）进行实地调查，获得项目的一手数据，如特许经营协议、回购协议及相关文件。

（2）开放式访谈和半结构化访谈：课题组与项目所在地的政府部门负责人进行开放式访谈，与企业中高层领导进行半结构化访谈。访谈时间平均为 60 分钟，项目组至少有 3 人参与访谈，其中 1 人负责提问，另 2 位成员负责记录与补充提问，并在征得对方同意的基础上进行录音。访谈结束后，课题组成员对资料进行进一步整理和总结，并就所有信息进行相互对照，以便课题组成员对于资料理解达到一致性要求，同时将重要信息反馈给相关企业和政府部门再次核对，以保证材料的准确性。

2）二手资料收集

本节的二手资料主要有以下几个来源：直接从企业或政府部门获得的材料，如内部刊物、年度报告、企业文件等；中国学术文献网络出版总库中的文献资料和报刊资料；国内案例库和行业资料；有关该项目、该行业的新闻报道和视频资料。二手资料作为一手资料的补充和检验，如资料内容发生冲突，则依据信息提供人的意见和其他来源资料进行验证与修改。

在数据整理和分析过程中，首先，组织 4 名项目组研究成员将访谈记录和音频资料进行整理，以形成文档。其次，将所有信息按照项目基本信息、总体运营情况、提前终止原因三类进行划分。并根据扎根理论对资料进行编码，由 2 名研究人员对 13 个项目案例的资料进行编码，并通过反复讨论最终达成编码一致性。最后，将提炼出的提前终止影响因素提交给项目公司和政府部门进行再次确认，以保证研究的有效性。

13.2　多案例研究

对获得的一手和二手资料进行整理与归纳，总结出导致 13 个案例提前终止的

7 项关键影响因素，包括：公众反对、政府部门履约不力、政府征用、项目公司违规/违法行为、政策法规变动、同类项目竞争及建设工期延误，如表 13.2 所示。同时，也发现导致项目提前终止的因素并不是孤立作用的，而是多个影响因素共同作用的结果。将 7 项关键影响因素与对应案例加以汇总，如表 13.3 所示。

表13.2 典型案例提前终止的原因以及相对应的影响因素

编号	项目名称	提前终止原因	关键影响因素
1	闽江四桥	福州市二环路三期通车，大批车辆绕行，通行费收入急剧下降；政府拒绝履行“当通行收入严重降低或通行费停收时，回购项目并给予年净回报率 18% 的补偿”的约定	①同类项目竞争 ②政府部门履约不力[10]
2	沪青平高速公路	项目资本金不到位，拖欠工程款	①项目公司违规/违法行为
3	南京长江隧道	政府为实现快速通道收费模式，推行一体化的年次票制改革，于隧道正式通车前回购，项目模式由 BOT 转为 BT	①政府征用
4	深圳梧桐山隧道	深盐二通道（与隧道平行）开通，分流了 60%~70% 车流量，隧道的经营收入大幅下滑；人大代表连年提出议案取消隧道收费；政府从 2004 年开始着手回购谈判	①同类项目竞争 ②公众反对 ③政府征用
5	上海大场水厂	政府清理固定回报项目	①政策法规变动 ②政府征用
6	沈阳第九水厂	沈阳自来水总公司向水厂支付的水价远高于沈阳市平均供水价格，严重亏损，无力继续支付	①政策法规变动 ②政府部门履约不力[5] ③政府征用
7	武汉汤逊湖污水处理厂	因道路规划问题，污水收集管网无法建设，一期工程建成后闲置近一年；水务集团规定出厂水质必须达标方可整体收购	①建设工期延误 ②政府部门履约不力[11]
8	长春汇津污水处理厂	政府废除《长春汇津污水处理专营管理办法》；排水公司拖欠水费；污水处理厂上诉失败后停产，污水被直接排入松花江	①政府部门履约不力[12] ②政策法规变动 ③项目公司违规/违法行为
9	常州横山桥污水处理厂	项目公司两次申请项目竣工验收延期；污水处理厂多次关闭闸门，管网污水外溢，造成二次集中污染，附近村民多次向政府反映污水外溢	①建设工期延误 ②公众反对
10	昆明五华垃圾焚烧发电厂	政府并未落实垃圾处置费上调和电力上网等政策；垃圾处置费收缴困难	①政府部门履约不力[13]
11	北京六里屯垃圾焚烧发电厂	项目选址于 2006 年，规划滞后，规划地周围居民众多，万人签名反对，可能对水源地造成污染	①公众反对
12	江苏吴江平望垃圾焚烧发电厂	临近太湖，可能会对太湖流域的生态环境造成污染，项目的环保性遭到市民质疑	①公众反对
13	秦皇岛西部垃圾焚烧发电厂	公众反对并举报项目环评公众参与部分涉嫌造假，项目公司并未重新组织环评公众参与调查，环评批复被省环保厅撤销	①项目公司违规/违法行为 ②公众反对

表13.3　我国PPP项目提前终止的关键影响因素汇总

影响因素	1	2	3	4	5	6	7	8	9	10	11	12	13	频次
公众反对				√					√		√	√	√	5
政府部门履约不力	√					√	√	√		√				5
政府征用			√	√	√	√								4
项目公司违规/违法行为		√						√					√	3
政策法规变动					√	√		√						3
同类项目竞争	√			√										2
建设工期延误							√		√					2

1. 公众反对

公众反对是由于社会公共利益得不到保护或受损，引起公众对项目的建设或运营产生反对意见。部分项目因前期规划不合理、选址不当等原因埋下环境污染隐患，或是由于特许决策不合理造成项目服务/设施使用成本偏高，遭到公众的反对。政府为了维护公众利益和社会稳定，通常会与私人资本谈判提前回购项目。例如，北京六里屯垃圾焚烧发电厂原本是北京市“十一五”重点规划项目，项目选址于 2006 年，当时的项目选址现已成为海淀区经济发展的新区域，周围总人口数达 20 万人，2006 年底规划出台后引发了周围居民的强烈反对，之后发生的群体性事件使国家环保总局于 2007 年下令缓建项目[8]。此后的两年多时间，居民先后组织万人签名反对建厂，最后政府有关部门考虑到居民反对，规划地址临近京密引水渠，可能会对水源地造成污染两个因素，决定弃建项目。江苏吴江平望垃圾焚烧发电厂和秦皇岛西部垃圾焚烧发电厂两个项目的建设也因为可能对当地生态环境造成破坏，并对周围居民产生影响，引发了公众的强烈反对，最终导致项目停止建设[14, 15]。在深圳梧桐山隧道案例中，社会各界强烈要求取消通行费，从 1996 年开始，每年市区两会上均有人大代表提出议案要求降低收费或撤销收费站，出于公众压力，政府开始着手隧道的回购[16]。

2. 政府部门履约不力

政府部门履约不力是政府部门不履行或拒绝履行特许经营协议中约定的责任和义务，而给项目带来直接或间接的影响。在我国，政府部门履约不力多体现为效率低下、配套基础设施不完善和拒绝/延期支付费用。例如，武汉汤逊湖污水处理厂一期建成后，由于有关部门迟迟未能解决配套管网建设和排污费收取问题，闲置一年多的污水处理厂不得不移交给武汉市水务集团[11]。而在长春汇津污水处理厂案例中，污水处理厂于 2000 年投产运行，两年之后排水公司便开始拖欠污水处理费，2003 年 3 月后则以长春市政府废止《专营管理办法》为由停止支付任何费用，截至 2003 年 9 月累计欠付处理费约人民币 9 000 万元，由于运行资金紧缺，项目公司的正常经营遇到困难。经过两年的法律纠纷，最终于 2005 年 8 月以长春市政府回购而结束[12]。沈阳第九水厂在运营过程中，一方面沈阳市自来水总公司向水厂支付的水价 2.5 元/吨，远高于同期沈阳市平均供水价格 1.4 元/吨，另一方面市政府已停止对自来水总公司的补贴，自来水总公司因此出现 2 亿多元的亏损，自 2000 年起一直未支付购水费用[5]。在合同无法履行的情况下，自来水总公司于 2000 年底提出更改合同，回购了第九水厂 50%的股权，并且双方协商一致，在条件适宜时，外方将剩余股权全部卖给自来水总公司。最终，沈阳第九水厂在 2006 年被自来水总公司全部回购。

3. 政府征用

政府征用是 PPP 项目在运作过程中，政府主动提出解除特许经营协议，提前收回特许经营权。研究团队在整理案例的过程中发现，2000 年以后，各地政府开始着手路桥、隧道等基础设施收费改革，回购所有权不在政府手中的 PPP 项目成为改革的关键。例如，在南京长江隧道项目中，政府为统筹谋划市域交通、实行快速通道收费模式，将隧道交通纳入南京一体化的年次票制改革，就南京长江隧道股份回购事宜与投资方“国字号”企业中国铁建股份有限公司展开谈判，最终以 46 亿元的总价回购南京长江隧道 80%的股权，至此，政府完全拥有该市第一座过江隧道的所有权。在梧桐山隧道案例中，深圳市政府为推进公路和隧道收费体制改革，实现“不上高速路、不收一分钱”的目标，开始撤销全市除高速公路以外所有公路和隧道收费站，其中包括梧桐山隧道。随着改革的推进，梧桐山隧道最终由市政府补偿投资建设费用并收回产权。

4. 项目公司违规/违法行为

项目公司违规/违法行为是项目公司或项目投资者在项目融资、建设或运营过程中，出现利用项目进行欺诈、发生重大安全事故、破坏周围生态环境等触犯法律法规的行为。例如，沪青平高速公路的大股东上海茂盛公司在负责沪青平高速公路的经营管理工作中存在诸多违规行为，一是仍有 1.5 亿注册资本金未到位，二是拖欠有关单位工程款近 4 亿元，三是擅自为与该项目无关的企业或项目提供 1.25 亿元的银行贷款担保[17]。为维护沪青平高速公路的正常运营，2008 年 8 月上海市市政工程管理局收回了沪青平高速公路收费经营权。在秦皇岛西部垃圾焚烧发电厂案例中，由于当地群众举报环评报告的公众参与部分造假，河北省环保厅经调查核实后于 2011 年 3 月责令停止项目建设并重新组织公众参与调查；同年 5 月，由于项目公司并未按要求重新组织公众参与调查，项目环评批复被省环保厅撤销，省环保厅同时明确要求在环评报告重新上报并获批之前，项目不得进行施工建设，原计划 2011 年 8 月竣工的垃圾焚烧发电厂现已停建[15]。

5. 政策法规变动

政策法规变动是由于政策变化或法律法规的颁布和修订，引起项目特许经营协议、市场需求和项目服务费用等发生变化，从而对项目运营的可持续性造成影响。20 世纪 80 年代，我国开始采用 PPP 模式吸引外资，但由于政府缺乏经验，对人民币利率变化估计不足，加之当时银行贷款利率整体处于高位，政府许诺给予外商高额固定回报率。2002 年《国务院办公厅关于妥善处理现有保证外方投资固定回报项目有关问题的通知》出台后，许多地区政府与私人资本就回报率进行了重新谈判，一些项目因此被政府回购。在上海大场水厂 PPP 项目中，政府给予投资者——英国泰晤士水务公司年固定回报率 15%的承诺，但由于政策变动，经过双方谈判，运营了 6 年的大场水厂最终被上海自来水市北公司接收。而在长春汇津污水处理厂案例中，同样因为需要清理固定回报项目，长春市政府却单方面做出废止《长春汇津污水处理专营管理办法》的决定，引发投资方和政府“对簿公堂”，导致污水处理厂停产[12]。

6. 同类项目竞争

同类项目竞争是由于新建或改建项目，与原有项目形成了实质性的竞争，造成市场需求和收益的变化。PPP 项目正常运营的基本前提是项目的运营收益能够偿还贷款、收回投资并取得一定的收益，如果项目唯一性无法得到保证，项目经营就会陷入困境。例如，在闽江四桥项目中，在项目运营第七年，福州二环路三期路段这一免费道路正式通车，造成了大量车辆绕行白湖亭收费站，项目公司收入下降超过 70%，失去清偿银行贷款的能力。项目公司在与政府多次磋商无果的情况下，申请仲裁要求停止《专营权协议》[18]。最终在国资委和福建省政府的直接协调下，2005 年 6 月双方正式解除合作。深圳梧桐山隧道案例中，深盐二通道的免费通行，造成了严重的车辆分流，隧道的经营收入大幅下滑，项目公司不得不降低收益预期，与政府重启谈判，提前转让梧桐山隧道。

7. 建设工期延误

建设工期延误是由于我国 PPP 项目建设管理水平参差不齐、缺少完善的监管手段和体系、对进度控制的力度不够，加之各种不确定性因素或无法事先预见因素的影响，项目延期交付。例如，常州横山桥污水处理厂在未进行消防和设备安装验收的情况下，于 2007 年 5 月进行为期 3 个月的试运营，试运营结束后，项目公司多次以“污水收集管网尚未全部建成、进水量不足”为由，将项目的竣工验收延期。在此后两年多的时间里，镇政府多次致函项目公司，表示污水管网建设进度一直遵照原先规划进行，并要求终止特许经营协议。2010 年初，污水处理厂经常关闭闸门，无法正常处理污水，污水从窨井里溢出，造成二次污染。在回购久拖不决的情况下，镇政府向南京仲裁委提出了仲裁请求，要求对污水处理厂进行资产评估，最终政府强行接管了污水处理厂。

13.3 案例总结

通过对上述案例的综合分析，不难发现我国 PPP 项目提前终止影响因素的内在特点和形成原因如下。

（1）根据项目各方对提前终止影响因素的控制能力和承受能力，可以将 PPP 项目提前终止的关键影响因素分为三类：①政府部门过失：政府部门履约不力、政府征用及同类项目竞争。政府部门对于此类影响因素的控制能力要远远强于私人资本，在实践中应加强项目选址、建设及技术方案、经济效益等方面的论证，建立政府的信用担保机制，避免盲目承诺、政绩透支等情况的发生。②项目公司过失：项目公司违规/违法行为及建设工期延误。对于上述影响因素，私人资本最有能力控制，可以采取加强前期调研、完善融资计划、提高建设管理和运营管理水平等手段来避免其发生。③非过失终止：公众反对及政策法规变动。对于此类不可控制因素，政府部门和私人资本在项目的运作过程中，应通过走访调查、召开座谈会/听证会、公开信息、接受公众监督等方式征集公众意见；同时，政府应完善现有的法律法规体系，避免因法律法规变动而影响到项目的正常运营。

准确识别 PPP 项目提前终止的影响因素是进一步在政府部门和私人资本之间界定和分担提前终止责任的重要依据。

（2）PPP 项目提前终止的影响因素虽然复杂，但是彼此具有一定的关联性。例如，公众反对会促使政府征用项目，同类项目竞争和政策法规变动可能会引发政府部门履约不力。

（3）根据表 13.3 的统计，公众反对和政府部门履约不力是出现频次较高的影响因素。调研过程中发现，在我国采用 PPP 模式进行基础设施建设的初期，政府为加大招商引资力度，纷纷上马 PPP 项目，但由于缺乏操作经验，产生了特许定价过高、特许期过长、固定投资回报率过高等诸多决策失误。当决策失误造成的影响和损失高于政府承受能力时，履约不力的情况随之发生。此外，我国 PPP 项目多为基础设施与公用事业项目，与公众利益密切相关，如果项目在收费、环境影响等方面对公众利益造成损害，很容易导致公众反对，甚至产生群体性事件。

第 14 章　PPP 项目的提前终止补偿决策

在 PPP 项目的运营中，诸多因素会导致项目提前终止[19, 20]，“在终止项目时，双方如何达成一个公平的补偿额”是提前终止情境下，政府和社会资本共同关注的问题[21]，这也是本章的研究重点。

14.1　PPP 项目提前终止补偿模型构建

14.1.1　模型基本假设

本节的基本假设如下。

（1）政府和项目公司都是经济理性人，以最大化自身利益为目标，由于拖延成本的存在，双方都希望项目回购及早完成，双方进行的讨价还价谈判的目的是谋求合作。因此，PPP 项目提前终止谈判补偿讨价还价博弈属于合作博弈。

（2）讨价还价是个动态过程，可分成若干个阶段，用 t 表示谈判回合数，且在谈判的每个回合，有且仅有一方还价。

（3）PPP 项目的建设运营会产生直接和间接效益，不考虑因降低交通 PPP 项目建设和运营过程中的时间成本、道路使用者的使用成本、交通事故成本等间接效益，而只考虑直接效益，即项目公司通过向道路使用者收费而获得的收益，项目公司获得的年运营收益 OR 为

$$\mathrm{OR}=(p-c)Q_0-C_0 \tag{14.1}$$

其中，p 表示特许价格；c 表示单位交通量的运营维护成本；Q_0 表示单位谈判周期的交通量；C_0 表示受项目建设成本、人力资源费等因素影响的运营维护成本。

在项目提前终止的情况下，建设成本和人力资源费等属于固定成本，因此将C_0作常数处理。另外，在项目进入稳定运营后，单位交通量运营维护成本基本保持不变，为简化计算，记$P_0=p-c$，表示扣除单位交通量运营维护成本的净收入。

（4）引入贴现因子δ_i（$i=g,p$，分别表示政府和项目公司，下文同），且$0<\delta_i<1$，表示每多进行一轮谈判给双方带来的损失，不同的贴现因子会影响双方对终止补偿额的预期。

（5）为了避免出现类似于美国加利福尼亚 91 号快速路在出现严重拥堵后受限于排他性保证而政府无法再建项目的问题，在项目特许经营协议中不包含排他性条款，即政府可以再建类似的交通项目。

14.1.2 提前终止谈判补偿的讨价还价模型

1. 基本模型构建

假设在 PPP 项目回购谈判中，政府可以接受的最高支付价格为V_g，项目公司可以接受的最低回购价格为V_p，且V_g和V_p满足$V_p\leqslant V_g$，否则谈判破裂。讨价还价博弈的过程是在政府可接受的最高支付价格V_g和项目公司可接受的最低回购价格V_p之间寻求平衡点。将双方的轮流出价记为A_t^i（$i=p,g$），满足$V_p\leqslant A_t^i\leqslant V_g$。对于政府而言，其谈判可获取价值为可接受的最高支付价格与回购价格之间的差值$V_g-A_t^i$，对于项目公司而言，其谈判可获取价值为政府回购价格与可接受的最低回购价格之间的差值$A_t^i-V_p$。为计算方便，令$V=V_g-V_p$，$[0,V]$表示谈判区间，p_t^i表示双方对谈判区间V的分配值，所以有$p_t^i=A_t^i-V_p$，$p_t^i\in[0,V]$。因此，前述问题可以转化为政府和项目公司对$[0,V]$谈判区间的分配比例博弈。双方通过讨价还价博弈过程，轮流对 PPP 项目提前终止回购补偿额进行要约与反要约，直至达到双方认同的金额。

当 PPP 项目面临提前终止时，项目公司是项目的卖方，政府是项目的买方，假定由项目公司先出价，政府先出价的情况与此类似，不再作赘述。首先，运用 Rubinstein-Stahl 议价模型讨论信息对称情况下的 PPP 项目回购谈判，如图 14.1 所示。在讨价还价博弈的第一回合，项目公司首先提出对V的分配值p_1^p，如果政府接受项目公司的报价则回购谈判结束，项目公司可获取的价值为p_1^p，政府可获取的价值为$V-p_1^p$；如果政府拒绝项目公司的报价，则谈判进入第二回合，由政府出价p_2^g。在第二回合中，如果项目公司接受政府的报价则回购谈判结束，项目公司可获取的价值为$\delta_p p_2^g$，政府可获取的价值为$\delta_g(V-p_2^g)$；如果项目公司拒绝政府的报价，则谈判进入第三回合，由项目公司提议出价 p_3^p。在第三回合中，如果政府接受项目公司的报价则回购谈判结束，项目公司可获取的价值为 $\delta_p^2 p_3^p$，政府可获取的价值为 $\delta_g^2(V-p_3^p)$；如果政府拒绝项目公司的报价，则谈判进入下一个回合，由政府进行报价。谈判过程持续进行，博弈双方轮流出价，假定在第 t 回合双方达成协议，政府和项目公司可获取的价值分别为 $\delta_g^{t-1}(V-p_t^i)$ 和 $\delta_p^{t-1}p_t^i$。

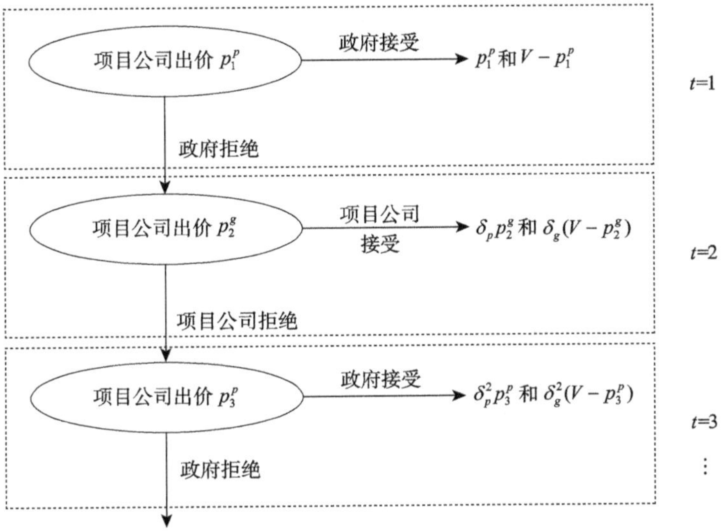

图 14.1　PPP 项目回购谈判讨价还价博弈模型示意图

通常情况下 PPP 项目的提前终止谈判可能会持续几个月甚至数年的时间，由非过失原因导致的提前终止并不影响项目的正常运营，即在谈判期间项目公司仍然拥有项目的特许经营权，并能够获得运营收益。随着双方在谈判期间发生的收入和成本支出变化，会影响双方在博弈过程中的心理预期与决策，进而影响 PPP 项目提前终止讨价还价回购谈判博弈的纳什均衡解。

在 PPP 项目协议不存在排他性条款情况下，为了促使项目尽早提前回购，政府会考虑新建一个类似的竞争性公路以降低项目公司的预期，同时达到缓解交通拥堵、改善基础设施条件的目的。假定政府在谈判开始时新建公路的概率为 q ($q\in[0,1]$)，政府新建公路的一次性投资成本为 I，则政府新建公路的期望成本为 qI。用 $\beta\in[0,1]$ 表示新建公路对已有 PPP 项目交通量的影响程度，则拟终止公路的通行量可以定义为 $(1-\beta)Q_0$ 辆，其中，Q_0 为不受新建公路影响情况下的通行量。β 越大，新建项目对已有项目通行量的影响越大；反之则影响越小。综合上述分析，根据式（14.1）得到项目公司在谈判期间获得的期望运营收益为

$$E(\mathrm{OR}_t)=(\delta_p^1+\cdots+\delta_p^t)[P_0Q_0(1-\beta)-C_0]q \\ +(\delta_p^1+\cdots+\delta_p^t)(1-q)(P_0Q_0-C_0) \tag{14.2}$$

在第t回合双方达成协议时，政府和项目公司在整个讨价还价博弈过程中的收益期望值分别为

$$R_g=\delta_p^{t-1}(V-p_t^i)-qI \tag{14.3}$$

$$R_p=\delta_p^{t-1}p_t^i+(\delta_p^1+\cdots+\delta_p^{t-1})[P_0Q_0(1-q\beta)-C_0] \tag{14.4}$$

政府和项目公司达成一致的提前终止补偿额为

$$M=V_p+p_t^i \tag{14.5}$$

2. 模型求解与分析

对无限回合的讨价还价博弈进行讨论，从先出价方出价的任何一个阶段开始的子博弈等价于从$t=1$时开始的整个博弈，因此，采用有限阶段逆向归纳法求解出上述博弈的子博弈的精炼纳什均衡解。

假定在回合t（$t\geqslant 3$）项目公司出价p_t^p，若政府接受项目公司的提议，则项目公司和政府对V的分配值分别为$(\delta_p^{t-1}p_t^p,\delta_g^{t-1}(V-p_t^p))$。那么，根据式（14.3）和式（14.4），在第$t$回合双方达成协议时，政府和项目公司在讨价还价博弈过程中的收益期望值分别为

$$R_g=\delta_g^{t-1}(V-p_t^g)-qI \tag{14.6}$$

$$R_p=\delta_p^{t-1}p_t^p+(\delta_p^1+\cdots+\delta_p^{t-1})[P_0Q_0(1-q\beta)-C_0] \tag{14.7}$$

在第$t-1$回合，由政府提议p_{t-1}^g，为了使项目公司接受政府的提议，政府需保证其提议使项目公司获得不少于其在第t回合所获得的收益，否则，项目公司会拒绝政府的提议。同时，政府要保证在项目公司接受其提议的情况下使自身减少的损失最大化，即满足下列不等式组：

$$\begin{cases}\delta_p^{t-2}p_{t-1}^g+(\delta_p^1+\cdots+\delta_p^{t-2})[P_0Q_0(1-q\beta)-C_0] \\ \geqslant \delta_p^{t-1}p_t^p+(\delta_p^1+\cdots+\delta_p^{t-1})[P_0Q_0(1-q\beta)-C_0] \\ \max\left[\delta_g^{t-2}(V-p_{t-1}^g)-qI\right]\end{cases} \tag{14.8}$$

化简得

$$p_{t-1}^g=\delta_p p_t^p+\delta_p[P_0Q_0(1-q\beta)-C_0] \tag{14.9}$$

则政府的收益期望值为

$$R_g=\delta_g^{t-2}(V-p_{t-1}^g)-qI \\ =\delta_g^{t-2}\{V-\delta_p p_t^p-\delta_p[P_0Q_0(1-q\beta)-C_0]\}-qI \tag{14.10}$$

在谈判的第$t-2$回合中，项目公司提议p_{t-2}^p，若政府接受项目公司的提议，

需满足政府在第 $t-2$ 回合减少损失的期望值不小于第 $t-1$ 回合减少损失的期望值。同时，项目公司要最大化自身收益，因此，得到如下不等式组：

$$\begin{cases}\delta_g^{t-3}(V-p_{t-2}^p)-qI \geqslant \delta_g^{t-2}\{V-\delta_p p_t^p-\delta_p[P_0Q_0(1-q\beta)-C_0]\}-qI \\ \max\left[\delta_p^{t-3}p_{t-2}^p+(\delta_p^1+\cdots+\delta_p^{t-3})[P_0Q_0(1-q\beta)-C_0]\right]\end{cases} \tag{14.11}$$

对式（14.11）进行求解，得

$$p_{t-2}^p=(1-\delta_g)V+\delta_g\delta_p p_t^p+\delta_g\delta_p[P_0Q_0(1-q\beta)-C_0] \tag{14.12}$$

依据式（14.12），有 $p_t^p=p_{t-2}^p=p^*$，因此，PPP 项目提前终止回购谈判博弈的纳什均衡解为

$$p^*=\frac{(1-\delta_g)V}{1-\delta_g\delta_p}+\frac{\delta_g\delta_p}{1-\delta_g\delta_p}[P_0Q_0(1-q\beta)-C_0] \tag{14.13}$$

在整个回购谈判期间，政府和项目公司的收益期望值分别为

$$R_g=\delta_g^{t-1}(V-p^*)-qI \tag{14.14}$$

$$R_p=\delta_p^{t-1}p^*+(\delta_p^1+\cdots+\delta_p^{t-1})[P_0Q_0(1-q\beta)-C_0] \tag{14.15}$$

PPP 项目的提前终止回购补偿额为

$$M=V_p+p^* \tag{14.16}$$

14.2 讨论分析

根据上述模型，可以推导出如下命题。

命题 14.1　在政府和项目公司信息对称的情况下，PPP 项目提前终止补偿讨价还价博弈模型的纳什均衡解 p^* 和项目公司收益的期望值 R_p 均是政府新建公路的概率 q 和交通量影响程度 β 的减函数；政府收益的期望值 R_g 是 β 的增函数。

证明：根据式（14.13）可得，$\dfrac{\partial p^*}{\partial q}=-\dfrac{\delta_g\delta_p P_0Q_0\beta}{1-\delta_p\delta_g}$ 和 $\dfrac{\partial p^*}{\partial \beta}=-\dfrac{\delta_g\delta_p P_0Q_0 q}{1-\delta_p\delta_g}$。由于 $\delta_p,\delta_g<1$，$1-\delta_p\delta_g>0$，故 $\partial p^*/\partial q$ 和 $\partial p^*/\partial\beta$ 均小于 0，随着概率 q 和影响程度 β 的变大，博弈纳什均衡解 p^* 减小。同理，对式（14.15）分别求 q 和 β 的导数，得到 $\partial R_p/\partial q=-P_0Q_0\beta\left(\delta_p^1+\cdots+\delta_p^{t-1}+\dfrac{\delta_g\delta_p^t}{1-\delta_p\delta_g}\right)$ 和 $\partial R_p/\partial\beta=-P_0Q_0q(\delta_p^1+\cdots+\delta_p^{t-1}$

$+\frac{\delta_g\delta_p^t}{1-\delta_p\delta_g}$)，上述求导结果均小于 0，因此项目公司收益期望值 R_p 与概率 q 和影响程度 β 均呈负相关关系；对式（14.14）求 β 的导数，得到 $\frac{\partial R_g}{\partial \beta}=\frac{\delta_g^t\delta_p P_0 Q_0 q}{1-\delta_p\delta_g}>0$，说明政府收益的期望值 R_g 随着 β 变大而变大。

命题 14.1 说明政府新建公路的概率和对交通量的影响程度直接影响到讨价还价博弈均衡解及政府和项目公司的收益期望值。如果政府新建公路的概率较大，且对提前终止项目交通量的影响程度较大时，博弈均衡解和项目公司收益期望值越小，反之则越大；当新建公路对提前终止项目的交通量影响程度较大时，政府收益的期望值则越大，反之则越小。另外，令式（14.14）对 q 求导得到 $\frac{\partial R_g}{\partial q}=\frac{\delta_g^t\delta_p P_0 Q_0 \beta}{1-\delta_p\delta_g}-I$，由于政府新建公路会产生成本 I，故 $\partial R_g/\partial q$ 的符号并不能确定，政府的收益期望值 R_g 与概率 q 并不存在严格的正相关关系或负相关关系，在实际中，政府并不能简单地为了给项目公司施加压力而采取新建公路的措施，而是需要在新建公路和回购谈判博弈之间进行权衡。进一步分析表明，当 $\frac{P_0 Q_0 \beta}{I}>\frac{1-\delta_p\delta_g}{\delta_g^t\delta_p}$ 时，政府更倾向于新建公路，因为新建公路对已有项目回购补偿额的降低值使得新建公路的正外部性增大，此时，政府愿意支付的回购补偿额也会降低；当 $\frac{1-\delta_p\delta_g}{\delta_g^t\delta_p}>\frac{P_0 Q_0 \beta}{I}>0$ 时，政府不倾向于新建公路，因为新建公路产生的已有项目回购补偿额降低值不足以使新建公路变为可行，此时，政府更倾向于通过谈判回购已有项目。式（14.16）是关于式（14.13）的表达式，因此，上述对式（14.13）的性质分析同样适用于对式（14.16）提前终止补偿额的分析，此处不再赘述。

命题 14.2 在政府和项目公司信息对称的情况下，当 $q\beta\in\left(0,\frac{\mathrm{OR}+V(1-\delta_g)}{P_0 Q_0}\right)$ 时，博弈的纳什均衡解 p^* 是 δ_p 的增函数，政府收益的期望值 R_g 是 δ_p 的减函数；当 $q\beta\in\left(\frac{\mathrm{OR}+V(1-\delta_g)}{P_0 Q_0},1\right)$ 时，p^* 是 δ_p 的减函数，R_g 是 δ_p 的增函数；当 $q\beta=\frac{\mathrm{OR}+V(1-\delta_g)}{P_0 Q_0}$ 时，p^* 和 R_g 均与 δ_p 无关。

证明：令式（14.13）对 δ_p 求导，得

$$\frac{\partial p^*}{\partial \delta_p}=\frac{\delta_g[P_0Q_0(1-q\beta)-C_0]}{(1-\delta_p\delta_g)^2}+\frac{V(\delta_g-\delta_g^2)}{(1-\delta_p\delta_g)^2}$$

当项目公司运营 PPP 项目所获得的收益期望值为正时，即 $P_0Q_0(1-q\beta)-C_0>0$，可知 $\partial p^*/\partial\delta_p>0$，这说明随着 δ_p 的变大，纳什均衡解变大。进一步分析可知，当 $q\beta\in(0,\dfrac{\text{OR}+V(1-\delta_g)}{P_0Q_0})$ 时，$\partial p^*/\partial\delta_p>0$，纳什均衡解 p^* 与 δ_p 呈正相关关系；当 $q\beta\in(\dfrac{\text{OR}+V(1-\delta_g)}{P_0Q_0},1)$，$\partial p^*/\partial\delta_p<0$，纳什均衡解 p^* 与 δ_p 呈负相关关系；当 $q\beta=\dfrac{\text{OR}+V(1-\delta_g)}{P_0Q_0}$ 时，$\partial p^*/\partial\delta_p=0$，纳什均衡解 p^* 与 δ_p 无关。

令式（14.14）对 δ_p 求导，得

$$\frac{\partial R_g}{\partial \delta_p}=-\frac{\delta_g^t[P_0Q_0(1-q\beta)-C_0]}{(1-\delta_p\delta_g)^2}-\frac{V(\delta_g^t-\delta_g^{t+1})}{(1-\delta_p\delta_g)^2}$$

类似地，可知当 $q\beta\in(0,\dfrac{\text{OR}+V(1-\delta_g)}{P_0Q_0})$ 时，$\partial R_g/\partial\delta_p<0$，政府收益的期望值 R_g 与 δ_p 呈负相关关系；当 $q\beta\in(\dfrac{\text{OR}+V(1-\delta_g)}{P_0Q_0},1)$，$\partial R_g/\partial\delta_p>0$，$R_g$ 与 δ_p 呈正相关关系；当 $q\beta\in\dfrac{\text{OR}+V(1-\delta_g)}{P_0Q_0}$ 时，$\partial R_g/\partial\delta_p=0$，$R_g$ 与 δ_p 无关。

当 $0<q\beta<\dfrac{\text{OR}+V(1-\delta_g)}{P_0Q_0}$ 时，政府新建公路对已有项目交通量的影响较小，谈判每多进行一轮已有项目的运营收益不大，项目公司占据谈判优势，政府需要支付较高的回购补偿额；当 $\dfrac{\text{OR}+V(1-\delta_g)}{P_0Q_0}<q\beta$ 时，政府新建公路对已有项目交通量的影响较大，谈判拖延对项目公司不利，项目公司倾向于降低回购补偿要求、尽快结束回购谈判。

研究结果表明，在信息对称的情况下，回购补偿额和项目公司的收益期望值对政府新建项目的概率和对现有项目的交通量影响程度均呈负相关关系。新建项目的决策权会影响各方的议价能力，对提前终止补偿有重要影响。因此，在签订合同之前，政府和项目公司应该协商是否需要设置排他性条款，特别是要评估投资新建项目的可能性。此外，政府和项目公司的合理补偿金额与折现因子有关，谈判进程的每一次延迟都会使“馅饼”的价值减少。因此，为了快速、顺利地完成谈判过程，双方都应该尽快做出补偿决定，并了解对方的策略。

第15章　基于前景理论的PPP项目提前回购补偿决策

在第 14 章提出的 PPP 项目提前终止补偿决策的基础上，结合实践操作中的讨价还价博弈情境，本章引入前景理论中的损失厌恶心理，构建政府与项目公司的博弈模型并探讨政府回购补偿的最优决策，进一步完善 PPP 项目提前终止补偿决策机制。

15.1　补偿决策模型构建

15.1.1　补偿决策模型的基本假设和参照点

1. 补偿决策模型的基本假设

提前终止谈判的双方为 PPP 项目的合作双方，即政府部门和项目公司，在博弈过程中双方存在着共同的利益，但是双方的利益并不完全一致，因此需要通过讨价还价来获得令彼此满意的均衡解[22, 23]。

本节模型假设有以下几方面。

假设一：模型是在完全信息条件下建立的，存在政府部门和项目公司两个谈判主体，政府部门的主要目的是项目提前回购时，通过事前合约设计使得社会福利最大化，并约束项目公司不会获得过多的补偿，项目公司的主要目的是达到自身利益最大化。

假设二：假定 PPP 合同规定项目的特许期为 N 年，其中包括建设期 n 年，运营期 $N-n$ 年，项目在第 T 年发生了提前终止，则实际运营期为 $T-n$ 年，剩余特

许期为 $N-T$，折现率为 r。

假设三：在 PPP 项目特许运营阶段暂时不考虑其社会、环境等间接收益，PPP 项目从运营期第二年开始每年的需求量 Q_j 是不确定的，变化服从正态分布，且政府部门和项目公司对项目未来运营收益及运营状况有较准确的预测。

假设四：运营 PPP 项目具有直接和间接收益，直接收益是项目的收费获利，不考虑间接收益，如项目配套、服务设施的经营收入。因此，项目公司在实际运营的 $T-n$ 年里的累积收益 PR 来源仅为项目收费获利，由每单位需求量的收入 P 和需求量 Q_j 决定。项目公司在历史运营期内扣除每年运营维护所需费用的累积净现值为

$$\mathrm{NPV}_1=\sum_{j=n+1}^{T}\frac{PQ_j-\mathrm{OC}_j}{(1+r)^j} \tag{15.1}$$

其中，OC_j 为项目运营期内每年的运营成本，包括维修费、工资福利费等。

假设五：项目建设和运营会投入成本，其中，项目初始投资为 I_0，每年的运营维护成本为 I_c。

假设六：PPP 项目面临提前终止时运营状况良好，项目公司已经收回初始投资 I_0，无未偿还的债务，在提前终止后，项目仍然可以继续运营。一旦 PPP 项目确定将发生提前终止，谈判双方在提前终止补偿谈判时会花费大量的谈判成本，因此，谈判双方都期望尽快完成谈判，实现项目回购。

2. 补偿决策模型的参照点

在 PPP 项目提前回购补偿决策模型中，政府部门和项目公司都是以自身利益最大化为目标，由于谈判存在拖延成本，为了减少谈判带来的损失，双方都希望项目回购尽快完成，双方进行的讨价还价谈判的目的是达成合作。项目公司未来获得的效用与期望收益有关，若项目未发生提前终止，项目公司继续运营该项目，剩余特许期的需求量是不确定的，项目在剩余特许期的 NPV_2 为

$$\mathrm{NPV}_2=\sum_{t=1}^{N-T}\frac{PQ_t-\mathrm{OC}_t}{(1+r)^t}(T<N) \tag{15.2}$$

当 PPP 项目面临超额收益由政府部门选择主动回购提前终止时，应该考虑项目公司是否已经收回合理的投资回报，政府部门要在考虑项目公司合理的投资回报已实现的基础上，对超额收益的部分进行分配，超额收益的数值 V 可以通过项目剩余特许期的预测收益以及已经获得的收益和合理投资回报计算得来。

$$V=\mathrm{NPV}_2-[(1+\theta)I_0-\mathrm{NPV}_1,0]^{+}(1+r)^{T} \tag{15.3}$$

其中，θ 为项目公司合理的投资回报率。

$[z]^{+}=\max\{z,0\}$，$[z]^{+}$ 的含义表示为当 $z>0$，$[z]^{+}=z$；当 $z<0$，$[z]^{+}=0$，用

来计算项目公司是否收回了合理的投资回报。

进一步，若 $\mathrm{NPV}_1 > (1+\theta)I_0$，表示项目公司在项目提前终止时已经收回合理的投资回报，则政府部门和项目公司将对剩余特许期的超额收益部分进行分配，此时，V=NPV$_2$。若 $\mathrm{NPV}_1 < (1+\theta)I_0$，则表示项目公司在项目提前终止时未收回合理的投资回报，则在超额收益分配中应将这部分资金扣除，则 $V=\mathrm{NPV}_2-[(1+\theta)I_0-\mathrm{NPV}_1](1+r)^T$。因此，在讨价还价博弈中，项目公司的补偿参照点为超额收益部分，在政府部门回购 PPP 项目时，项目公司能够获得的补偿为 TC，对于提前终止项目的剩余特许期收益的实际期望价值 E，项目公司由于损失厌恶心理获得的补偿需要满足：

$$\mathrm{TC} = E + \lambda_t(V - E) \tag{15.4}$$

其中，λ_t 为项目公司损失厌恶系数，表现为项目公司对损失的规避程度，换言之，是项目公司在运营权被剥夺时，对剩余特许期收益损失的痛苦感知系数。根据 Köszegi 和 Rabin[20]的假定，在风险厌恶条件下，决策者的效用将由两部分组成，基于结果的标准效用和心理损益效用。在本节中，将前景理论价值函数中的损失厌恶系数进行转化，其关系 $\lambda=1+\lambda_t$，$\lambda>1$，$\lambda_t>0$，本节考虑的项目公司的心理损失不会超过实际损失的大小，否则谈判无意义，因此，λ_t 的取值范围为 $0<\lambda_t<1$，λ_t 值越大，项目公司对损失越敏感。在每一回合讨价还价中，项目公司都会希望本阶段获得的补偿大于上一阶段谈判的补偿期望值，这样才有进行本回合讨价还价的意义，如果不能满足，项目公司就会存在心理损失。

15.1.2　基于前景理论的补偿决策模型构建

1. 讨价还价博弈模型应用分析

轮流出价的讨价还价博弈是一个参与人不断地“出价–还价”的过程，其博弈的基础是参与双方有共同的利益，需要合作或者不得不开展合作，但是对于如何确定分配方案，各方往往存在分歧。按照鲁宾斯坦轮流出价的讨价还价模型，两个参与人对某份利益进行讨价还价博弈分配时，其中一个参与人给出分配方案，另一个参与人选择接受或拒绝，如果接受分配方案，则谈判结束；若拒绝，谈判进入下一环节，双方依次轮流出价，直到出现双方都满意的分配方案，谈判结束，否则谈判破裂。在轮流出价的讨价还价博弈过程中，参与人的出价顺序会影响谈判的结果，因此，在讨价还价博弈中，要考虑政府部门和项目公司谁在最后一次出价环节具备先动优势。在现实生活中，基于不同讨价还价博弈情境，不能简单地将鲁宾斯坦轮流出价的讨价还价模型直接生搬硬套到实践应用中，需要根据具体的影响因素构建符合需求的讨价还价博弈模型。

在项目公司获取超额利润时，政府部门为了增加社会福利、防止项目公司获得暴利，应该承担起提前回购 PPP 项目的责任。此时，项目公司已经或者即将回收初始投资，政府部门为了维护公众利益，应该就项目剩余特许期的超额收益与项目公司发起再谈判，若 PPP 项目面临被政府部门提前回购的情况，则政府部门和项目公司将就项目剩余特许期的收益分配进行讨价还价，为了满足项目公司的损失厌恶心理，鼓励社会资本参与 PPP 项目建设运营的热情和积极性，在项目收益分配时，政府部门在和项目公司每一回合“出价-还价”的过程中，都应考虑到项目公司的损失厌恶心理，尽早达成一致补偿方案，减少谈判的成本损失。

在初始谈判环节，项目公司考虑自己运营可以有机会获得剩余特许期的全部收益，就会期望得到更多的补偿，考虑到项目公司的损失厌恶心理，在讨价还价博弈过程中，用项目公司剩余特许期超额获得的收益 V 作为参照点来衡量盈利或者亏损给决策者带来的主观满意/不满意程度。在完全信息的讨价还价博弈中，政府部门和项目公司对于项目剩余特许期的价值会根据预测的需求量进行预判，因此，双方讨价还价的上限为项目公司运营项目的剩余特许期的超额收益。

2. 讨价还价补偿基本模型构建

在不考虑项目公司损失厌恶心理的基础上构建讨价还价基本模型，在讨价还价基本模型中，当政府部门决定提前回购项目后，政府部门和项目公司会就剩余特许期的超额收益 V 进行轮流出价，开展讨价还价博弈分配。政府部门和项目公司最终将在超额收益 $[0,V]$ 这个区间寻找到一个均衡点。由于讨价还价谈判会有时间成本损失，故讨价还价过程中，政府部门和项目公司会存在损失系数 $\delta_\chi, \chi = G, F(0 < \delta_\chi < 1)$，损失系数表现为贴现因子，表示每多进行一轮谈判给双方带来的损失，双方对终止补偿额的不同预期及耐心程度会影响损失系数的大小。因此，政府部门和项目公司在讨价还价博弈过程中具有不同的损失系数，政府部门的损失系数表示为 δ_G，项目公司损失系数表示为 δ_F。运用讨价还价博弈模型求解 PPP 项目提前回购谈判补偿时，在每一回合谈判中，政府部门和项目公司都会轮流出价，每一回合的谈判中包括一次政府部门出价和一次项目公司出价。若本回合谈判失败，则进入下一回合轮流出价。

第一回合谈判：

假设项目公司在讨价还价博弈的第一回合谈判中优先出价，项目公司提出自己获得 V 的分配值是 d_1^F，政府部门可以接受或是拒绝。政府部门如果接受项目公司的分配方案，则回购谈判结束，此时，项目公司实际获得分配值 d_1^F，政府部门获取价值为 $V - d_1^F$；当政府部门拒绝项目公司的报价，进入到政府部门报价环节，政府部门提出项目公司可以获得的分配值为 d_1^G，项目公司实际获得的贴现值为 $\delta_F d_1^G$，政府部门获得的分配值为 $V-d_1^G$，政府部门实际获得的贴现值为 $\delta_G(V-d_1^G)$。

第二回合谈判：

第一回合谈判结束后，如果项目公司拒绝政府部门的报价，谈判进入第二回合。在第二回合中仍然是项目公司先给出报价，此时，项目公司提出自己获得的分配值 d_2^F，政府部门如果接受项目公司的报价则回购谈判结束，项目公司能够获得的实际贴现值为 $\delta_F^2 d_2^F$，政府部门此时可获取的分配为 $V-d_2^F$，获得的实际贴现值为 $\delta_G^2(V-d_2^F)$；当政府部门拒绝项目公司的报价，进入到下一阶段政府部门报价环节，政府部门提出项目公司可以获得分配值为 d_2^G，项目公司如果接受政府的报价则回购谈判结束，项目公司获得的贴现值为 $\delta_F^3 d_2^G$，政府部门获得的贴现值为 $\delta_G^3(V-d_2^G)$。

第 t 回合谈判：

假设在第 t 回合讨价还价中，在项目公司出价环节双方达成协议，项目公司对自己分配出价为 d_t^F。政府部门同意了项目公司的报价 d_t^F，政府部门获得的分配值为 $V-d_t^F$，政府部门获取贴现价值分别为 $\delta_G^{2(t-1)}V-d_t^F$，项目公司获得的实际贴现值为 $\delta_F^{2(t-1)}d_t^F$。假设在第 t 回合讨价还价中，在政府部门出价环节双方达成协议，政府部门在第 t 回合对项目公司分配值的出价为 d_t^G，此时，政府部门获得的贴现值为 $\delta_G^{2t-1}(V-d_t^G)$，项目公司获得的贴现值为 $\delta_F^{2t-1}d_t^G$。

3. 基于前景理论的讨价还价补偿模型构建

根据我国发改委的《政府和社会资本合作项目通用合同指南》，规定了各种合同解除情形下补偿或赔偿的计算方法，应体现违约责任及向无过错方的利益让渡，补偿或赔偿额度的评估要坚持公平合理、维护公益性原则，可设计具有可操作性的补偿或赔偿计算公式。项目提前终止是因为政府部门主动回购，故需要考虑项目公司的损失厌恶心理，基于前景理论构建讨价还价补偿决策模型，需要根据相关行业标准对补偿决策相关变量及终止情形等在事前合同中进行约束规定。政府部门和项目公司在签订合同之初会对未来的项目收益有一定的预测，当政府部门应该承担终止责任时，为了满足项目公司的损失厌恶心理，在每一回合讨价还价博弈过程中，在考虑项目运营期限结束正常移交获得的 NPV 基础上，政府部门提供的补偿必须使项目公司获得合理剩余特许期收益分配，并能够满足项目公司由于损失厌恶产生的心理损失。

第一回合谈判：

根据前景理论的价值函数，项目公司存在损失厌恶系数，对于没有获得的超额分配存在心理损失，项目公司获取的价值效用满足 $d_1^G = E_1 + \lambda_t(V - E_1)$，当政府部门给予项目公司 d_1^G 分配时，项目公司实际获得的期望价值 $E_1 = (d_1^G - \lambda_t V)/(1-\lambda_t)$，由于损失系数的存在，在此回合谈判中，项目公司获得的贴现值为 $\delta_F d_1^G = \delta_F[E_1 + \lambda_t(V - E_1)]$。

第二回合谈判：

考虑到项目公司损失厌恶心理的存在，对于未获得的超额收益会存在心理损失，项目公司获取的价值效用满足 $d_2^G = E_2 + \lambda_t(V - E_2)$，此时，项目公司实际获得的期望价值 $E_2 = (d_2^G - \lambda_t V)/(1-\lambda_t)$，在此回合谈判中，项目公司获得的贴现值为 $\delta_F^3 d_2^G = \delta_F^3[E_2 + \lambda_t(V - E_2)]$，政府部门获得的贴现值为 $\delta_G^3(V - d_2^G)$。

第 t 回合谈判：

考虑到损失厌恶心理的存在，项目公司获取的价值效用满足 $d_t^G = E_t + \lambda_t(V - E_t)$，此时，项目公司实际获得的期望价值 $E_t = (d_t^G - \lambda_t V)/(1-\lambda_t)$，项目公司获得的贴现值为 $\delta_F^{2t-1} d_t^G = \delta_F^{2t-1}[E_t + \lambda_t(V - E_t)]$，政府部门获得的贴现值为 $\delta_G^{2t-1}(V - d_t^G)$。

15.1.3　讨价还价博弈补偿决策模型求解

1. 讨价还价补偿基本模型求解

基于完全信息的讨价还价博弈，对于不存在损失厌恶的无限回合讨价还价博弈，其所要逆推的起始点无论从第几轮开始都会得到相同结果。一般来讲，当存在贴现因子时，政府部门和项目公司讨价还价谈判的均衡结果不仅和损失系数有关，同时还与讨价还价的博弈回合及谁最后阶段“优先出价”有关。因此本节分别讨论项目公司在最后阶段优先出价和政府部门最后阶段优先出价时，模型求解对补偿的影响。

1）项目公司的“先动优势”

在政府部门选择主动回购项目情形下，PPP 项目提前终止补偿谈判，讨价还价博弈最终将在第 t 回合达成一致。假设谈判结束时是项目公司优先出价，项目公司分配自己获得的补偿为 d_t^F，政府部门获得的收益为 $V - d_t^F$。对于项目公司而言，第 t 回合的 d_t^F 等价于第 $t-1$ 回合政府部门出价时的 $\delta_F d_t^F$，因此，在第 $t-1$ 回合政府部门出价时，只要政府部门给项目公司的分配值 $d_{t-1}^G \geqslant \delta_F d_t^F$，项目公司就会接受政府部门的出价，政府部门给予项目公司的分配值为 $d_{t-1}^G = \delta_F d_t^F$，此时政府部门获得的分配值为$V-\delta_F d_t^F$。对于政府部门而言，在第$t-1$回合项目公司出价时，政府部门在自己出价环节的分配为$V-\delta_F d_t^F$，在此环节的价值等价于$\delta_G(V-\delta_F d_t^F)$，项目公司给予政府部门的分配不能少于$\delta_G(V-\delta_F d_t^F)$。因此，项目公司在此环节给予自己的分配要满足$d_{t-1}^F \leqslant V-\delta_G(V-\delta_F d_t^F)$，只要项目公司的出价$d_{t-1}^F=V-\delta_G(V-\delta_F d_t^F)$，政府部门就会获得比自己出价环节更多的分配，政府部门会接受这一分配方案，此时政府部门获得的分配为$\delta_G(V-\delta_F d_t^F)$。根据讨价还价博弈求解规律，项目公司出价的任何一个环节开始的子博弈等价于从第一回合出价的整个博弈，因此有$d_t^F=d_{t-1}^F$，可以得出$d_{t-1}^F=V-\delta_G(V-\delta_F d_t^F)$，通过求解可以得出项目公司的最优分配方案为

$$d_1^F=d_t^F=\frac{(1-\delta_G)V}{1-\delta_G\delta_F} \tag{15.5}$$

2）政府部门的"先动优势"

假设谈判结束最后一个阶段是政府部门优先出价，政府部门分配给项目公司获得的补偿为d_t^G，政府部门获得的收益为$V-d_t^G$。对于项目公司而言，第t回合的d_t^G等价于第$t-1$回合项目公司出价时的$\delta_F d_t^G$，对于政府部门而言，第t回合的$V-d_t^G$等价于第$t-1$回合获得的分配$\delta_G(V-d_t^G)$，因此，项目公司给予政府的分配要至少等于$\delta_G(V-d_t^G)$，项目公司获得分配$d_{t-1}^F=V-\delta_G(V-d_t^G)$。在$t-1$回合政府部门出价环节，给予项目公司的分配要至少等于在第$t-1$回合上一环节项目公司所得贴现值，因此，政府部门将给予项目公司的分配d_{t-1}^G要满足$d_{t-1}^G \geqslant \delta_F d_{t-1}^F$，政府部门给予项目公司最小的分配为$d_{t-1}^G=\delta_F(V-\delta_G(V-d_t^G))$，政府部门获得的分配为$V-d_{t-1}^G$。根据讨价还价博弈求解规律，有$d_t^G=d_{t-1}^G$，可以得出$d_t^G=\delta_F[V-\delta_G(V-d_t^G)]$，通过求解即可获得政府部门的最优分配方案为

$$d_1^G=d_t^G=\frac{(1-\delta_G)\delta_F V}{1-\delta_F\delta_G} \tag{15.6}$$

2. 基于前景理论的讨价还价补偿模型求解

1）项目公司的"先动优势"

若 PPP 项目提前终止补偿谈判讨价还价博弈最终将在第t回合达成一致，项目公司在最后一个谈判环节出价，项目公司分配自己获得的补偿为d_t^F，政府部门获得的收益为$V-d_t^F$，在此环节项目公司很有可能希望自己获得剩余特许期的全部利益V，但是由于时间成本的存在，在此环节项目公司实际获得利益会小于V。故损失系数和损失厌恶系数的存在使政府部门和项目公司为了减少损失，都会期望能在谈判开始就达成一致补偿金额。

在第 $t-1$ 回合谈判中，由政府部门作为出价主体对利益进行分配，为了使项目公司接受出价，尽早结束谈判，政府部门在 $t-1$ 回合给予项目公司的分配 d_{t-1}^{G} 要大于等于其在第 t 回合所获得的收益，还需要考虑项目公司的损失厌恶心理，因此，政府部门给予项目公司的分配要满足 $d_{t-1}^{G} \geqslant \delta_F d_t^F + \lambda_t(V-\delta_F d_t^F)$，政府部门获得的分配为 $V-d_{t-1}^{G}$。在 $t-1$ 回合项目公司出价环节，项目公司给予政府部门的分配要至少等于在第 $t-1$ 回合政府部门给定分配方案时政府部门所得 $V-d_{t-1}^{G}$，因此，项目公司将给予政府部门的分配为 $\delta_G(V-d_{t-1}^{G})$，项目公司获得的分配为 $d_{t-1}^{F}=V-\delta_G(V-d_{t-1}^{G})$。

在第 $t-2$ 回合的谈判中，由政府部门出价时，政府部门给予项目公司的分配 d_{t-2}^{G} 需要满足 $d_{t-2}^{G} \geqslant \delta_F d_{t-1}^F + \lambda_t(V-\delta_F d_{t-1}^F)$，即政府部门要保证给予项目公司的分配要在弥补项目公司心理损失的基础上，不少于在第 $t-1$ 回合项目公司出价环节能够获得的价值，在此情况下，项目公司才可能接受报价，否则，谈判不得不进入到 $t-1$ 回合，政府部门得到的分配为 $V-d_{t-2}^{F}$。在第 $t-2$ 回合的项目公司出价环节，项目公司的分配方案中应至少使政府部门获得与政府部门自己出价相同的 NPV，即 $\delta_G(V-d_{t-2}^{G})$，此时项目公司分给自己的部分应为 $d_{t-2}^{F}=V-\delta_G(V-d_{t-2}^{G})$。

在第 $t-3$ 回合的谈判中政府部门出价环节，政府仍要考虑项目公司在第 $t-2$ 回合获得的价值和心理损失，讨价还价持续进行。在博弈谈判过程中，不难发现每一轮的谈判都会存在损失系数，政府部门和项目公司的轮流出价时间越长，项目的损失越大，只有在第一回合政府和项目公司达成一致，才能使双方获得最大的价值。为了方便理解模型求解，本节将项目公司具有先动优势的讨价还价求解过程进行直观描述如图 15.1 所示，即项目公司在最终谈判环节出价。向下的箭头表示项目公司和政府从第 1 回合到第 t 回合的出价顺序，向上的箭头表示项目公司和政府部门讨价还价博弈补偿决策模型的求解过程和逻辑。

由于损失系数及谈判成本的存在，项目公司和政府部门每多进行一个环节的讨价还价就会使自己获得的分配价值减少一部分，故谈判双方都会尽可能地缩减谈判次数，为了求解项目公司和政府部门的最优分配方案，将 d_{t-1}^{G} 代入 d_{t-1}^{F}，求解得出 d_{t-1}^{F} 和 d_t^F 之间的关系。

$$
\begin{aligned}
d_{t-1}^{F} &= V-\delta_G(V-d_{t-1}^{G}) \\
&= V-\delta_G[V-(\delta_F d_t^F+\lambda_t(V-\delta_F d_t^F))] \\
&= (1-\delta_G+\lambda_t\delta_G)V+(1-\lambda_t)\delta_F\delta_G d_t^F
\end{aligned}
\tag{15.7}
$$

为了验证项目公司在第 $t-1$ 回合做决策时能够获得比在第 t 回合更多的 NPV，将项目公司在第 t 回合获得的分配的贴现值 $\delta_F d_t^F$ 和第 $t-1$ 回合获得的实际分配价值 d_{t-1}^{F} 进行比较，用 d_{t-1}^{F} 和 $\delta_F d_t^F$ 的差值来进行解释运算。

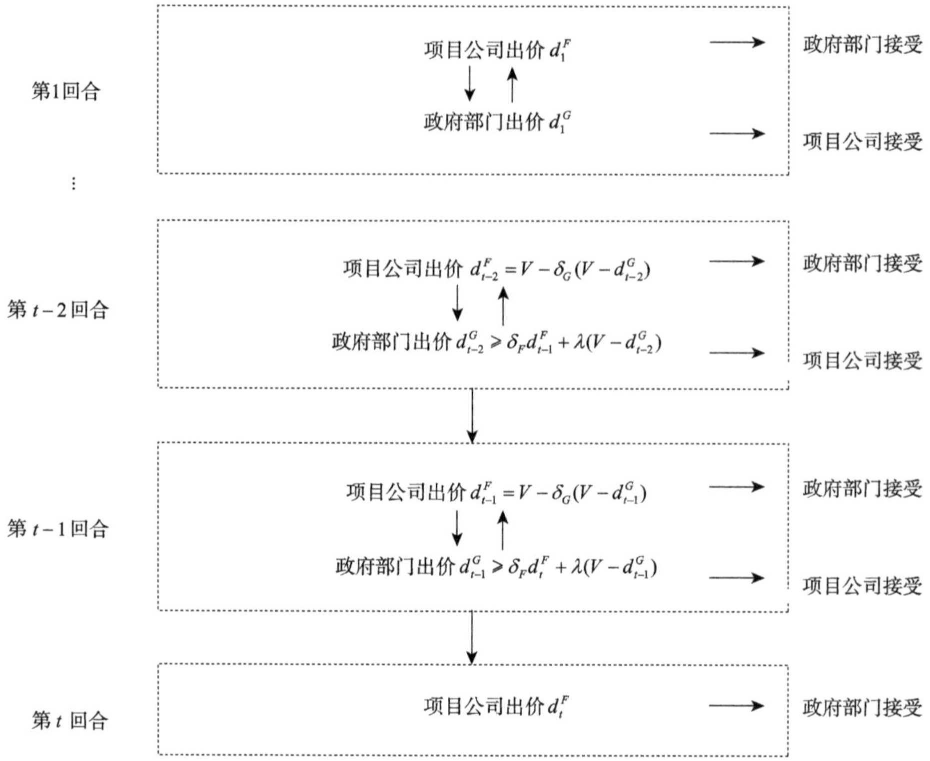

图 15.1　讨价还价补偿模型求解逻辑图

$$\begin{aligned} d_{t-1}^F - \delta_F d_t^F &= (1-\delta_G+\lambda_t\delta_G)V + (1-\lambda_t)\delta_F\delta_G d_t^F - \delta_F d_t^F \\ &= (1-\delta_G+\lambda_t\delta_G)V + \delta_F[(1-\lambda_t)\delta_G - 1]d_t^F \\ &= (1-\delta_G+\lambda_t\delta_G)(V - \delta_F d_t^F) \end{aligned} \tag{15.8}$$

因为 $\delta_G, \delta_F \in (0,1)$，$0 < \lambda_t < 1$，所以项目公司在第 $t-1$ 回合能够获得的价值恒大于第 t 回合获得的贴现值。

为了验证项目公司出价时利益分配的规律，继续将 d_{t-2}^G 代入 d_{t-2}^F 中进行验证，求解得出 d_{t-1}^F 和 d_{t-2}^F 之间的关系为

$$\begin{aligned} d_{t-2}^F &= V - \delta_G(V - d_{t-2}^G) \\ &= V - \delta_G[V - (\delta_F d_{t-1}^F + \lambda_t(V - \delta_F d_{t-1}^F))] \\ &= (1-\delta_G+\lambda_t\delta_G)V + (1-\lambda_t)\delta_F\delta_G d_{t-1}^F \end{aligned} \tag{15.9}$$

不难发现项目公司在每一回合的出价 d_t^F、d_{t-1}^F 和 d_{t-2}^F 具是有等比数列规律的，为了方便计算，对式（15.7）进行简化处理，令 $a_1 = (1-\lambda_t)\delta_F\delta_G(0 < a_1 < 1)$，$b_1 = (1-\delta_G+\lambda_t\delta_G)V(b_1 > 0)$，上述等式可以变形表示为

$$d_t^F = \frac{1}{a_1} d_{t-1}^F - \frac{b_1}{a_1} \tag{15.10}$$

进一步，根据等比数列特征，将式（15.10）转化为等比数列格式：

$$d_t^F + \frac{b_1}{a_1 - 1} = \frac{1}{a_1}\left(d_{t-1}^F + \frac{b_1}{a_1 - 1} \right) \tag{15.11}$$

利用等比数列求首项解，求得变形等比数列的公比为 $\frac{1}{a_1}$，根据等比数列的通项公式 $a_n = a_1 \times q^{n-1}$ 进行计算，可以求得 $d_1^F + \frac{b_1}{a_1 - 1}$ 和 $d_t^F + \frac{b_1}{a_1 - 1}$ 的关系为

$$d_t^F + \frac{b_1}{a_1 - 1} = \left(d_t^F + \frac{b_1}{a_1 - 1} \right) \times \left(\frac{1}{a_1} \right)^{t-1} \tag{15.12}$$

求解项目公司在第一回合的出价 d_1^F，项目公司在第 $t-1$ 回合获得的价值一定恒大于第 t 回合获得的价值，所以，项目公司在第一回合的出价即为项目公司可以获得的最优解：

$$d_t^F = \frac{b_1}{1 - a_1}\left(\frac{\left(\frac{1}{a_1}\right)^{t-1} - 1}{\left(\frac{1}{a_1}\right)^{t-1}} \right) + \frac{d_t^F}{\left(\frac{1}{a_1}\right)^{t-1}} \tag{15.13}$$

当讨价还价谈判回合 $t \to +\infty$，$(1/a_1)^{t-1} \to +\infty$，讨价还价的最优分配方案为第一回合的项目公司的出价 $d_1^F = b_1/(1 - a_1)$，即

$$d_1^F = \frac{(1 - \delta_G + \lambda_t \delta_G)V}{1 - (1 - \lambda_t)\delta_F \delta_G} \tag{15.14}$$

2）政府部门的“先动优势”

假设项目终止补偿谈判最终在第 t 回合完成，此时，政府部门具有先动优势，由政府部门在最后一阶段谈判中出价，项目公司同意政府部门的出价，政府部门分配给项目公司的补偿为 d_t^G，政府部门获得的收益为 $V - d_t^G$。在此环节中，政府部门如果确定这是最后一个谈判环节，会尽可能增加自己的话语权，倾向给予项目公司较少补偿。

在第 $t-1$ 回合的项目公司进行利益分配时，项目公司为了使政府部门接受其出价，会在 $t-1$ 回合给予自己的分配为 d_{t-1}^F，给予政府部门的分配 $V - d_{t-1}^F$ 要至少等于政府部门在第 t 回合所获得的收益的贴现值，因此，项目公司基于政府部门最小的分配是 $\delta_G(V - d_t^G)$，项目公司在此环节获得的分配为 $d_{t-1}^F = V - \delta_G(V - d_t^G)$。在 $t-1$ 回合政府部门出价环节，政府部门给予项目公司的分配要至少等于在第

$t-1$ 回合上一环节项目公司所得贴现值及项目公司的心理损失，因此，政府部门将给予项目公司的分配 d_{t-1}^{G} 需要满足 $d_{t-1}^{G} \geqslant \delta_F d_{t-1}^{F} + \lambda_t (V - \delta_F d_{t-1}^{F})$，政府部门获得的分配为 $V - d_{t-1}^{G}$。

在第 $t-2$ 回合的项目公司出价环节，项目公司给予政府部门的分配需要满足政府部门上一阶段所得的贴现值，因此，只有政府部门能够获得的分配不小于 $\delta_G(V - d_{t-1}^{G})$ 时，政府部门才会接受报价，谈判不会进入到 $t-1$ 回合，项目公司在此环节分配政府部门的利益为 $\delta_G(V - d_{t-1}^{G})$，其剩余的分配为 $d_{t-2}^{F} = V - \delta_G(V - d_{t-1}^{G})$，在第 $t-2$ 回合政府部门出价环节，分配方案 d_{t-2}^{G} 应至少满足项目公司获得与项目公司出价环节相同的 NPV 及心理损失，即 $d_{t-2}^{G} \geqslant \delta_F d_{t-2}^{F} + \lambda_t (V - \delta_F d_{t-2}^{F})$，此时，政府部门分给自己的部分应为 $V - d_{t-2}^{G}$。在讨价还价过程中，每一个谈判回合的增加都会使收益的 NPV 减少，因此双方会尽可能缩减谈判次数，使双方获得最大的价值，达成双赢。

与项目公司的先动优势情况相似，此时，需要求解在讨价还价谈判第一阶段政府部门分配给项目公司的出价 d_1^{G}，将 d_{t-1}^{F} 代入 d_{t-1}^{G}，求出政府部门出价时给予项目公司的分配值 d_{t-1}^{G} 和 d_t^{G} 之间的关系。

$$
\begin{aligned}
d_{t-1}^{G} &= \delta_F d_{t-1}^{F} + \lambda_t (V - \delta_F d_{t-1}^{F}) \\
&= \delta_F [V - \delta_G (V - d_t^{G})] + \lambda_t [V - \delta_F (V - \delta_G (V - d_t^{G}))] \\
&= [\delta_F (1 - \delta_G) + \lambda_t (1 - \delta_F + \delta_F \delta_G)] V + (1 - \lambda_t) \delta_F \delta_G d_t^{G}
\end{aligned} \tag{15.15}
$$

为了验证项目公司在政府部门出价分配时，在第 $t-1$ 回合能够获得比在第 t 回合获得的分配 NPV 更大，将项目公司在第 t 回合获得的分配的贴现值 $\delta_F d_t^{G}$ 和第 $t-1$ 回合获得的实际价值 d_{t-1}^{G} 进行比较。

$$
\begin{aligned}
d_{t-1}^{G} - \delta_F d_t^{G} &= [\delta_F (1 - \delta_G) + \lambda_t (1 - \delta_F + \delta_F \delta_G)] V + (1 - \lambda_t) \delta_F \delta_G d_t^{G} - \delta_F d_t^{G} \\
&= [\delta_F (1 - \delta_G) + \lambda_t (1 - \delta_F + \delta_F \delta_G)] V + (\delta_G \delta_F - \lambda_t \delta_G \delta_F - \delta_F) d_t^{G} \\
&= [\delta_F (1 - \delta_G) + \lambda_t \delta_G \delta_F] (V - d_t^{G}) + \lambda_t (1 - \delta_F) V
\end{aligned} \tag{15.16}
$$

因为 δ_G， $\delta_F \in (0,1)$，$0 < \lambda_t < 1$，所以不难发现，项目公司在第 $t-1$ 回合获得的价值恒大于第 t 回合获得的贴现价值。

同样地，为了验证求解规律，继续将 d_{t-2}^{F} 代入 d_{t-2}^{G} 中进行验证，求出 d_{t-1}^{G} 和 d_{t-2}^{G} 之间的规律与 d_{t-1}^{G} 和 d_t^{G} 相同，可以变形为等比数列的关系：

$$
\begin{aligned}
d_{t-2}^{G} &= \delta_F d_{t-2}^{F} + \lambda_t (V - \delta_F d_{t-2}^{F}) \\
&= \delta_F [V - \delta_G (V - d_{t-1}^{G})] + \lambda_t [V - \delta_F (V - \delta_G (V - d_{t-1}^{G}))] \\
&= [\delta_F (1 - \delta_G) + \lambda_t (1 - \delta_F + \delta_F \delta_G)] V + (1 - \lambda_t) \delta_F \delta_G d_{t-1}^{G}
\end{aligned} \tag{15.17}
$$

为了方便寻找规律进行求解，对式（15.15）进行简化处理，令 $a_2 = (1 - \lambda_t) \delta_F \delta_G$

$(0<a_2<1)$，$b_2=[\delta_F(1-\delta_G)+\lambda_t(1-\delta_F+\delta_F\delta_G)]V(b_2>0)$，$d_{t-1}^G$ 和 d_t^G 的关系可表示为

$$d_t^G=\frac{1}{a_2}d_{t-1}^G-\frac{b_2}{a_2} \tag{15.18}$$

通过对式（15.18）进行变形处理，可以将 d_{t-1}^G 和 d_t^G 的关系转化为等比数列格式：

$$d_t^G+\frac{b_2}{a_2-1}=\frac{1}{a_2}\left(d_{t-1}^G+\frac{b_2}{a_2-1}\right) \tag{15.19}$$

利用等比数列求解规律求解政府部门第一次出价为

$$d_1^G=\frac{b_2}{1-a_2}\left(\frac{\left(\frac{1}{a_2}\right)^{t-1}-1}{\left(\frac{1}{a_2}\right)^{t-1}}\right)+\frac{d_t^G}{\left(\frac{1}{a_2}\right)^{t-1}} \tag{15.20}$$

当讨价还价谈判回合 $t\to+\infty$，$(1/a_2)^{t-1}\to+\infty$，轮流出价讨价还价博弈的最优分配方案为第一回合的政府部门的出价 $d_1^G=b_2/(1-a_2)$，即

$$d_1^G=\frac{[\delta_F(1-\delta_G)(1-\lambda_t)+\lambda_t]V}{1-(1-\lambda_t)\delta_F\delta_G} \tag{15.21}$$

15.1.4　模型结果讨论

通过对比基于前景理论的两种不同出价顺序的 PPP 项目提前终止补偿讨价还价博弈，求解结果可以得到如下命题。

命题 15.1　在轮流出价讨价还价博弈谈判过程中，政府部门和项目公司为了减少谈判损耗，会倾向在第一回合给出均衡解，使终止补偿谈判结束。

项目公司和政府部门会存在不同的损失系数，谈判每多进行一次，双方能够获得的利益分配就会减少一部分，在不同的模型求解环节，均可以得出 $d_{t-1}^G>\delta_F d_t^G$ 及 $d_{t-1}^F>\delta_F d_t^F$ 的结论，因此，谈判双方都清楚地认识到谈判的拖延对双方都没有好处，也就都倾向于在第一回合达成谈判均衡，符合讨价还价博弈中尽快结束谈判的原则。

命题 15.2　在信息对称情境下，PPP 项目提前终止补偿轮流出价讨价还价博弈结果与政府部门和项目公司的损失系数大小有关。

将项目公司优先出价获得的最优解及政府部门优先出价获得的最优解求导，将复合函数 d_1^F 和 d_1^G 分别对 δ_F 和 δ_G 进行求导。

$$\frac{\partial d_1^F}{\partial \delta_F}=\frac{(1-\delta_G+\lambda_t\delta_G)(1-\lambda_t)\delta_G V}{[1-(1-\lambda_t)\delta_F\delta_G]^2} \tag{15.22}$$

$$\frac{\partial d_1^F}{\partial \delta_G}=-\frac{(1-\lambda_t)(1-\delta_F)V}{[1-(1-\lambda_t)\delta_F\delta_G]^2} \tag{15.23}$$

$$\frac{\partial d_1^G}{\partial \delta_F}=\frac{[(1-\lambda_t)(1-\delta_G)+\lambda_t(1-\lambda_t)\delta_G]V}{[1-(1-\lambda_t)\delta_F\delta_G]^2} \tag{15.24}$$

$$\frac{\partial d_1^G}{\partial \delta_G}=-\frac{[(1-\lambda_t)^2(1-\delta_F)\delta_F]V}{[1-(1-\lambda_t)\delta_F\delta_G]^2} \tag{15.25}$$

根据各个损失系数的取值，$\delta_G,\delta_F\in(0,1)$，$0<\lambda_t<1$，可以通过推导结果得出结论，$\partial d_1^F/\partial\delta_F>0$，即$d_1^F$是$\delta_F$的增函数，$\partial d_1^G/\partial\delta_F>0$，即$d_1^G$也是$\delta_F$的增函数，因此，无论是政府优先出价，还是项目公司优先出价，项目公司获得的补偿都会随δ_F的增大而增加；$\partial d_1^F/\partial\delta_G<0$，$d_1^F$是$\delta_G$的减函数，$\partial d_1^G/\partial\delta_G<0$，$d_1^G$是$\delta_G$的减函数，因此，在轮流出价讨价环节博弈谈判最后一阶段，无论是政府部门优先出价，还是项目公司优先出价，项目公司获得的补偿都随着δ_G的增大而减少，证明双方的损失系数对项目公司能够获得的补偿起到相反的作用，损失系数大的一方对谈判的耐心相对较多。例如，政府部门的损失系数越大，表明政府部门越有耐心，在讨价还价谈判中更有优势，此时，谈判拖延对项目公司不利，项目公司倾向于降低回购补偿要求、尽快结束回购谈判，项目公司在谈判环节能够获得的回购补偿就小一些。

命题 15.3 在政府部门和项目公司处于完全信息情景下，轮流出价讨价还价博弈结果不仅与政府部门和项目公司的损失系数有关，还取决于项目公司的损失厌恶系数。

由于项目公司损失厌恶心理的存在，不同于讨价还价博弈的基础模型的求解，参与人在任一环节开始的子博弈等价于从第一回合开始的整个博弈，在基于前景理论的讨价还价博弈模型中，每一回合谈判中项目公司获得的期望价值会随着损失厌恶的参照点进行动态调整。因此，讨价还价的最优解还与项目公司的损失厌恶系数有关，项目公司的损失厌恶系数越大，在讨价还价过程中能获得的分配价值越多，当政府部门认可项目公司具有较大的损失厌恶心理时，政府部门应该在第一次出价环节就给出项目公司满意的补偿。

命题 15.4 当项目公司优先出价时，项目公司能获得的提前终止补偿的金额大于政府部门优先出价时获得的补偿。

政府部门优先出价获得的最优解d_1^G和项目公司优先出价d_1^F之间的大小关系可以用双方差值的大小来判断。

$$
\begin{aligned}
d_1^F - d_1^G &= \frac{(1-\delta_G+\lambda_t\delta_G)V}{1-(1-\lambda_t)\delta_F\delta_G} - \frac{[\delta_F(1-\delta_G)(1-\lambda_t)+\lambda_t]V}{1-(1-\lambda_t)\delta_F\delta_G} \\
&= \frac{(1-\delta_F+\lambda_t\delta_F-\lambda_t)(1-\delta_G)V}{1-(1-\lambda_t)\delta_F\delta_G} \\
&= \frac{(1-\lambda_t)(1-\delta_F)(1-\delta_G)V}{1-(1-\lambda_t)\delta_F\delta_G}
\end{aligned} \tag{15.26}
$$

因为 $\delta_G,\delta_F \in (0,1)$， $0<\lambda_t<1$ ，所以不难发现，项目公司在 PPP 项目提前终止补偿讨价还价博弈中存在先动优势，在轮流出价讨价还价补偿模型的最后一个出价环节中，当项目公司优先出价时，可以获得的补偿多于政府部门优先出价的补偿金额。由差值还可以发现，在谈判过程中，当项目公司损失厌恶系数 λ_t 增大时，项目公司分配给自己的补偿和政府部门分配的补偿的差值会不断变小，先动优势会逐渐减小，因此，在轮流出价讨价还价谈判中，第一个给出双方都满意补偿的一方获利更多。

轮流出价讨价还价博弈除了贴现因子带来的损失系数，还存在谈判产生的其他成本，即项目公司和政府部门在进行讨价还价谈判过程中需要消耗的人力、耗费的各项资源及财力等成本由各自承担。另外，在讨价还价博弈过程中项目公司运营 PPP 项目的收益应该在补偿中予以扣除。

15.2　案 例 分 析

15.2.1　案例背景描述

为缓解财政压力，并治理城市交通拥堵问题，S 市政府计划采用 PPP 模式建设一条高速公路项目。S 市政府以特许经营权让渡的形式授予 Q 项目公司融资、建设和经营 G 高速公路的项目，Q 项目公司在特许经营期内可以通过向使用者收取费用，回收投资成本并赚取利润。特许权期限届满时，Q 项目公司需无偿将 G 高速公路移交给政府。双方签署协议约定特许运营期为 23 年，G 高速公路的项目总投资 19.5 亿元，按照 PPP 项目的合理投资回报率可以达到 6%~8%计算，假设 Q 项目公司希望 G 高速公路的投资回报率为 7%，即该项目的投资回报为 20.865 亿元。在签署合作协议后，G 高速公路作为合作引资项目开始建设，收费线路全长 40 千米，设计车速为 100 千米/小时，双向 10 车道公路，设计车流量为 12~14

万辆/日。

G 高速公路在开通运营后，车辆通行流量逐年增加，交通压力不断增大，逐渐出现交通拥堵状况，更为严重的是，S 市和周边 L 等区的交通主要依靠 G 高速公路连接，Q 项目公司在运营前 11 年就获得可观的收益，随着经济的发展，S 市的机动车数量倍增，G 高速公路因收费站的设立增加了居民的出行时间和成本，因此，S 市市民呼吁 G 高速公路免费通行，减缓交通压力。在运营 11 年后，S 市政府经过慎重考虑和项目收益评估，决定顺遂民意，将项目国有化，通过给予 Q 项目公司一定经济补偿后提前回购 G 高速公路项目。

高速公路过路费一般是按千米收费，各地的收费标准不一样，参照 S 市高速公路收费标准，将车型具体划分为五类，具体车辆通行费收费标准见表 15.1。收费公路项目的收费价格取决于各类车型的通行流量、每辆车的收费系数及收费费率，为便于计算，根据道路车流量预计，假定该项目载客类车和载货类车各车型的构成比例为 7∶3，各车型的构成比例在运营期内基本不变，每辆车行驶里程为全程 40 千米，每辆载客类车的通行费统一简化成通行一次平均收费 35 元，每辆载货类车通行一次平均收费 85 元，根据载客类车和载货类车的构成比例，计算出平均每辆车通行的收费价格为 50 元。收费公路的营业成本包括基本的财务费用、日常运行成本、维修养护成本等，具体包括公路养护、税费支出、运营管理及其他支出。以往数据显示，可以将运营维护费用进行摊分，平均每辆车通行的成本估计为 32 元。高速公路节假日免费通行仅针对 7 座（包括 7 座）以下小型客车，因此，暂不考虑节假日高速公路免费通行的情况，每年按照 365 天计算运营收入和成本。

表15.1　S市高速公路收费标准

收费类别	车型及规格		收费系数	收费费率（元/千米）
	客车	货车		
第一类	≤ 7 座	≤ 2 吨	1	0.40
第二类	8~19 座		1.25	0.50
		2 吨~5 吨（含 5 吨）	1.8	0.72
第三类	20~39 座		1.5	0.60
		5 吨~10 吨（含 10 吨）	2.5	1
第四类	≥ 40 座		1.87	0.75
		10 吨~15 吨（含 15 吨） 6 米集装箱车	3	1.20
第五类		>15 吨 12 米集装箱车	3.5	1.40

15.2.2　案例计算

1. 超额收益预测及计算

为了计算 G 高速公路在剩余特许期的收益 NPV，需要对 G 高速公路历史运营收益情况进行分析。计算 G 高速公路是否已经收回投资成本和期望收益，并对 G 高速公路剩余特许期的交通量进行预测，计算出剩余特许期内 G 高速公路的收益 NPV，采用蒙特卡罗模拟评估项目运营过程中的不确定量和预测关键变量，进一步确定 Q 项目公司在不同情形下可以获得的补偿。

1）G 高速公路历史运营收益

根据 G 高速收费公路的历史交通量数据可以发现，随着 S 市机动车数量的增加及市区经济发展的需要，G 高速公路在过去的 11 年间车流量一直在稳步增加，预计在 2~3 年 G 高速公路的日均通行量即将达到车流量的饱和状态，Q 项目公司的收益情况十分乐观，G 高速收费公路的历史交通量数据及运营收益情况如表 15.2 所示。

表15.2　G高速公路1~11年运营情况统计表

运营年限	日均车流量/辆次	日均收入/万元	年运营收入/万元	年运营成本/万元	年运营收益/万元	净运营收益/万元	累积 NPV/万元
1	61 763	308.82	112 717.48	72 139.18	40 578.29	21 923.19	21 923.19
2	65 104	325.52	118 814.80	76 041.47	42 773.33	21 397.31	43 320.50
3	69 310	346.55	126 491.19	80 954.36	45 536.83	21 092.36	64 412.86
4	74 037	370.19	135 117.53	86 475.22	48 642.31	20 861.85	85 274.72
5	74 769	373.85	136 453.43	87 330.19	49 123.23	19 507.51	104 782.23
6	76 741	383.71	140 052.81	89 633.80	50 419.01	18 538.97	123 321.19
7	79 555	397.78	145 188.13	92 920.40	52 267.73	17 795.13	141 116.32
8	84 915	424.58	154 969.88	99 180.72	55 789.16	17 587.07	158 703.39
9	89 443	447.22	163 233.48	104 469.42	58 764.05	17 152.67	175 856.06
10	95 562	477.81	174 400.65	111 616.42	62 784.23	16 968.63	192 824.68
11	98 234	491.17	179 277.05	114 737.31	64 539.74	16 151.01	208 975.69

G 高速公路在运营 11 年后运营收益总额达 571 217.91 万元，且项目运营情况良好，依据项目累积 NPV 可知，$NPV_1 > (1+\theta)I_0$，Q 项目公司已收回初始建设投资和合理的投资回报，而剩余特许期还有 12 年，按照项目当前的运营状况，如果让 Q 项目公司继续运营，Q 项目公司肯定会获得超额收益，继续收费运营会增加

市民和企业的出行成本，影响市民的出行体验，阻碍 S 市的经济发展。

2）G 高速公路剩余特许期运营收益 NPV

根据项目第 1~11 年的交通量历史数据，对剩余特许期的交通量进行预测，根据该高速公路年车流量的随机变化规律，假设交通需求量的增长率 i 服从正态分布，交通量的平均增长率和标准差计算公式分别为 $\bar{i}=\frac{1}{T-1}\sum_{t=2}^{T}\frac{(Q_t-Q_{t-1})}{Q_{t-1}}$ 和 $\sigma=\sqrt{\frac{1}{T-1}\sum_{t=2}^{T-1}(i_t-\bar{i})^2}$，通过历史数据计算可得，$\bar{i}$=4.769%，$\sigma$=2%。

以运营第 1~11 年的历史数据为基础，剩余特许期的交通量 $Q_t=Q_{t-1}(1+\bar{i})$，通过 Oracle Crystal Ball 软件进行 2 万次运行迭代，可得到剩余特许期内随机可行的预期交通量。根据剩余 12 年特许期内交通需求量的预测值，可以计算出 Q 项目公司第 12~23 年收益的 NPV，见表 15.3。根据 2006 年国家发改委、住房和城乡建设部发布的《建设项目经济评价方法与参数（第三版）》，将一般项目的折现率规定为 8%，故将收益折现率设为 $r=8\%$。

表15.3　G高速公路12~23年预测运营情况统计表

运营年限	日均车流量/辆次	日均路费收入/万元	年运营收入/万元	年运营成本/万元	运营收益/万元	净运营收益/万元
12	102 767	513.84	187 549.78	120 031.86	67 517.92	62 516.59
13	107 666	538.33	196 490.45	125 753.89	70 736.56	60 645.20
14	112 808	564.04	205 874.60	131 759.74	74 114.86	58 834.76
15	118 207	591.04	215 727.78	138 065.78	77 662.00	57 083.89
16	123 875	619.38	226 071.88	144 686.00	81 385.88	55 389.86
17	129 828	649.14	236 936.10	151 639.10	85 297.00	53 751.58
18	136 079	680.40	248 344.18	158 940.27	89 403.90	52 166.32
19	142 643	713.22	260 323.48	166 607.02	93 716.45	50 632.08
20	149 539	747.70	272 908.68	174 661.55	98 247.12	49 148.02
21	156 782	783.91	286 127.15	183 121.38	103 005.77	47 711.60
22	164 391	821.96	300 013.58	192 008.69	108 004.89	46 321.44
23	172 385	861.93	314 602.63	201 345.68	113 256.95	44 975.89

3）G 高速公路的超额收益

通过蒙特卡罗模拟，预测出项目剩余特许期的累积净现值 $\text{NPV}_2=639\,177.24$ 万元，依据历史数据计算可知，Q 项目公司已经收回了初始投入资本 19.5 亿元，且已经获得合理的投资回报，则超额收益 V=NPV_2=639 177.24 万元，S 政府和 Q 项目公司将就剩余特许期的超额收益 NPV 进行分配。

2. 提前回购补偿确定

由于 G 高速公路是在运营良好的情况下被政府部门提出提前回购，只要 S 市政府和 Q 项目公司就补偿金额达成一致，项目可顺利移交政府部门，不存在项目修复或移交过程产生的额外损失。假设 S 市政府和 Q 项目公司的损失系数分别为 $\delta_G = 0.92$ 和 $\delta_F = 0.84$，Q 项目公司的损失厌恶系数为 $\lambda_t = 0.1$，将相关参数分别代入项目公司优先出价和政府部门优先出价两种情形中。

1）Q 项目公司优先出价

将各项系数代入最优分配方案中，可得 $d_1^F = 361\,069.64$ 万元，即政府部门应补偿给项目公司剩余特许经营期的收益为 361 069.64 万元，则 Q 项目公司应得到总补偿 TC_F 为 361 069.64 万元。

2）S 市政府优先出价

将各项系数代入最优分配方案中，可得 $d_1^G = 336\,886.38$ 万元，即政府部门应该补偿给项目公司剩余特许经营期的收益为 336 886.38 万元，则 Q 项目公司应得到总补偿 TC_G 为 336 886.38 万元。

通过求解可以发现，先出价的一方可以获得更多的利益分配，当政府部门计划回购项目时，应该在预测剩余特许经营期收益 NPV 的第一时间，给予项目公司满意的补偿，既可以缩短提前回购谈判时间，又可以节省补偿谈判的成本。

15.2.3　案例延伸讨论

在模型求解过程中，提出了轮流出价的讨价还价博弈结果不仅与损失系数有关，还取决于项目公司的损失厌恶系数的结论。因此，本部分将就不同的损失厌恶系数和损失系数进行延伸讨论。

1. 损失厌恶系数延伸讨论

1）Q 项目公司不存在损失厌恶

当项目公司优先出价时，将各项系数代入最优分配方案中，可得 $d_1^F = 225\,062.41$ 万元，即政府部门应该补偿给项目公司剩余特许经营期的收益为 225 062.41 万元，则 Q 项目公司应得到总补偿 TC_F 为 225 062.41 万元。

当政府部门优先出价时，将各项系数代入最优分配方案中，可得 $d_1^G = 189\,052.42$ 万元，即政府部门应该补偿给项目公司剩余特许经营期的收益为 189 052.42 万元，则 Q 项目公司应得到总补偿 TC_G 为 189 052.42 万元。

通过对比项目公司是否存在损失厌恶系数的情况，可以发现，当项目公司存在损失厌恶系数时，政府部门需要给予项目公司更多的补偿金，这也符合政府部门选择主动回购项目时，应该承担 PPP 项目提前终止的责任，给予项目公司合理且满意的补偿金额。

2）不同大小损失厌恶系数

为讨论不同大小的损失厌恶系数对回购补偿金额的影响，将政府部门和项目公司的损失系数取定值，分别为 $\delta_G = 0.92$ 和 $\delta_F = 0.84$，在不同损失厌恶系数 λ_t 值下，进行 G 高速公路提前回购补偿金额的计算，如表 15.4 所示。

表15.4　不同损失厌恶系数下的补偿额（单位：万元）

损失厌恶系数 λ_t 值大小	0	0.1	0.2	0.3	0.4	0.5
Q 项目公司优先出价补偿额	225 062.41	361 069.64	442 012.76	495 702.11	533 918.94	562 509.31
S 市政府优先出价补偿额	189 052.42	336 886.38	424 868.02	483 226.01	524 766.04	555 842.53

由表 15.4 可知，项目公司能够获得的提前回购补偿金额大小与项目公司不同的损失厌恶系数关系较大，项目公司获得的补偿会随着其损失厌恶系数的增大而增加。随着项目公司损失厌恶系数的升高，无论是项目公司优先出价还是政府部门优先出价，Q 项目公司可以从政府部门获得的补偿金额都在增多，但是补偿额增加的幅度在不断减小。

此外，Q 项目公司获得的补偿金额的大小与哪方先出价的关系较小，随着 Q 项目公司损失厌恶系数的增大，先动优势愈发减弱，哪方优先出价对提前回购补偿额的影响越来越小。因此，政府部门和项目公司在签署合同时，为防止出现提前回购的情况，应该确定项目公司的损失系数，并在合同中明确。

2. 损失系数延伸讨论

为进一步讨论不同损失系数对补偿金额的影响，将 S 市政府的损失系数定为 $\delta_G = 0.92$，通过动态调节 Q 项目公司的损失系数 δ_F 来进行模型求解验证，数值模拟结果见表 15.5。

由表 15.5 分析可知，随着项目公司损失厌恶系数的增大，项目公司获得的补偿增加，但补偿额增加的幅度不断减小。随着项目公司的损失系数不断增加，项目公司能够获得的补偿也不断增加，且补偿额增加的幅度在不断提升。此外，当政府部门的损失系数一定时，随着项目公司损失系数的增加，政府部门在谈判最后环节优先出价和项目公司在谈判最后环节优先出价的差值越来越小，政府部门和项目公司的先动优势愈发减弱。同时，随着项目公司损失厌恶系数的增加，谈判最后环节出价的先动优势更加不明显，当项目公司的损失系数增加到 $\lambda_t = 0.5$ 时，在讨价还价谈判最后环节项目公司优先出价和政府部门优先出价的差值都已经小于补偿额的 2%。

表15.5　不同损失系数下的补偿额（单位：万元）

δ_G	δ_F	TC	Q 项目公司损失厌恶系数 λ_t					
			0	0.1	0.2	0.3	0.4	0.5
0.92	0.80	TC_F	193 690.07	325 647.17	410 366.71	469 362.82	512 806.95	546 132.45
		TC_G	154 952.06	298 383.69	390 470.14	454 596.35	501 818.23	538 041.60
		TC_F-TC_G	38 738.01	27 263.48	19 896.57	14 766.47	10 988.72	8 090.85
	0.82	TC_F	208 201.06	342 444.82	425 602.28	482 173.03	523 150.04	554 199.92
		TC_G	170 724.87	316 642.00	407 030.54	468 520.49	513 060.71	546 810.59
		TC_F-TC_G	37 476.19	25 802.82	18 571.74	13 652.54	10 089.32	7 389.33
	0.84	TC_F	225 062.41	361 069.64	442 012.76	495 702.11	533 918.94	562 509.31
		TC_G	189 052.42	336 886.38	424 868.02	483 226.01	524 766.04	555 842.53
		TC_F-TC_G	36 009.99	24 183.27	17 144.74	12 476.10	9 152.90	6 666.78
	0.86	TC_F	244 895.49	381 836.92	459 739.51	510 012.32	545 140.50	571 071.66
		TC_G	210 610.13	359 459.50	444 136.23	498 780.59	536 963.40	565 149.43
		TC_F-TC_G	34 285.37	22 377.42	15 603.28	11 231.73	8 177.11	5 922.22
	0.88	TC_F	268 561.87	405 138.88	478 947.52	525 173.32	556 843.89	579 898.71
		TC_G	236 334.44	384 787.71	465 014.50	515 259.94	549 684.47	574 744.05
		TC_F-TC_G	32 227.42	20 351.16	13 933.02	9 913.38	7 159.42	5 154.66
	0.90	TC_F	297 291.74	431 469.72	499 830.54	541 263.31	569 060.82	589 002.92
		TC_G	267 562.57	413 408.20	487 713.44	532 749.06	562 963.74	584 639.93
		TC_F-TC_G	29 729.17	18 061.52	12 117.10	8 514.25	6 097.08	4 362.98

本章研究结论对政府部门完善 PPP 项目退出机制有如下两点建议：

（1）政府部门需要在法律法规或合同规范中建立多元化的 PPP 项目退出补偿决策机制。

政府部门需要在相关法律法规中对可能导致 PPP 项目提前终止的风险进行界定，在相关立法难以明确规定的实际情况下，政府部门需要在 PPP 合同规范中进行详细的提前终止补偿界定，对于不适合项目公司继续运营的项目，应该建立提前回购补偿决策机制。

（2）政府部门选择主动提前回购补偿时，需要考虑项目公司的损失厌恶心理，寻求双赢的解决方案。

政府部门和项目公司需要对项目未来可能遇到的风险进行事前预测，当项目获得超额收益且政府部门选择提前回购时，政府部门要考虑项目公司的损失厌恶心理给予合理补偿，并在事前合同中对项目公司的损失厌恶系数进行确定，以防社会资本失去投资热情和信心，影响政府部门的公信力。

第16章　案例讨论——深圳梧桐山隧道

16.1　案例背景

本章将以梧桐山隧道为背景，利用PPP项目提前终止补偿模型对其加以分析和说明。梧桐山隧道位于深圳市沙头角镇，一期工程建成于1987年，是当时国内长度最长、功能最完善、设施最先进的公路隧道，也是深圳市路桥建设史上的第一个隧道工程，更是深圳市第一个采取BOT模式（是PPP最为广泛使用的模式）进行建设的市政工程。梧桐山隧道位于深圳市罗沙路（罗湖–沙头角）长岭至沙头角地段，分为上行隧道和下行隧道两部分，全长分别为2 260.7米和2 437.4米，另有连接和延伸公路2.1千米。梧桐山隧道为一级公路隧道，上、下行隧道均为双车道，设计车速为60千米/时，设计车流量为60 000辆/日。

梧桐山隧道建成后，迅速成为深圳市区通往东部特区的咽喉要道，不仅极大地解决了盐田居民的通行困难，还促进了盐田的商贸、旅游、房地产和工业的发展，沙头角口岸、盐田港、大亚湾核电站也因此受益。

然而，随着深圳的发展，梧桐山隧道曾一度被形容为盐田区发展的“卡脖子”工程，其收费饱受市民诟病，免费通行的呼声持续了十余年，直到2011年梧桐山隧道取消收费问题才得以解决。在该过程中经历了怎样曲折的过程，政府在面临类似PPP项目提前终止的情景时又该如何决策是本部分将要呈现的内容。

16.1.1　梧桐山隧道建设的基本情况

梧桐山脉绵延于深圳东部和香港新界，山峰挺秀，主峰大梧桐海拔943.7米，为深圳第一高峰。梧桐山以其绚丽的景色吸引了成千上万的游客，拉动了周边经济的发展，但同时也隔断了盐田与罗湖等特区腹地的关系，成为阻碍盐田发展的一道天然屏障。

20 世纪 80 年代初，当时两地的陆路仅靠一条四级盘山公路连通，交通极为不便。路窄坡陡，山峦起伏，有 80 多个弯道，外地前来的车辆因为不熟悉路况，常发生翻车事故。为了解决两地的交通问题，深圳市政府决定建设梧桐山隧道。但由于政府财力有限，加之深圳正处在高速发展期，各项基础设施建设均需要大量资金，故决定借助社会力量，由企业负责梧桐山隧道的融资、设计、建设、运营和维护，并通过收取隧道通行费回收投资并获得利润，经营期满后无偿移交给政府。为此，深圳市东部开发（集团）公司、深圳市国际信托投资公司和深圳市社会劳动保险公司（现为深圳市社会保险基金管理局）三家单位共同出资成立深圳梧桐山隧道有限公司（简称“隧道公司”）。梧桐山隧道由此成为深圳市第一个非政府投资的大型市政交通工程，全部工程分为两期建设。

1985 年动工、1987 年投入使用的一期隧道（上行隧道）为单洞双车道，设计车速为 40 千米/时，最大通行能力为 12 500 辆/日，工程投资为 1.1 亿元，由隧道公司负责运营管理。上行隧道开通后不久，盘山公路因年久失修被关闭使用，梧桐山隧道随即成为深圳市东西通行的唯一通道。1994 年 6 月 29 日，在深圳市政府的协调下，深圳市东鹏实业有限公司（同年 11 月更名为深圳市盐田港集团有限公司，简称盐田港集团）以 1.28 亿元人民币从三家股东手中收购了隧道公司的全部股权。但随着深圳社会经济的飞速发展及深港两地经济合作的不断加强，上行隧道的车流量已由初期的 2 800 辆/日上升为 14 000 辆/日，平均每年递增 22.3%，上行隧道的通行能力已无法满足日益繁忙的交通运输需求，迫切需要进行二期工程建设。

1995 年动工、1997 年完工的二期工程（下行隧道）过道车速可由 40 千米/时提高到 60 千米/时，最大通行能力由 12 500 辆/日提高到 60 000 辆/日。隧道公司的特许经营期为 1997~2027 年，为期 30 年，且在项目施工过程中，盐田港集团与香港达佳集团有限公司（简称香港达佳集团）于 1996 年 11 月 19 日举行了深圳梧桐山隧道公司股权转让合同签字仪式，盐田港集团与港方注资收购隧道公司 50%的股权，盐田港集团回收现金 2.45 亿元，隧道公司变为合资企业（港资）。

但由于盐田港集团的资产重组，4 年后隧道公司再次走上股权变更之路，完整的股权变更过程如图 16.1 所示。资产重组后，盐田港 A 的主营业务及其资产结构发生了根本性变化，形成了“一个龙头、两个支柱、三个配套”的经营格局，梧桐山隧道成为两个支柱之一。然而好景不长，自 2006 年开始，梧桐山隧道的经营危机逐渐浮现出来，隧道公司总体效益逐年下降。隧道公司从盈利较好变为经营困难、勉强维持盈亏平衡的企业，这背后究竟发生了什么变故？一切都要从梧桐山隧道的收费与回购说起。

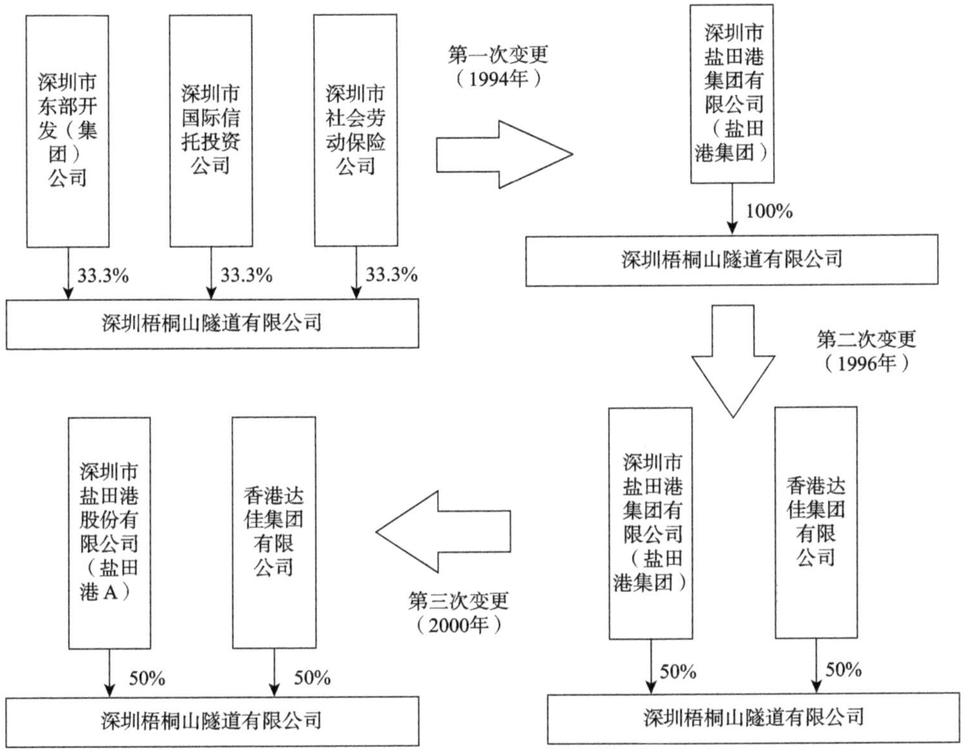

图 16.1　梧桐山隧道有限公司的股权变更过程

16.1.2　梧桐山隧道的回购之路

梧桐山隧道的全线贯通，不仅缓解了罗沙路交通拥堵的状况，使深圳到沙头角的距离缩短了 3.5 千米，还对促进深圳和香港两地经济发展和文化交流起到了重要作用。然而，梧桐山隧道的掌声尚未响起，争议就已不绝于耳。

梧桐山隧道收费站设有 12 条收费通道，自 1987 年建成通车后，梧桐山隧道先后三次提高收费标准，累积提价幅度达 92%。随着盐田新区的成立和发展，梧桐山隧道作为盐田区通往深圳市区的唯一通道，其收费无论是对盐田区还是对深圳市的发展均有一定的影响。对于居住和办公分别在市区和盐田区的居民来说，每天需要通过梧桐山隧道两次，按小型机动车 10 元/次计算，每月隧道通行费近 600 元，一年近 7 000 元，对于“昂贵的过路钱”，民众纷纷表示难以承受。社会各界普遍认为，梧桐山隧道垄断了盐田和市区之间的交通，梧桐山隧道的收费不仅导致收费站经常性的堵车，更增加了居民的生活成本和企业的经营成本，成为盐田区发展的瓶颈。

从 1996 年开始，每年在深圳市和盐田区的两会上，要求取消梧桐山隧道收费的呼声不断，人大代表和政协委员就此问题连续提出议案或提案，要求降低梧桐山隧道的收费或者撤销收费站。2000 年前后，随着盐田区经济的发展，来往车辆激增，要求梧桐山隧道免费的呼声便越来越高。2000 年 6 月深圳市两会上，101 名代表联名提出议案，强烈要求取消梧桐山隧道收费，这在当时创造了深圳市人大成立后议案建议联名人数最多的纪录。政府为了解决深圳东部发展的瓶颈，在年末回复提案时，就梧桐山隧道的收费问题拿出了四套解决方案：①降低梧桐山隧道的收费标准；②另建梧桐山第二通道；③将股东收益按一定标准在经营期内分期偿付给股东，并取消收费关卡；④回购梧桐山隧道。深圳市政府更倾向于采取回购梧桐山隧道这一方式，于是与隧道公司的股东展开多轮的谈判，但是双方在回购价格等具体问题上无法达成一致，回购方案最终被搁浅。一边是市民要求梧桐山隧道免费的强烈呼声，另一边是隧道公司股东良好的价格期望，谈判久拖未决。在此背景下，政府开始采取措施抑制梧桐山隧道收费。

2001 年 3 月 15 日，深圳市召开了梧桐山隧道收费标准调整的听证会。在公开听证会上，隧道公司拒绝调整收费，因为隧道的投资回报率远远低于预期值，并且隧道的大修需要高额成本。此外，在特许经营期内，隧道的特许经营权属于隧道公司，政府无权取消隧道收费。因此，深圳市政府更愿意回购隧道。虽然与隧道公司进行了多轮谈判，但双方未能在回购补偿额上达成一致，导致回购过程历经数年。在谈判久拖未决的背景下，为解决两地道路拥堵，深圳市决定对已经关闭的梧桐山盘山公路进行改造，改造后车辆日通行能力为 5 000 辆次。盘山公路于 2002 年 12 月竣工通车，公路为免费道路，其开通在短期内对梧桐山隧道造成了一定的影响，2003 年隧道公司的运营收入比上年减少了 18%。不过，由于深圳东部港口经济和旅游业的快速发展，交通量仍在增长，而盘山公路通行能力的限制和长度过长等原因，赶时间的通行车辆和被禁行的大型货车仍会选择梧桐山隧道通行。因此，梧桐山隧道通行车辆数并未大幅下降，2004 年和 2005 年运营收入基本与盘山公路改造前持平。

同时在 2002 年 10 月，深圳市政府应广大代表提出的撤销市公路收费站的要求，开始进行路隧改革，撤销包括梧桐山隧道在内的收费站。在成功回购两个收费站后，梧桐山其他 3 个隧道收费站的回购却陷入了僵局。由于隧道公司的股东——香港达佳集团的港资背景，回购谈判除了经济问题外，还涉及诸多社会和法律问题。2004 年 7~8 月，深圳市政府与隧道股东先后进行了 7 次谈判，均无果而终，隧道收购问题依然困扰着深圳市政府。

随后，政府开始采取多种措施加速隧道的回购进程，一方面，对罗沙路（梧桐山隧道至罗芳立交路段）实行 24 小时禁行大货车的交通管制措施，大货车只能改经其他道路行驶，因此，造成 2006 年 8~12 月，梧桐山隧道车流量较上年同期下降 23%，隧道公司收入出现大幅下滑。另一方面，政府开始筹建深盐二通道（全称"深圳市东部沿海高速公路莲塘至盐田段工程"），与梧桐山隧道几乎并行，深盐二通道免费开通后，带走了当时梧桐山隧道 60%~70%的车流量，使隧道公司的经营遭受重创。

16.1.3　尾声

随着时间的推移及收费年限的减少，项目公司资产价值下降成为必然的趋势。此外，梧桐山隧道自 1987 年通车以来，已运营二十余年，继续经营需及时进行设备更新与技术改造，而就当时的经营状况来看，隧道公司已无力承担。面对如此困境，隧道公司不得不做出让步，与深圳市政府重启谈判，并最终与深圳市政府就协议达成一致。

2011 年 3 月，盐田港 A 发布了《深圳市盐田港股份有限公司关于深圳梧桐山隧道有限公司 50%股权转让的关联交易公告》，将持有的隧道公司 50%股权转让给盐田港集团，转让价格为 2.75 亿元。盐田港集团则以 5.5 亿元收购隧道公司 100%股权，其中包括盐田港 A 和香港达佳集团各 50%的股权。最后，深圳市政府出资 2.5 亿元，从盐田港集团手中收购梧桐山隧道的资产，并将梧桐山隧道旁边的管理用地与隧道进行了置换，以旧城开发的形式，把这块地无偿转让给盐田港集团，以这块地开发之后产生的利润来弥补梧桐山隧道公司后续 16 年的路费收入。对于收费站的员工采取人员采购方式，从部队转业的人员继续让其管养隧道，而其他收费人员则按照国家劳动法予以补偿。梧桐山隧道回购方案如图 16.2 所示。

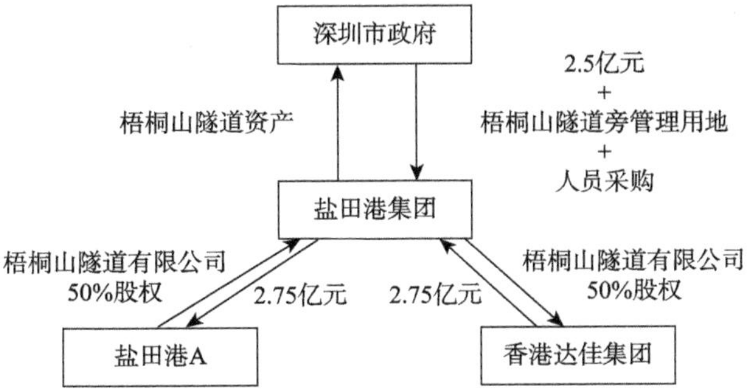

图 16.2　梧桐山隧道 BOT 项目回购方案

经过十余年的谈判，梧桐山隧道的回购终于得以实现，2011 年 3 月 30 日起，梧桐山隧道正式取消收费。对于深圳市民来说，“一脚油门，一路向东，将收费站和沿途光影远远甩在身后，任凭风声在耳边呼啸”，这一写意的驾驶将不再是梦想，图 16.3 显示了梧桐山隧道建设—运营—回购过程中的关键事件。

图 16.3　梧桐山隧道建设—运营—回购过程中的关键事件

梧桐山隧道取消收费后，原收费站已经拆除。梧桐山隧道在取消收费之后的五年内，仍交由深圳梧桐山隧道有限公司进行管理维护，未来则将通过招投标确定管理和养护单位，而梧桐山隧道也将实施整体更新改造。盘山公路则因梧桐山隧道的免费通行，交通量下降到 500 辆/日，政府决定将其改造，部分改造成观光绿道，改造后将以服务市民为主，同时保留原道路的交通功能，以缓解深圳通往东部的道路紧张状况。

2011 年 12 月的最后一天，深圳市马田、水田两个经营性收费站正式抬杠，标志着历时近 10 年的深圳市路隧改革圆满成功，深圳市全面实现了“不上高速路、不收一分钱”的目标。

16.2 模型应用

梧桐山隧道回购经历了漫长波折的阶段，如何在回购谈判中达成使双方收益最大化的报价就成为类似 PPP 项目面临提前终止情况时必须要解决的问题，也是下文拟讨论的重点。由于第 14 章提出的模型与本案例有较好地契合性，故根据案例实际数据和相关案例中的数据对部分参数进行合理假设，将该模型应用到案例中，对案例做进一步分析提出优化方案。当回购谈判开始时，隧道仍能正常运营，扣除单位交通量运营维护成本的净收入 P_0=10 元/辆，日均交通量 Q_0 为 4 万辆。根据隧道 2001 年到 2010 年的历史运营数据，测算项目的年均运营维护成本为 5 588 万元。假设回购谈判的周期为半年，其他参数设置如下：谈判回合数 $t=3$，政府可接受的最高支付价格 $V_g=8$ 亿元，隧道公司可接受的最低回购价格 $V_p=4$ 亿元，政府和隧道公司的贴现因子分别为 $\delta_g=0.94$ 和 $\delta_p=0.93$，新建公路的投资成本为 $I=1.2$ 亿元，概率为 $q=0.7$，影响程度 $\beta=0.6$。

将上述参数代入函数 $p^*=\dfrac{(1-\delta_g)V}{1-\delta_g\delta_p}+\dfrac{\delta_g\delta_p}{1-\delta_g\delta_p}[P_0Q_0(1-q\beta)-C_0]$，计算纳什均衡解 p^* 为 2.99 亿元。由式 $M=V_p+p^*$ 可知，梧桐山隧道补偿金额 M 为 6.99 亿元。由式 $P_p=\delta_p^{t-1}p^*+(\delta_p^1+\cdots+\delta_p^{t-1})[P_0Q_0(1-q\beta)-C_0]$ 和 $P_g=\delta_g^{t-1}(V-p^*)-qI$ 可知，政府期望收益 P_g 为 0.06 亿元，隧道公司期望收益 P_p 为 2.87 亿元。

进一步地，讨论 q、β 和 δ_i 对纳什均衡解 p^*、政府期望收益 P_g、隧道公司期望收益 P_p 及补偿金额 M 的影响。由表 16.1 可知，当 $\beta=0.6$，q 从 0.6 增加到 0.9 时，p^* 从 3.31 降低到 2.34，P_g 从−0.11 增加到 0.40，P_p 从 3.23 降低到 2.14，M 从 7.31 降低到 6.34。当 $q=0.7$，β 从 0.55 增加到 0.7 时，p^* 从 3.18 降低到 2.61，P_g 从−0.11 增加到 0.40，P_p 从 3.08 降低到 2.45，M 从 7.18 降低到 6.61。因此，纳什均衡解 p^*、项目公司收益的期望值 R_p 和提前终止补偿额 M 均随着 q 和 β 的增加而降低。需要指出的是，$\partial R_g/\partial q=0.187>0$，因此政府收益的期望值 R_g 随着 q 值增加而增加。深入分析可知，新建道路项目对交通量的影响越大，补偿金额和政府收益随 q 变化越敏感，反之亦然。投资新的免费通道，可以轻易减少提早终止隧道的交通量，隧道公司应审慎考虑及评估新建道路的影响力，因此，q 和 β 对确定提前终止项目的补偿金额具有协同效应（表 16.1）。

表16.1　不同 q 和 β 值下决策变量的变化情况

决策变量	q （β=0.6）				β （q=0.7）			
	0.6	0.7	0.8	0.9	0.55	0.6	0.65	0.7
p^*	3.31	2.99	2.66	2.34	3.18	2.99	2.80	2.61
p_g	−0.11	0.06	0.23	0.40	−0.11	0.06	0.23	0.40
p_p	3.23	2.87	2.51	2.14	3.08	2.87	2.66	2.45
M	7.31	6.99	6.66	6.34	7.18	6.99	6.80	6.61

图 16.4 为纳什均衡解和双方期望收益随贴现因子 δ_i 的变化趋势，x 轴和 y 轴分别表示 δ_i 、$p^*(\delta_i)$ 及 $p_i(\delta_i)$ 。以分析 δ_p 为例，当 δ_p 从 0.8 增加到 0.98，且 $\delta_g = 0.94$ 时，$p^*(\delta_p)$ 从 1.37 亿元增加到 4.76 亿元，$P_p(\delta_p)$ 从 1.08 亿元增加到 4.85 亿元，$P_g(\delta_p)$ 从 1.50 亿元减少到−1.52 亿元。因此，$p^*(\delta_p)$ 随 δ_p 增加，而 $P_g(\delta_p)$ 呈现相反的趋势。将相关参数代入方程可得，$q\beta < [R + V(1-\delta_g)] / P_0Q_0 = 0.617$ 。因此，p^* 与 δ_p 正相关，P_g 与 δ_p 负相关。在 $q\beta < [R + V(1-\delta_g)] / P_0Q_0$ 条件下，政府会随着折现系数的增加而支付更多的赔偿金，进而确定本项目提前终止的补偿金额。

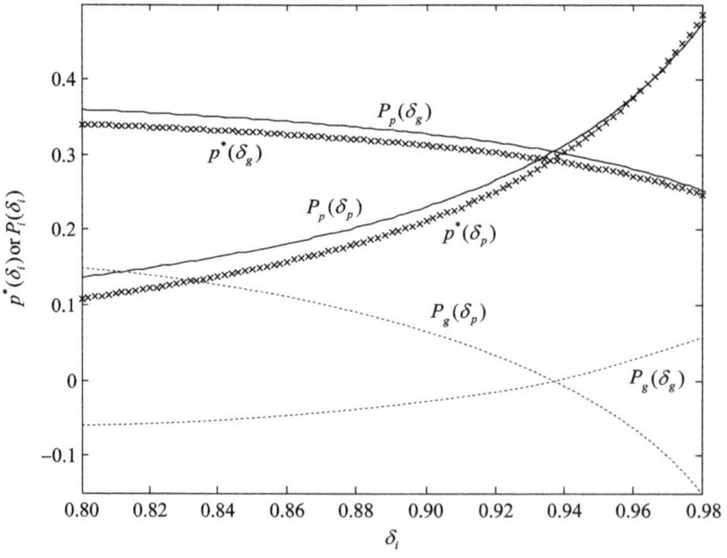

图 16.4　纳什均衡解和期望收益关于 δ_i 的变化（ $i = p, g$ ）

通过本章的案例讨论和模型应用，进一步论证了政府应该在投资新道路和回购现有项目之间做出权衡，为决策提供指导。投资新道路的措施会影响双方的议价能力，对提前终止补偿具有重要影响。因此，在签订合同前，政府和项目部门应协商是否需要排他性条款，特别是要评估投资新公路的可能性和项目部门的潜在损失。此外，政府与项目部门谈判的补偿金额与折现因素有关。每次谈判过程的延迟都会降低“蛋糕”的价值，因此，为了快速而顺利地完成谈判，双方应深入了解对方的策略，就补偿金额尽快达成一致。这不仅有利于提高谈判效率，也避免双方陷入无休止的纠纷。

本篇参考文献

[1] Yin R K. Case Study Research：Design and Methods（2nd Ed.）[M]. Beverly Hills：Sage Publication，1994.

[2] Eisenhardt K M. Building theories from case study research [J]. The Academy of Management Journal，1989，(4)：532-550.

[3] Patton M Q. How to Use Qualitative Methods in Evaluation [M]. Thousand Oaks：Sage Publication，1987.

[4] 钱维，龚向虎. 公共基础设施特许经营合约与风险治理研究——以南京长江隧道工程为例[J]. 中国工程科学，2007，9（3）：62-66.

[5] 亓霞，柯永建，王守清. 基于案例的中国 PPP 项目的主要风险因素分析[J].中国软科学，2009，5：107-113.

[6] 夏南凯，郭广东，王耀武. 用博弈论分析深圳梧桐山隧道利用 BOT 项目建设管理的问题[J]. 城市发展研究，2002，(5)：31-42.

[7] 网易. 泰晤士水务挺进中国[EB/OL].http://money.163.com/economy2003/editor_2003/040329/040329_192343.html，2004-03-29.

[8] 搜狐新闻. 六里屯垃圾焚烧厂引争议[EB/OL]. http://news.sohu.com/20070418/n249525972.shtml，2007-04-18.

[9] 搜狐新闻. 江苏平望垃圾焚烧电厂停建 恐污染太湖流域生态[EB/OL]. http://news.sohu.com/20091023/n267682461.shtml，2009-10-23.

[10] 青岛新闻网. 外商称福州市政府不讲信用造成巨大损失欲索赔 9 亿元[EB/OL]. https://www.qingdaonews.com/content/2004-07/13/content_3372631.htm，2004-07-13.

[11] 中国水网. 武汉汤逊湖污水处理厂为何“民改公”[EB/OL]. https://www.h2o-china.com/news/30967.html，2004-09-16.

[12] 中国水网.长春汇津污水处理有限公司诉长春市人民政府案一审结案[EB/OL]. https://www.h2o-china.com/news/24409.html，2004-01-12.

[13] 北极星环保网. 昆明垃圾处理费一半去向成疑[EB/OL]. https://huanbao.bjx.com.cn/news/20140910/545010-2.shtml，2014-09-10.

[14] 中国固废网. 江苏吴江投资 3 亿多垃圾发电厂被紧急叫停[EB/OL]. https://www.solidwaste.com.cn/news/177078.html，2009-11-02.

[15] 北极星电力新闻网. 秦皇岛垃圾焚烧发电项目遭抵制：环评报告造假[EB/OL]. https://news.

bjx.com.cn/html/20120706/371613.shtml，2012-07-06.

[16] 中国新闻网. 经过 15 年呼吁 深圳梧桐山隧道 30 日起免费通行[EB/OL]. https://www.chinanews.com.cn/auto/2011/03-30/2940473.shtml，2011-03-30.

[17] 和讯新闻. 建工城建联手接盘沪青平高速[EB/OL]. http://news.hexun.com/2008-10-07/109528836.html，2008-10-08.

[18] 李湛湛，王守清. 论 BOT 特许协议纠纷的可仲裁性[J]. 建筑经济，2006，(S1)：178-180.

[19] Xiong W，Zhang X. Compensation approaches for early termination of PPP projects[C]. Proceedings of the 17th International Symposium on Advancement of Construction Management and Real Estate，2014：721-729.

[20] Köszegi B, Rabin M. Reference-Dependent risk attitudes[J]. American Economic Review, 2007, 97（4）：1047-1073.

[21] Song J，Fu Y，Bagaya O. Compensation mechanism for early termination of highway BOT projects based on ARIMA model[J]. International Journal of Architecture，Engineering and Construction，2016，5（1）：53-60.

[22] 宋金波，常静，靳璐璐. BOT 项目提前终止关键影响因素——基于多案例的研究[J]. 管理案例研究与评论，2014，7（1）：86-95.

[23] Song J B，Jin L L，Zhao Y P，et al. Using bargaining-game model to negotiate compensation for the early termination of BOT highway projects[J]. Transportation Research Part A：Policy and Practice，2017，105：197-209.